从零开始学
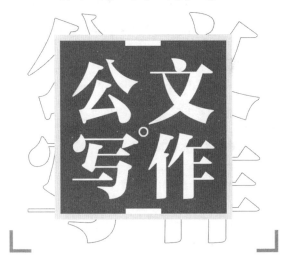
公文写作

陶然学姐 ◎ 著

内 容 提 要

本书是一本指导职场新人进行公文写作的入门书,全书行文幽默、实例众多,共分为八章,依次介绍了职场新人写公文材料的难点、写公文材料时容易踩到的"坑"、从零开始接触写公文这件事的学习路径、写公文材料过程中遇到瓶颈时的处理方法、提高写作效率的"葵花宝典"、长篇材料的写作要点,以及写作法定文种的过程中常见的误区,对于逃不开写公文材料任务的职场新人面对的问题,进行逐个击破、手把手指导。本书内容通俗易懂、写作要领讲解到位、公文实例经典有趣,是职场新人可常备于案头的优秀工具书。本书特别适合公文写作的入门者和进阶者,党政机关、企事业单位的行政人员和写作爱好者阅读,也适合作为相关培训机构的教材使用。

图书在版编目(CIP)数据

从零开始学公文写作 / 陶然学姐著. — 北京:北京大学出版社,2023.3
ISBN 978-7-301-33696-0

Ⅰ.①从… Ⅱ.①陶… Ⅲ.①公文-写作 Ⅳ.①H152.3

中国国家版本馆CIP数据核字(2023)第002239号

书　　　名	从零开始学公文写作 CONG LING KAISHI XUE GONGWEN XIEZUO
著作责任者	陶然学姐　著
责任编辑	滕柏文
标准书号	ISBN 978-7-301-33696-0
出版发行	北京大学出版社
地　　　址	北京市海淀区成府路205号　100871
网　　　址	http://www.pup.cn　　新浪微博:@北京大学出版社
电子邮箱	编辑部 pup7@pup.cn　总编室 zpup@pup.cn
电　　　话	邮购部 010-62752015　发行部 010-62750672　编辑部 010-62570390
印　刷　者	涿州市星河印刷有限公司
经　销　者	新华书店
	880毫米×1230毫米　32开本　12.25印张　295千字 2023年3月第1版　2024年9月第12次印刷
印　　　数	54001-64000册
定　　　价	69.00元

未经许可,不得以任何方式复制或抄袭本书之部分或全部内容。
版权所有,侵权必究
举报电话:010-62752024　电子邮箱:fd@pup..cn
图书如有印装质量问题,请与出版部联系。电话:010-62756370

前言 Preface

▶ 1 时间的重量

十年公文写作生涯意味着什么？

我一直以为，将十年的公文写作经历整理成书，内心定是丰盈且欢喜的。没想到最后一个字写完，笔尖落下的那一刻，我竟然感到一丝伤痛，近似花瓣离开花托、蒲公英被风吹散的撕裂感。写书，既是归零，又是开始。

▶ 2 写公文材料的十年，给了我人生的底色

写书的过程，是回忆的过程。

每写一个章节，我都会忍不住想起很多人、很多事，数次感动泪目。我这才意识到，写书这件事，是给自己十年公文写作生涯的毕业厚礼，也是对这段青春岁月的真正告别。

如果不是系统梳理，我未曾察觉，这段经历，已经把做人和做事的逻辑深深地刻在了我的骨子里。写公文材料的日子里，我写到静脉曲张，疼痛难忍；朋友写到腰椎间盘突出，仍在坚持。如果你问，从黎明到深夜，从冷冬到盛夏，如此苦熬坚守是为了什么？因为收入有限，不可能是为了财富；同为柔弱女生，不可能是为了功名。

如此拼搏努力，只是因为一份责任感。

领导信任我，我要配得上他的信任。

就是这么简单。

写书的过程，是与自我和解的过程。

我曾经遗憾，为什么没有更早地确定赛道，否则，十年光景能做多少事情。

现在我发现，这十年才是我的人生底色，这个底色，撑起了我有底气的人生。

▶ 3 写作，是职场沉浮的救生圈

写公文材料是个苦差事，有的人干不了，有的人不想干，有的人不得不干。

都说职场总是起起落落，但如果你手无寸铁，又无一技傍身，那可能就是落落落落了。

工作前十年，是我写公文材料写得最疯狂的一段时间。那段时间，我的工作压力极大，越写越有名，也越写越累。印象最深刻的一次，我从前一天早上一直写到第二天中午，连续写了几十个小时。因为长年久坐，我腿部血液流通不畅，有时上班穿着的鞋子，到了下班时几乎要拉不上拉链。

这时候，你可能会说：" 身体最重要，这么拼，有什么意义？" 道理谁都懂，但是作为一个 " 小镇做题家 "，独自在大城市奋斗，除了努力工作，我对其他一切都不甚了解。

我至今还记得多年前的一个场景，那天，有位大领导攥着我写的一篇

简报冲进办公室,大声问:"这是谁写的!"我吓得瑟瑟发抖,站起来承认,没想到大领导兴奋地说:"好,你立功了!"原来,是大领导的上级领导在简报上写了一段长长的批示,高度肯定简报内容并批示全文转发、学习。

这些年,很多年轻学生问我:"为什么不管你到哪个行业、哪个岗位,都能很快地扎下根来?"我想了想,可能正是因为这十年规范的公文写作生涯给了我扎实严谨的逻辑、反复淬炼的耐力和无惧风雨的勇气。

一份工作,你如何对待它,它真的会如何回馈你。

时间足够长久,才会拥有重量。

4 公文写作书的宿命是垫电脑?

朋友听闻我要写一本指导公文写作的书,打趣道:"单位发了好多类似的书,都用来垫电脑了,刚好缺一本。"听了这类调侃,我不禁问自己,如何才能把指导公文写作这类相对枯燥的书写得掏心掏肺、真情实感,帮其摆脱用于垫高、坐等吃灰的命运?

2016年,我在公众号"陶然学姐"上发布了自己的第一篇文章:《左右时间 | 一位背奶妈妈的法考旅程》。在这篇文章中,我用详细的表格拆解了自己在哺乳期艰难备考的心路历程。没想到,这篇文章发布后,如一块巨石砸入平静的湖面,被很多网友称为"史上最走心的法考经验分享",加速了很多学生的备考进程。

此次,我借鉴这个经验,利用大量表格,努力拆解公文写作中那些"只可意会,不可言传"的揣摩过程,试图用"实"的分析,展示"虚"的感觉。

在写作过程中,我时刻提醒自己,不要有任何"**听君一席话,如听一**

席话"的表述，比如"你要主题清晰、要结构严谨、要层次分明、要简洁规范……"。我当然知道这些"要"的重要性，可是，如何实现这些"要"呢？这才是我要努力呈现给读者的。

坦白讲，拆解的过程对我而言非常痛苦。我知道应该如何把话写到领导心里，但这是悟性、情商和表达能力综合作用的过程，我如何才能教会读者把话写到领导心里呢？

我努力去做了。通过分析自己的思考过程，用尽量浅显的语言，将思路一一呈现。为了让基础薄弱的执笔人也能够掌握公文写作的"底层逻辑"，部分章节详细到"手把手"的程度。有的地方，我觉得实在是只能靠功力，不能靠步骤拆解实现，便会坦诚地说："这一点，没办法取巧，就是功底，慢慢来。"

从这个意义上来说，写这本书，我真的是拿出了百分百的赤诚。

不提要求，只讲方法。没有方法，就给你信心、希望，陪你成长。

如此用心，只是因为我相信，对于一本书来说，让人愿意去读、能够读懂，才是它最好的归宿。

🕔 刚开始写公文材料的职场新人到底有多少问题待解决？

写这本书对我而言最耗费心神的是什么？是不断将"零"向下探的过程。

动笔之前，我以为的"零起点"，是刚刚通过公务员考试、成功"上岸"的大学生的文字水平——有一定的备考积累，了解主要的行文格式和句式结构，能区分常用的公文文种，只是在从校园文学写作向公文写作转变的过程中，会遇到一些棘手的问题。直到一位刚刚"上岸"的同事把他写的公文材料发给我寻求指导时，我才发现，我把"零起点"定高了。

那篇短小的公文材料，堪称"踩坑天花板"，其中，有字体字号误用、页面设置异常、错别字频出等让我意想不到的"低级错误"；有大句套小句、主句套从句、句句不通的"中级错误"；还有明明在单位里做了很多事，一写工作总结就变成流水账的"高级错误"；更有犯一次错，可能往后几年都无缘晋升的"刚性错误"，比如写领导出席会议时用"职务＋姓名＋同志"作称呼，让人误以为是悼词……

这些错误，就是本书目录中小标题的来源——

开始写作如炒股，一通操作猛如虎；格式设置一学就会，一用就废；匆忙下笔不审题，又快又错就是我；想靠材料博好感，结果打了领导脸。好不容易成了稿，领导说我写得"虚"……

这些细节，写下来，大家笑一笑就过去了，但是真的发生在实际工作中，就会成为你进步、晋升的绊脚石。

有些问题的试错成本太高了，高到你不能错，一次都不可以。

这正是我写这本书的初衷，我不希望大家经历不必要的社会毒打和没有意义的职场暴击。

随着年纪的增长，我发现，有一些苦是你不必吃的，有一些弯路是你不必走的，有一些所谓的"重生""蜕变"，除了在当时感动一下自己，没有任何意义。

扎下根，接地气，是写书过程中，我不断给自己强调的原则。

▶ 6 到底写得多直观，大家才能看懂？

对于零基础的职场新人来说，写公文材料的简洁、严谨、规范等要求其实并不是他们面对的首要痛点。**首要痛点是，他们不知道这些要求的标准是什么，怎样才算是达到了标准，以及如何达到标准。**

因此，在写书的过程中，我最担心的一点是自己写的内容没有意义——道理都对，大家都懂，就是不会。

为了解决这一问题，每写一个章节，我都会请几位基础薄弱的学生试读，反复沟通、询问："写到这种程度，你能不能理解？哪里还看不懂、不会实操？哪里还需要讲得更详细一些？"根据大家的反馈，我再对难懂的部分进行进一步讲解，写出步骤，试图用直观的步骤，拆解写作的过程。

在写第 2 章中"格式设置一学就会，一用就废"部分的初稿时，我明确写出了页面设置一般为"每行 28 个字符，每页 22 行"，也列示了关键的设置步骤。彼时，刚好收到一位职场新人发来的待指导公文材料，我一看，格式不对，立刻把刚写完的页面设置相关步骤发给他，让他照着调整。没想到，他按照步骤设置出来后，我发现字间距特别大，问题依然存在，不禁疑惑，明明写清了所有关键设置步骤，为什么还会出错呢？我让他当面设置一遍给我看，才发现我只是少写了一个自以为尽人皆知的设置步骤，这位职场新人就"踩坑"了。

这让我意识到，所谓"从零开始"，要全方位地对所有细节加以指导，因为我以为的"零起点"还不够"零"。于是，在本书中，对于一些细碎但关键的问题，我都以"学姐唠叨"的形式进行了提示，这些"唠叨"，应该会覆盖绝大部分大家在公文写作中百思不得其解的问题。

前言

▶ 以下问题，如果你有超 50% 的回答为"是"……

如何判断这本书适不适合你？我立足本书内容，设置了一些问题。如果以下问题，你有超 50% 的回答为"是"，那么，本书就是我送给你的一艘小船，在你告别父母、老师，走上职场后，帮你度过工作伊始的艰难，扬起乘风破浪的风帆。

(1) 一想到明天要写公文材料，晚上就会紧张、焦虑到失眠吗？

(2) 写了十篇通讯稿，上级领导采用的不过两三篇吗？

(3) 对于字体、字号、页边距、页码的设置标准，总是记不住吗？

(4) 写完公文材料后，自己检查了好几遍，依然会有错别字吗？

(5) 平时收藏了不少金句，写公文材料时完全用不上吗？

(6) 看不出别人作品的优劣，也不知道自己写作水平的高低吗？

(7) 使用序号时，经常分不清序号后用点(".")还是用顿号("、")吗？

(8) 想写领导讲话稿，写完后发现更像是工作总结吗？

(9) 工作干了十分，写先进事迹时，只展示出了三分吗？

(10) 绞尽脑汁想标题，一想就是一整天吗？

(11) 领导随口讲了话，要求梳理成公文材料，会很为难吗？

(12) 反反复复写了很久，却依然在原水平徘徊吗？

(13) 如果找不到可参考的案例，就笔下无言吗？

(14) 工作岗位很平凡，述职报告就只能写成"流水账"吗？

(15) 按领导的要求改了七八稿，最后领导说不如用第一稿，这种情况发生过吗？

（16）没有时间去实地调研，就写不出调研材料吗？

（17）因为自己不是领导，所以站位总是拔不高吗？

（18）同一篇材料，前领导喜欢，新领导直接让重写的情况，发生过吗？

（19）为了让小标题对仗，每天绞尽脑汁、冥思苦想吗？

（20）辛辛苦苦写完讲话稿，结果领导没念的情况发生过吗？

致谢

在此，感谢一路以来始终在帮助我、支持我的老师、朋友；感谢女儿小笑村乖巧懂事，为我腾出写作时间；感谢"陶然学姐"公众号所有粉丝多年来的关心、关注；感谢知识星球—陶然学姐讲公文、陶然学姐成长学院每一位学生的真诚陪伴；感谢每一位读者的厚爱与包容。

第1章 职场新人写材料有多难

1.1 心中千言万语，笔下只言片语 / 002

1.1.1 刚工作啥也不会，领导批评是常态 / 002
1.1.2 开始写作如炒股，一通操作猛如虎 / 006
1.1.3 领导看后直摇头，想改都无从下笔 / 008

1.2 只写过微博小作文，如何过渡到公文 / 012

1.2.1 有写作基础，转换公文分三步 / 012
1.2.2 没写作基础，有希望写好公文吗 / 017

1.3 天下材料一大抄，为何我就不会抄 / 023

1.3.1 抄官媒材料，就像穿着婚纱去赶集 / 023
1.3.2 抄内网公文，就像踩着高跟去沙滩 / 026

第2章 写材料的"坑"，挨个踩一遍

2.1 格式设置一学就会，一用就废 / 031

2.1.1 页面设置为何出错 / 031
2.1.2 字体字号随心所欲 / 035

2.1.3 页码设置分步拆解 / 037

2.1.4 标点符号错误集锦 / 041

2.1.5 标题太长如何回行 / 046

2.2 匆忙下笔不审题，又快又错就是我 / 048

2.2.1 没搞清领导意图就一通狂敲 / 048

2.2.2 材料写不好，错字一大堆 / 050

2.2.3 遇到问题不张口，东瞅瞅来西瞅瞅 / 053

2.2.4 大材料写不了，小材料写不好 / 057

2.3 想靠材料博好感，结果打了领导脸 / 060

2.3.1 出席顺序不会排，姓名居然也写错 / 060

2.3.2 领导职务写一半，"同志"错用引误解 / 063

2.3.3 乱给领导戴高帽，领导看完直发毛 / 068

2.3.4 下笔轻重没分寸，领导就快挨处分 / 070

2.3.5 分析问题没边界，分分钟误伤领导 / 072

2.3.6 好不容易得个奖，抬了自己踩单位 / 076

第3章　痛定思痛，扎扎实实从零学起

3.1 金句收藏千千万，如何为我所用 / 080

3.1.1 想写什么，就不要出现什么 / 081

3.1.2 金句标题做段首，画龙点睛 / 082

3.1.3 金句标题变系列活动主题 / 083

3.1.4 结合本职工作，专业表述 / 085

3.1.5 让不同维度的事物相遇 / 086

3.1.6 以点带面，记一个，学一串 / 088

3.1.7 用反义词写出举措和成效 / 090

目录

3.1.8 新瓶装旧酒，新颖感就位 / 092

3.2 设计小标题，如何摆脱"花架子" / 094

3.2.1 标题雷区：为了对仗而对仗 / 094

3.2.2 如何写出高级且不花哨的标题 / 096

3.3 句子怎么写，干净严谨又走心 / 101

3.3.1 降低"白话"使用率，试试"听"新闻 / 101

3.3.2 拒绝"一逗到底"，自己"读"一遍 / 104

3.3.3 "大句""小句"落玉盘，句句不通 / 108

3.4 美文在骨不在皮，好的结构在哪里 / 113

3.4.1 横向结构的标题，谁先谁后 / 113

3.4.2 纵向结构的适用要求 / 115

3.4.3 纵向结构的逻辑推演 / 117

3.4.4 错用结构，伤筋动骨 / 120

3.4.5 微观结构的常见错误 / 125

3.4.6 调整篇幅，结构更加美观 / 130

3.5 不用搜肠刮肚，也有写不完的内容 / 135

3.5.1 领导三句话，如何拆出三页纸 / 135

3.5.2 记不住领导说的话，如何是好 / 138

3.5.3 领导讲话，如何变成正式行文 / 140

3.5.4 按逻辑扩充材料，不怕没内容 / 143

3.5.5 日复一日，平淡工作如何汇报 / 146

第 4 章　学得自信满满，现实比梦想骨感

4.1 熬夜写到怀疑人生，上级为何不采用 / 153

4.1.1 有低级错误吗 / 153

4.1.2 上级单位需要什么内容 / 156

4.1.3 动笔前跟上级部门沟通了吗 / 158

4.2 好不容易成了稿，领导说我写得"虚" / 160

4.2.1 到底什么是"虚"，什么是"实" / 160

4.2.2 为啥一写就是"流水账" / 162

4.2.3 如何给"流水账"赋予灵魂 / 164

4.3 材料写了无数篇，水平提高太有限 / 168

4.3.1 为什么量变没有引起质变 / 168

4.3.2 领导能力不够，如何实现飞跃 / 171

第5章 苦心修炼，终于拥有"葵花宝典"

5.1 原来，材料高手都有自己的"兵器库" / 174

5.1.1 建立搜索意识 / 174

5.1.2 用 site 指令、政务号精准搜索 / 176

5.1.3 学习上级单位下发的文件 / 178

5.1.4 研读兄弟单位递交的材料 / 180

5.1.5 深挖本单位的宝藏资料 / 181

5.1.6 整理领导的批注意见 / 183

5.2 把材料写好的七个技巧 / 187

5.2.1 美人技巧，鉴别好材料，再学习 / 187

5.2.2 减法技巧，删减仍通顺，果断删 / 189

5.2.3 复核技巧，切忌"一字毁所有" / 195

5.2.4 换位技巧，站位高度不难提 / 197

5.2.5 整理技巧，及时分类，用时不愁 / 201
5.2.6 漏洞技巧，尽善尽美，过犹不及 / 206
5.2.7 参照技巧，可以"借鉴"，拒绝"照抄" / 207

5.3 同一个内容，如何翻出五种花样 / 212

5.3.1 把要素捋顺，就是最简单的上网信息 / 212
5.3.2 充实内容、提炼标题，升级为工作简报 / 214
5.3.3 提炼简报、压缩内容，升级为工作总结 / 216
5.3.4 转换语言、变换风格，升级为领导讲话 / 218
5.3.5 深化推广、调整时态，升级为工作思路 / 220

第6章 最怕的长篇材料来了

6.1 领导讲话不贴心，辛苦半天被弃稿 / 223

6.1.1 应用场景变化多，文字风格各不同 / 223
6.1.2 善用"领导的话"，写进领导心里 / 225
6.1.3 讲话稿or工作总结，可别傻傻分不清 / 227
6.1.4 登高望远，材料站位立起来 / 234
6.1.5 虚实相间，内容高度拔起来 / 243
6.1.6 慎用易错字，领导读错你"背锅" / 245
6.1.7 分步拆解，讲话稿这样撰写 / 248
6.1.8 写完领导没念，不必灰心自责 / 256

6.2 工作思路没框架，领导只说你去找 / 260

6.2.1 领导风格不同，应对策略各异 / 260
6.2.2 领导未给思路，自行拆解分析 / 262
6.2.3 框架已定，观点提炼不可或缺 / 265

6.3　工作总结要求高，新颖观点不能少 / 267

6.3.1　总结写得好，胜过埋头干一年？ / 267
6.3.2　搭框架、寻内容，逻辑清晰好处多 / 269
6.3.3　可量化、有成果，学会提炼亮点 / 271
6.3.4　提观点、寻创新，画龙点睛见真章 / 273
6.3.5　写作过程中，及时与领导沟通 / 275

6.4　述职报告责任大，集零为整逻辑清 / 278

6.4.1　述职报告和工作总结有何区别 / 278
6.4.2　个人述职，怎么写才"以小见大" / 282
6.4.3　述职结构，怎么搭才"一目了然" / 285
6.4.4　普通的工作，怎么述职才"言之有物" / 287
6.4.5　琐碎的工作，怎么述职才"集零为整" / 292

6.5　调研材料多又长，小切口写大文章 / 296

6.5.1　写调研材料，压力如山 / 296
6.5.2　备选题目多，如何切入 / 298
6.5.3　现场调研难，怎么获取资料 / 301
6.5.4　三个注意事项，规避返工 / 305
6.5.5　掌握经典标题框架，不再重写 / 307

6.6　先进事迹易出彩，尺度分寸要注意 / 310

6.6.1　撰写先进事迹，行文细节要注意 / 310
6.6.2　申报阶段，如何打磨材料 / 312
6.6.3　宣导阶段，如何润色升华 / 316
6.6.4　叙述日常工作，如何为平凡赋光环 / 317
6.6.5　以普通接线员为例，写出大事迹 / 321

第7章 基层写手到机关,花拳绣腿失灵了

7.1 已完稿的材料,为呈现负责 / 327

7.1.1 谁跟领导出行,谁为材料负责 / 327

7.1.2 三个技巧,有效避免版本错乱 / 328

7.1.3 投屏、打印的乱码,注意规避 / 332

7.2 反复改的材料,在过程中用心 / 335

7.2.1 戒掉情绪,七稿八稿都是历练 / 335

7.2.2 过程留痕,一步一步清晰可见 / 337

7.2.3 反复磨合,层层递进找准风格 / 342

7.2.4 把握节奏,又快又稳堪当大任 / 344

7.3 得全新的任务,建大局思维 / 348

7.3.1 落笔有根据,模棱两可难以过关 / 348

7.3.2 多技巧结合,驾驭长文不慌不忙 / 351

7.3.3 经得起推敲,好材料在骨又在皮 / 352

7.3.4 不糊弄领导,敷衍了事一眼识别 / 356

第8章 法定文种使用中的常见误区

8.1 标题明明很正式,文种竟是自创的 / 361

8.2 文种就像多胞胎,杂糅错用是常态 / 364

8.3 发个通知说不清,只能补丁摞补丁 / 367

8.4 会议记录变纪要,提纯规范是关键 / 371

第1章
职场新人写材料有多难

一个普通的年轻人，从校园到职场，无论是心理素质还是专业能力，都要在短时间内经历一场重塑和跃迁。读书时，老师教学的逻辑是首先讲解题目的原理，然后安排反复练习，最后帮你掌握知识。工作后，领导安排任务的逻辑则刚好相反，你不会，也要硬着头皮完成，领导不一定会给你修改，你只能自己揣摩、精进。这是两种截然相反的学习路径，也是所谓"及时转变角色，适应岗位职责"的底层逻辑。

1.1 心中千言万语,笔下只言片语

我向年轻的朋友请教:"对于公文写作,你觉得自己遇到的最大的难点是什么?"

朋友告诉我,是"不会写"——大标题不会写、小标题不会写、开头不会写、结尾不会写、正文更不会写……

我发现,对于刚开始接触公文写作的职场新人来说,常见的写作逻辑就是"搜—抄—拼",写不出来的时候,听课、学习、检索资料……十八般武艺都用上,依然心中万马奔腾,下笔语塞词穷,一直折磨自己到截止日,才忐忑不安地交上初稿。

 刚工作啥也不会,领导批评是常态

对于刚开始接触公文写作的职场新人来说,最不缺的就是初入职场的满腔热情,他们不怕苦,不怕累,但很怕领导说三个字:"你先写。"

接下来,就让我们化身职场新人,用"小白"的视角,跟着小白看职场。

每接到一项工作,小白心里的第一反应都如出一辙:"我写?我写什么呢?"然后开始抓耳挠腮、绞尽脑汁地"憋",一上午过去,也没写出两行字。

为什么会出现领导什么都不说，就让你先写的情况呢？通常有三种原因：第一，领导工作太忙，没有时间指点你；第二，领导没有想好怎么写，需要你先拿出一个初稿，他再修改、完善；第三，领导没有能力教你怎么写。

作为职场新人，本来就不会写，领导还总说"你先写"，结果就是"出工不出活，挨批成常态"。

说实话，很多职场新人都遇到过一种情况，即辛辛苦苦地写完一篇公文材料，战战兢兢地交给领导，结果非但没有得到来自领导的任何鼓励，反而被骂得一无是处。但凡有一次这样的经历，下次再交稿的时候，职场新人就会更加紧张，不知道这一次能不能让领导满意。如果这种情况持续发生，就不仅会影响写公文材料的心情，还会失去写公文材料的信心，觉得自己根本不适合这个岗位，甚至产生调岗的想法。

写公文材料，就是这样让人又爱又恨。它会给予你更多接触领导的机会、参会听会的机会、提拔晋升的机会，也会让你时常陷入自我折磨，在坚守和逃离间彷徨。

有的人可能会将遇挫归结于运气，认为自己时运不济，遇到了一位耐心不足、能力不够、只会骂人的领导，特别期待有朝一日，天降一位认真、细致、温和、有耐心，能够手把手指导自己的领导。我不否认运气成分的存在，但职场人要明白，遇到什么风格的领导，存在太多的不确定性。如果运气加持，要心怀感恩；如果身处困境，就当作一场修行，道阻且长，行则将至。

想让领导认可你、培养你，就要让领导在你身上看到希望和信心。

比如，对于低级错误，只要领导讲过一次，你就绝对不会犯第二次；又如，被领导批注几次，你就能够领悟领导的意思，越写越好；再如，即使遭遇反复退稿，你依然可以做到毫无情绪地配合领导工作……直到最后，领导给你一颗想法的种子，你能够发散思维，呈现全面、系统的工作举措和实施方案。

每一步，都是对耐心和毅力的磨炼。

那么，具体应该怎么做呢？

1. 以正确的心态对待批评

我常说，**写作是一种修行**。如果一篇公文材料需要改七遍、八遍，领导还没有着急，你自己先崩溃了，再好的领导也培养不了你。因此，我们要学会以正确的心态对待批评。

被多次批评后，很多年轻人会向父母、朋友抱怨，寻求安慰，这时候，大家通常会告诉你，没关系的，放平心态，被批评几句又如何？放平心态是对的，但是，对于因为写公文材料不达标而被批评这件事，不能抱有"被批评几句又如何"的想法，因为好的机会可遇不可求，以下三点需要尤其注意。

（1）警惕重复的批评

如果领导因为同一件事，一而再，再而三地批评你，你就要高度警觉了！这说明你在重复犯错，而且犯的很可能是完全可以规避的错。如果继续错下去，领导可能会对你失去耐心。

（2）理解批评的用意

领导批评你，是因为你的公文材料交得晚了？没有事先沟通导致写偏题了？内容没有充分表达领导的意思？出现了低级错误？偷懒改旧稿被发现了？还是其他什么原因？要仔细分析、复盘。

从情绪中抽离出来，理解领导批评的用意，才有可能按照要求完成任务。如果你改了几遍，依然改不对，领导很可能会安排其他同事临时加班替你完成工作。遇到这样的情况，你会陷入更加复杂的人际关系困境。

(3) 逃避解决不了问题

当你写公文材料写到心态崩溃，想换一个岗位的时候，可以问自己这样一句话："在这个岗位上做不好，换一个岗位就一定能做好吗？"

2. 不要轻易当"逃兵"

写公文材料确实是一个苦差事，写了好几篇，发现自己总达不到领导的要求，难免会有逃避心态，思索自己是不是不适合在这个部门工作、是不是应该换个部门工作。说实话，根据我的经验，在这个部门工作不好，并不意味着换一个地方就一定能工作好。这样说，有如下两个原因。

(1) 写作的逻辑和做事的逻辑高度相通

如果写领导讲话的材料会让领导大为不满，说明考虑事情不周全、情商捉襟见肘，这样，换个部门，也会遇到类似的困扰。

(2) 在其他部门，同样需要写公文材料

不管在哪里工作，并不是业务做得好就万事大吉了，还需要会呈现、会展示。只埋头干活，不抬头看路，很可能会遇到方向不明的问题，看似走了很多路，其实只是在原地转圈。

无论从哪个角度来说，写公文材料都是逃无可逃的。

总之，对于写公文材料，你可以不擅长，但不能"瘸腿"，要接纳批评，更要警惕批评。

1.1.2 开始写作如炒股，一通操作猛如虎

目前，很多职场新人的公文写作基础是什么？是备考公务员的过程中，复习申论时写的那几篇连自己都不忍直视的文章。

职场不是校园，工作后，领导不会因为你是新人就给予你更大的包容、关照你薄弱的能力和脆弱的感受。入职即上手工作、完成任务，这才是工作的常态。

【情境】

小白进入职场后，被分到了办公室。入职没几天，科长通知小白，周五举行迎新大会，需要准备一篇局长讲话稿。因为"领导提几点要求"部分难度较大，科长亲自写，小白只需要负责为这篇讲话稿写一个开头。

小白接到任务后，赶紧回忆自己复习申论时的知识点，却发现考完试就忘光了。他灵机一动，打电话联系当初一同备考的同学，问有没有写过局长讲话稿，但同学说自己被安排在业务岗位，从来没写过，完全没思路。没办法，小白转而打开电脑，搜索片刻后，发现外网有很多局长讲话稿，顿时欣喜异常，赶紧下载了几篇。不过，照着刚刚找到的素材写了几句后，小白发现，这些素材好像和本单位的活动没有太大关系，参考价值极低。

眼看着时间越来越紧张，小白满头大汗地把视线转移向单位的内部局域网（以下简称"内网"），又经过一系列下载、复制、粘贴的操作，终于照葫芦画瓢，写了一篇初稿出来，匆匆忙忙地交给科长。

这是很多职场新人写公文材料时会经历的过程，可总结成如下公式。

$$憋 + 搜 + 抄 + 拼 = 上交$$

连搜带抄，一通拼接后，小白写出如下开头。

丹桂飘香，九月金黄。欢迎朝气蓬勃的新同志的到来，谢谢你们选择加入我局。人们常说"要想富，先修路"，这既体现了交通建设与经济发展、人民增收致富的辩证关系，也反映了广大人民群众对改善交通条件、提高生活质量的迫切愿望。人才辈出之日，我局兴旺之时。在这里，每个人都有平等晋升的机会。

目前，在市委、市人民政府的正确领导和上级业务主管部门的帮助指导下，我局认真做好了市公路的规划、建设、养护和政路管理工作，基本实现了全市全覆盖的公路网络体系，为我市经济建设和各项社会事业的健康发展提供了稳定的交通保障。

下面，我提几点希望。

……

小白写完后，自己沾沾自喜良久。一个简单的开头能写这么多字，既有文艺词组，又有名言俗语，正文中还提到了市委领导、广大群众、网络体系，真是要高度有高度，要内容有内容，看来，"只要网络通，写稿不求人"这句话一点错都没有！怀着满心期待，小白把作品交给科长，等待着表扬。

> 【学姐唠叨】
> 在阅读 1.1.3 小节的内容之前,基础好的职场新人可以尝试自己分析一下,在小白写的这段公文材料中,存在哪些问题?分析问题的过程也是写作逻辑的锻炼过程,如果能精准地发现问题,说明你具备公文写作的基本审美。

领导看后直摇头,想改都无从下笔

有职场新人问我:"为什么每次领导看我提交的公文材料时,都只字不言,只是不停地摇头呢?"出现这种情况,通常有三个可能的原因:第一,你写偏题了,写出来的内容完全不是领导想要的内容;第二,你写的公文材料错误太多,领导想修改却无从下笔;第三,领导想指导你,却发现你的基础太薄弱,他无从讲起。

这些原因,也是为什么领导经常说"给你改错的时间,我自己都写完了"的原因。

接下来,我们一起拆解、分析 1.1.2 小节中小白写的讲话稿开头。

科长收到小白的讲话稿开头后,心情简直可以用四个字形容:哭笑不得。这几段话,堪称公文写作常见错误的集锦。耐着性子,科长在文档上写了详细的批注,如表 1.1 所示。

表1.1 小白初稿分析

小白的初稿	主要问题	批注详解
丹桂飘香，九月金黄	风格错乱	"丹桂飘香，九月金黄"最常用在学校运动会的讲解词、教师节的慰问信等稿件中，在正式的公文材料，尤其是领导讲话稿中，要避免出现。公文材料的第一句话，会确定全文的风格和基调。显然，这句话和公文材料的整体基调是不一致的
欢迎朝气蓬勃的新同志的到来	句子不通	公文写作，所用词句讲究简洁、有力，因此，应尽量避免在名词前加太多形容词。如果想用形容词，可以对句式进行调整，把形容词后置，比如，欢迎新同志到来，看到你们朝气蓬勃……
谢谢你们选择加入我局	身份不符	这是一篇局长讲话稿，作为单位"一把手"，讲话需要有威严感。这句话过于谦卑，不符合领导的角色站位。此外，随着公务员考试难度加大，每一位通过考试的学生都是经过层层筛选才得以被正式录用的，"谢谢""选择"等表述，容易让受众听后产生心理落差
人们常说"要想富，先修路"	对象错配	"要想富，先修路"这句话常出现在基层单位调研或者领导下乡的即兴讲话稿中。在情境中，科长很明确地交代了，这个讲话是局长讲给新入职的同志，欢迎新同志，和致富修路有什么关系呢？
这既体现了交通建设与经济发展、人民增收致富的辩证关系，也反映了广大人民群众对改善交通条件、提高生活质量的迫切愿望	场景不搭	讲话稿的背景是欢迎新同志，基于这个点，讲话稿的主要内容应该是首先表达对大家的欢迎，然后介绍单位的现状。初稿中的这句话，更像是领导要在业务工作推进会上说的

续表

小白的初稿	主要问题	批注详解
人才辈出之日，我局兴旺之时	主体错误	"兴旺"一词多用于"事业兴旺"。在公司领导讲话中，用"兴旺之时"可以，在行政单位领导讲话中，用"兴旺"显得不合时宜
在这里，每个人都有平等晋升的机会	替人"画饼"	"每个人都有平等晋升的机会"，这是执笔人在代领导做承诺。首先，撰写领导讲话稿，不是执笔人想到什么就写什么，切忌代领导做承诺；其次，欢迎词中，应当寄予对成长、进步的期望，而不是许诺提拔、晋升；最后，执笔人要考虑到，写在讲话稿中的"许诺事项"能否兑现。以上三点，都是撰写领导讲话稿时尤其需要注意的
在市委、市人民政府的正确领导和上级业务主管部门的帮助指导下	语句啰唆表意不明	"市人民政府"简称为"市政府"即可；"正确领导"中，"正确"二字可以删除；提到"上级业务主管部门"时，应该写明上级业务主管部门到底是哪些部门，如"总部""市局"等
我局认真做好了市公路的规划、建设、养护和政路管理工作，基本实现了全市全覆盖的公路网络体系，为我市经济建设和各项社会事业的健康发展提供了稳定的交通保障	文种杂糅	讲话稿的本质是"我讲你听"，讲话人和受众是"讲述"和"聆听"的关系。这句话明显是在凑字数，大概率是从网上搜索、复制过来的过往工作总结或工作部署会上的讲话（科长在互联网上搜索了一下这个句子，果然是某地高速公路建设协调会的领导讲话）

  文中案例并非杜撰，是我在工作中遇到的真实情况。

  短短的讲话稿开头，看上去很简单，动笔一写就错误百出。有的学生研究生毕业后考上公务员，被分到基层单位工作，心有不甘，感觉凭自己的学历、能力，更适合在机关单位工作。我想说，如果把公文材料写到这种程度,是没有办法在机关单位立住脚的。不仅如此,没有对基层业务工作的深入实践,写不出扎实、过硬的公文材料,如果接二连三地写出这样的公文材料,可能领导根本不会给你安排重要的工作,你会逐渐被边缘化。理由很简单:让人不放心。

1.2 只写过微博小作文,如何过渡到公文

如果读书时就不擅长写作文,大学时只能勉强写一写发布在学校公众号上的通讯稿,平时觉得写作就是折磨,发表最多的"材料"是微博上的碎碎念……这种写作基础,有希望走公文写作这条路吗?

首先给出结论:有希望。不过,需要一层一层地打基础,正所谓"万丈高楼平地起,一砖一瓦皆根基"。

1.2.1 有写作基础,转换公文分三步

对于有写作基础的职场新人来说,从校园通讯稿写作过渡到公文写作,需要半年到一年的时间。掌握了公文写作的思路、技巧,就会成为一个让领导相对省心的初级执笔人。

何谓有写作基础?比如大学四年里,一直在或主动或被动地写东西,从简单的社团海报、活动方案、主持词、通讯稿,到有些难度的团委领导讲话稿、阶段工作小结等。现在,大学都有校园公众号,如果你在读书期间,能够坚持不断地做校园公众号的小编、记者,或者时常为校园公众号供稿,就可以算是有写作基础。

所以，你发现了吗？其实，"有写作基础"的门槛并不高，并不要求你在读书期间发表多少论文，或者发表多少作品，只要你持续不断地做一些简单的写作工作，就会建立并保持写作的基本感觉。这个感觉是什么？首先，你是敢于下笔的；其次，你写出来的文字是通畅的。

对于有写作基础的职场新人来说，从校园通讯稿写作过渡到公文写作，需要注意以下几点。

1. 遇到什么学什么，学一个精一个

这里有一个学习逻辑的问题。

职场和校园最大的不同在于，领导不会像老师指导学生一样，给职场新人太多的成长时间。那么，如何又快又好地适应工作呢？通过多年的写作实践，我发现，"遇到什么学什么"比"拿出大量时间专门学习公文写作规范"效果好得多。

这是因为，公文写作规范中讲解的通常是法定文种的写作要求和注意事项，但对于基层单位公务人员来说，短时间内，领导是不会让你写十五种法定文种的，也就是说，可能工作的前三年，你写的东西是达不到"套红头"程度的。

换言之，对于基层单位公务人员来说，耗费再多时间研究纪要、意见、函、报告等不同文种的差异，也很难有用武之地。

职场新人工作中大量接触的是事务性公文，比如通讯稿、情况汇报、工作简报、工作总结、领导讲话稿等。因此，对于职场新人来说，我建议大家把主要精力用在研究字、词、句、段、篇、立意、结构和领导意图上。对于法定文种的写作要求和注意事项，遇到一个学一个，学一个精一个，效果也许会更好。比如，领导让你拟一个通知，你可以快速检索通知的行文格式和常见写法，把这一类文种吃透，再结合本单位的具体要求成文。有经验后，下次再写通知的时候，就可以直接复制前一次的写法。

2. 重实务，轻抒情

我刚参加工作时，有一次，接到了给新上任的领导准备一篇专项工作汇报稿的任务。因为手头有一些前期资料，我很快拼凑出了十页内容。然而，领导看到稿件后非常不满意，说了一句让我至今印象深刻的话："这也太虚了，让我汇报什么呢？"

之所以会出现这样的问题，是因为写校园通讯稿时，我习惯在稿件中加入一些鼓舞式、宣传式和号召性语句，字里行间充满感情流露，比如写运动会总结稿，会写"同学们的呐喊与欢呼交织、青春与拼搏碰撞……田径场上，运动员们同台竞技、挥汗如雨，生动诠释了体育精神"，形容词较多，抒发情感时不会特别地加以控制。

我在给领导写专项工作汇报稿时，因为参加工作不久，还未褪去校园写作的痕迹，在汇报稿中重点突出了单位上下齐心协力完成工作的辛苦。但是，领导想要的并不是宣传式的辛苦，而是大家如何齐心协力，做了什么，怎么做的，取得了哪些成果……要求有方法、有事例、有数据。

虽然校园通讯稿写作和公文写作的风格有出入，但别怕，只要有文字基础，这个转型不会很难。校园里持续不断地写作的经历，对职业生涯最大的意义是给勇敢下笔提供一个助推力，让你敢写——只有敢写，才能会写；只有会写，才能愿意写。

3. 对于高级词汇，即时记忆

有文字基础的职场新人由校园通讯稿写作向公文写作过渡的关键变量，是高级词汇的积累。如何才能迅速积累足够多规范、得体的高级词汇呢？不仅要善于摘抄，还要善于记忆。

大家读书时都被语文老师要求过摘抄好词好句，但大部分人写作文的时候从来没有用上过所摘抄的好词好句，为什么？因为只是抄在了本子上，没有记进脑子里。同理，工作中，在手机上看到高级词汇就收藏、在会议中听到高级词汇就记在本子上的方法是没有太大用处的，因为大多数人根本不会去翻看第二遍。即便在写公文材料前到处翻找，也找不到自己想用的那个词。

根据我的个人经验，积累高级词汇最好的方法，是当场消化、即时记忆。比如，去参加一场先进事迹报告会，做听众的时候就可以进行即时记忆。大屏幕上的主题词、先进人物的颁奖词、海报上的人物介绍等，每场活动都能记住几个高级词汇，日积月累，自己的大脑词库必然能得到极大丰富。

【学姐唠叨】

刚工作时，我去旁听一场报告会，主题词是"用奋斗书写时代华章"——"华章"这个词就是我们要记忆的高级词汇。在校园中，我们更多的是使用"篇章"这个词，从"篇章"到"华章"，是一个升维、拔高的过程。

还有一次，我参加先进事迹宣讲会，其中一段演讲中出现了"群山垂首"这个词，我觉得这个词太感人、太有画面感了，默念几遍，瞬时消化，直到现在都还记得。

这样做的好处是，将来你接到组织活动的任务，写开幕致辞或主持词需要大量严肃且生动、小切口但大格局、气势恢宏又感人至深的词汇时，就不会急得抓耳挠腮了，只要从大脑词库中挑选出几个合适的词，"顺藤摸瓜"检索更多类似的词，就可以让整篇公文材料的气质"立起来"。

高级词汇不仅仅来源于与工作相关的场景，生活中也随处可见，比如，换乘地铁时，你可能会看到一个设计得很好的广告文案——"双线换乘，幸福加倍"；又如，看运动会时，你可能会听到一个很精彩的解说词——"幸得识卿桃花面，从此阡陌多暖春"……只要这些文案"击中"了你，让你大呼精彩，你就可以随时随地多读几遍、多揣摩几遍，想想这些文案为什么如此凝练准确、吸引视线，想想自己能不能写出来，并当场背诵，不收藏"吃灰"。

【学姐唠叨】

对于本身有文字基础的职场新人来说，从校园通讯稿写作向公文写作过渡时，要注意逐步积累叙述同一件事时的不同表达方式，比如校园通讯稿中常用"努力做到"，而公文中常用"切实做到"；校园通讯稿中常用"查找问题"，而公文中常用"查摆问题"；校园通讯稿中常用"团结合作"，而公文中常用"统筹协调"……公文材料比校园通讯稿的年龄感更强、硬度更高，这些"小词"，往往是风格切换的关键。

1.2.2 没写作基础,有希望写好公文吗

前文讲到,如果你本身有文字基础,风格过渡是相对容易的,因为首先,你是敢于下笔的;其次,你的文字是通畅的。但更多的职场新人是什么情况呢?**是没有写作基础,小时候怕写作文,长大了怕写公文**。读书期间没有参加过任何活动,浑浑噩噩地度过大学时光,因为不爱阅读,导致输入少;因为从未动笔写作,导致输出少。

既没有输入,又没有输出,会导致什么情况出现呢?

比如,领导安排你用五天时间写一篇公文材料,你只是做前期心理建设就要用大概四天,到交稿前的最后一天,不得不写的时候,你开始深呼吸、吃东西,用各种方式缓解自己紧张焦虑的情绪,最终草草成稿,质量堪忧。

又如,有些公文材料要得急,领导上午才布置任务,要求下午就交稿。做了两个小时的心理建设后,时间就到了中午,一个字都没有写出来,你焦虑到头发一把一把地掉。

以上这些场景,是不是感觉很熟悉?对于毫无写作基础的职场新人来说,如何建立写好公文的信心?做好以下三点。

1. 每天至少写三行字,解决"量"的问题

这个训练方法的关键是"三行字"。为什么不是三百个字或者更多字?三行字能起到什么作用呢?

这里有一个逻辑——为什么你总是陷入间歇性努力、持续性"躺平"的循环,无法拥有持久的毅力?因为大脑本身是抗拒改变的。当你树立一个宏大的目标,比如瘦二十斤,大脑神经会马上做出反应:"你快歇歇吧,

别折腾了！"连开始行动的动力都会被打消。如果想做出改变，最好先树立一个微小到大脑不会抵触的目标，一点一点渗透，等大脑反应过来，你已经将改变升级为新的习惯系统了。

举个例子，你想健身，不要给自己定每天跳绳一百个的任务，就以每天跳十个为目标。因为太容易完成了，你不需要费力气，所以很容易开始养成健身习惯，时间久了，会习惯成自然，这时再慢慢加量，稳定健身就是水到渠成的事情了。

写作也一样，不要幻想着自己能在短时间内成为单位的"笔杆子"，你需要做的唯一的事情，是每天用各种方法锻炼自己的写作能力，比如勤看单位的工作日志、会议记录、领导讲话记录，以及其他相关自媒体平台上的稿件，并不限文种、不限内容、不限字数地坚持每天写三行字。如果写三行字都有压力，只写十来个字也可以，让大脑在潜移默化中发生改变。

通过微小的习惯，逐渐改变大脑对写作这件事的接受程度，大脑才会逐渐成为你的朋友，主动推动你不断升级，从此开始良性循环。这是一个对写作从不怵到接纳，从理解到驾驭的过程，本质上是用各种方法帮你完成文字的"原始积累"，拥有文字的"第一桶金"。

在写作甚至备考的过程中，很多人总是执着于对方法和技巧进行研究，忽略了"量"才是"质"的基础，质量问题的本质是数量问题。我记得有一次讲课时，一位学生发言说，自己在备考公务员时，行测分数一直上不去，后来狂"刷"题，做了足足四万道题，终于"上岸"，行测考了八十多分。学英语、写代码也是同样的道理，先记忆一万个单词、写下一万行代码，再来谈自己是否适合学英语、写代码！

综上所述，我建议没有写作基础的职场新人先给自己定一个小目标，无论写什么，动笔积累十万字、百万字，再来讨论自己"能不能写"的问题，不要轻易给自己下"没有写作天赋"的定义。

2. 配音法，解决"语感"的问题

很多人，总是分裂地看写作和表达，殊不知，写作能力和表达能力是互为支撑的。对于职场新人来说，"写得好"和"说得好"，都是"被看见"的机会。

为什么有的人每天看新闻、看报纸、抄金句，写出的句子依然逻辑不通、冗长难懂？为什么有的人看不出别人写的公文好在哪里，也看不出自己写的公文差在哪里？是因为还没有建立起公文的"语感"！

何谓语感？是比较直接、迅速地感悟语言文字的能力，是语文水平的重要组成部分，是对语言文字分析、理解、体会、吸收全过程的高度浓缩。好的句子之所以能够朗朗上口，是因为找对了节奏。对于写作基础较弱的职场新人来说，仅仅靠眼睛看，是很难提高语感的。这个道理很简单——一目十行，难免跳行、跳字。根据我的实践，提高语感最有效的方法是多读、多说。

多读、多说的意思不是让大家去朗读报纸，可以使用更为有趣的方式，比如每天使用配音软件为一篇文章配音，不限体裁、不挑内容，任何风格的文章都可以作为配音素材。

文字的感觉是相通的，通过出声音阅读，能够提高公文写作时的语感。

想配出一段好的音频片段，需要至少练习十次以上。进行配音练习时，建议播放轻音乐作为背景音乐，受制于音乐节奏，我们不可能吞字、漏字、

跳字，而且，大家每配一篇文章，不仅锻炼了语感，还可能在不知不觉中把文章中的句子背诵下来，久而久之，即使没有刻意储备各种金句，金句也早已深深地刻在了脑海里。

此外，建议体制内的工作人员多参加单位组织的演讲比赛、知识竞赛等活动。多写作、朗读、背诵成形的稿件，对提高语感意义重大，这也是"学习金字塔"理论在职场中的经典实践，"学习金字塔"模型如图1.1所示。

图1.1 "学习金字塔"模型

注：美国缅因州贝瑟尔国家培训实验室的研究数据，展示学生在不同指导方法下，学习24小时后的学习成果平均保持率

3. 降低目标，解决"信心"的问题

没有写作基础的职场新人，不要急于把"写好"作为写作目标，你的写作目标应该是"没有低级错误"。这一点看起来很容易，做起来并没有那么简单，因为我看过很多新手稿件，能够做到这一点的职场新人可以说

是百里挑一。把降低后的目标具象为公式，如下所示。

没有低级错误 + 句子简短通顺 = 基本过关

公式中的第一项是"没有低级错误"，我会在本书第 2 章中对公文基本格式的设置步骤、常见错别字、文字表述硬伤等进行详细讲解，大家只要按照步骤逐项复核，就基本能够解决低级错误频出的问题。

公式中的第二项是"句子简短通顺"，这是为什么呢？因为没有写作基础的职场新人大多不具备驾驭长句的能力，贸然使用长句，很可能出现主谓宾错位、句子结构混乱等语法问题。用短句写公文，只要能够将意思表述清楚，一样可以被称为"合格的公文"。

水不争先，争的是滔滔不绝。基础差没关系，用时间换空间。

扎扎实实地做好以上三步后，领导可能会开始安排你写篇幅较短（几百字）的政务信息材料了。如果你完稿并上报后，成功被上级单位采用，一定要珍惜作品上网的机会，及时对比在网络上发布的版本与自己的原始稿件，比较两个版本的差异。在对比的过程中，看到领导改了哪句话、动了哪个词，都要认真揣摩、研究，因为这是快速提高写作能力的难得的机会。

【学姐唠叨】

比较网络发布版材料和原文稿的差异时，不要用手指配合眼睛，一字一句地比对，给大家介绍一个好方法：将网络发布版材料复制并粘贴到 Word 文档中，同时打开 Word 格式的原文稿，使用"Word"—"审阅"—"比较"功能，可以轻松地查看两个 Word 文档内容的不同。

讲到这里,对于"没写作基础,有希望写好公文吗"这个问题,大家是不是没有相关疑虑了?道阻且长,行则将至,写公文不是写长篇巨著,还远未到依赖天赋的程度。在提高练习数量的基础上,降低目标,解决不敢下笔的问题;进行配音训练和微习惯训练,解决语言节奏的问题,做到这几点,成为单位"笔杆子",只是时间问题。

天下材料一大抄,为何我就不会抄

"天下材料一大抄"这句话到底对不对?从学习过程上来讲,这句话是对的,但是,很多职场新人误解了话中的"抄"字。"抄"不是复制粘贴,其本质是揣摩、模仿、超越,也就是"先学后超"。如果仅仅简单地照搬照抄、复制粘贴,就会出现"大材小用""小材滥用""好材错用"的情况。

1.3.1 抄官媒材料,就像穿着婚纱去赶集

《人民日报》《求是》等报纸杂志上的文章是学公文写作时非常好的学习资料,但为什么很多职场新人用各式彩笔去拆解、分析,反复学习、模仿后,自己的公文写作能力依然没有得到提升呢?到底需不需要学习、模仿官方媒体的公文材料写作方法,如果需要,怎样学习、模仿更为高效呢?我这就讲给大家听。

【情境】

小白在县税务局工作,单位准备开展以"闪耀青春梦想"为主题的五四青年节系列教育活动,领导要在活动部署大会上发言。因为曾经被领

导批评稿件站位太低，小白决定吸取教训，在写稿时，把高度提起来。一番搜索后，小白在《人民日报》中发现了如下一段话：

"乘风好去，长空万里，直下看山河。未来属于青年，希望寄予青年，中华民族伟大复兴的中国梦终将在一代代青年的接力奋斗中变为现实。广大青年立大志、明大德、成大才、担大任，以聪明才智贡献国家，以开拓进取服务社会，谱写更为动人的新时代青春之歌，正是党和人民的热切期待。"

小白觉得这段话写得太惊艳了，赶紧复制粘贴过来，改了几个字就做了稿件结尾，信心满满地提交了作品。没想到，很快被领导退回修改。

小白将《人民日报》中的话用在公文材料结尾，问题出在哪里呢？

问题一，这段话的高度和单位级别不匹配。对于基层单位来讲，这个结尾的高度太高了——这段话，甚至可以作为对全国青年的寄语。

问题二，使用这段话，没有结合本单位的实际工作。如果你发现将所选择的结尾换到另一个单位、另一个行业的领导发言稿中同样适用，说明你没有把高度"落地"，没有结合本单位的业务写出最合适的公文材料。在这种情况下，不管多好的素材，都会变成"空中楼阁"。

小白不解："那为什么领导天天让我多看报纸？而且，我看到互联网上有很多人分享自己的学习过程，就是先摘抄，再调整！分析、学习《人民日报》上的文章对提升公文写作能力到底有没有作用？我迷糊了……"

先上结论：有用，但更适用于成熟的执笔人。

这个道理很简单，如果你问化妆师："好的护肤品对改善皮肤状态有没有作用？"答案当然是"有用"，但如果你本身有过敏、长痘、饮食睡眠不规律等问题，那么，在使用好的护肤品之前，应该先解决更基础的问题，否则，很可能浪费了那些好的护肤品。

对于有写作基础的执笔人来说，可以分析、研究报纸杂志上的优秀文章，揣摩其下笔的力度、风格、逻辑、结构以及对典故的运用方式，帮助自己在写公文材料时更有高度和深度。

但对于零基础的执笔人来说，最关键的是不要急于求成。尚未建立起对公文审美和公文尺度的感觉时，大多数人是不具备判断某句话和不同应用场景的适配程度的能力的，盲目借鉴，很容易出现"不兼容"的生硬感。比如，想使用一个"高大上"的结尾，需要正文主体部分同样"高大上"，两者才能融为一体，如果公文材料标题、开头、正文平淡无奇，突然来了一个令人惊艳的结尾，领导读完后很可能会觉得这篇公文材料只有结尾能要，其他全部不合格。

因此，初级执笔人使用报纸杂志中的优质内容时，要特别注意层次性，即由浅入深，不可以一蹴而就。

我的建议是，如果你目前处于连句子都写不通顺的阶段，不要试图去分析高阶文章。从抄写入手，进步更快——先通过抄写，感受文字的力度和节奏感，再通过大量重复训练，建立语感。**如果连什么样的句子顺口都感知不到，写再多公文材料，写作水平都是在原地打转。**

我曾经有一位同事，考上公务员时年纪已经很大了，文字基础非常薄弱，领导安排他写了几次公文材料后，认为他实在是难以培养，于是开始给他安排一些事务性的琐碎工作。面对这种情况，他是怎么做的呢？每天很早到单位，雷打不动地做一件事——找一张报纸，抄写、练字。同事们都没想到，几年后，参加领导岗位竞争上岗考试时，这位年长且基础薄弱的同事，拿到了笔试第一名的成绩！

> 【学姐唠叨】
>
> 抄写，是小学老师最常布置的一类作业，对小学生来说，这一方法能够非常有效地帮助他们从一年级的识字过渡到三年级的写小作文。
>
> 其实，不管到了什么年龄，人类的认知规律是不变的。目前，市面上有很多以公文材料为内容的硬笔书法字帖，搜索"公文 字帖"即可找到，不会写公文材料的职场新人可以买几本，每天写几页，既是练字，又是练语感，一举两得。

1.3.2 抄内网公文，就像踩着高跟去沙滩

既然官媒公文抄不好，小白灵机一动，又想出一个办法——抄单位的内网公文！这样，既可以解决高度站位不匹配的问题，又和业务工作相关，一举两得。于是，小白开始研究什么样的公文材料更容易被单位领导采用。通过分析，小白发现了**内网公文材料的特点：特别喜欢分层，必要时还会为每层添加一个小标题**。原来这就是写作窍门！于是，无论稿件长短，小白都会在写稿时对稿件进行强行分层，比如下面这段话。

【初稿】

　　历时六个月，在工作方面，我们完成了志愿者员工注册工作；在思想建设方面，我们组织开展了三次以"请党放心，强国有我"为主题的党史学习团日活动；在不断进取方面，我们圆满举办了两次以"技能升级大作战"为主旨的青年学习活动。

　　模仿学习，要学其"里"，不能仅学其"表"。为公文材料分层，使之逻辑清晰、更加易读，这一点没错，但不能为了分层而分层。这段话总共只有三行字，还要分成三个方面，很有"内容不够，字数来凑"的嫌疑。

　　因为是强制分层，大家会发现，将三个层次提取出来，并没有清晰的逻辑关系。"在工作方面……；在思想建设方面……；在不断进取方面……"，不仅没有清晰的逻辑关系，还是病句。

　　此外，通过分析，不难发现，小白这段话中还存在以下几个问题。

　　①**层次之间关系错乱**。思想建设是工作的一部分，也就是说，第二个层次和第一个层次之间是包含与被包含的关系，不能以并列的方式出现。与思想建设并列的，应该是业务工作。

　　②**层次设置标准不统一**。"不断进取"是对期望的表述，和"工作方面""思想建设"不是同类内容。

　　所以，这段话如果写到这个程度，就是"第一眼美女"——乍一看还行，看第二眼就露馅了。初学写公文材料的职场新人一定要记住，不要为了分层而分层，内容素材不够，就简单表述。

【修改后】

上半年,总部完成了志愿者员工注册工作,组织开展了三次"请党放心、强国有我"党史学习团日活动、两次以"技能升级大作战"为主旨的青年学习活动。

除了分层,小白还发现了**内网公文材料的第二个特点:喜欢使用序号,写出"一、""二、""三、"**。于是,小白赶紧照猫画虎,在写稿时注意加上"一、""二、""三、"。

【初稿】

通过近期观察,现阶段工作在以下3方面有待提高:一、活动的趣味性有待进一步加强,存在同学们对一些学院、班级活动参与积极性不高的现象;二、活动的细节把控能力有待提高,存在举办活动时遗漏一些细节问题的情况;三、活动的组织能力有待提升,存在党史等相关材料学习活动没有得到有效组织的情况。后期,支部将针对以上不足进行重点改进。

这段话的内容相对丰富,可以分出层次,但小白又出现了新的问题。

①"在以下3方面有待提高"写作错误。在公文写作中,说"几方面"时通常不使用阿拉伯数字,可以修改为"在以下三方面有待提高"。

②标题序号使用错误。"一、""二、""三、"属于一级标题,需要在稿件中单独成段,这里可以修改为"一是""二是""三是"。

【修改后】

通过近期观察，现阶段工作在以下三方面有待提高：一是活动的趣味性有待进一步加强，存在同学们对一些学院、班级活动参与积极性不高的现象；二是活动的细节把控能力有待提高，存在举办活动时遗漏一些细节问题的情况；三是活动的组织能力有待提升，存在党史等相关材料学习活动没有得到有效组织的情况。后期，支部将针对以上不足进行重点改进。

【学姐唠叨】

正常情况下，展示在内网中的公文材料都是经过审核的，为什么还会出现"抄错"的情况呢？这是因为各地区、各单位的办文能力参差不齐，很多基层单位甚至没有建立自己的办文制度。因此，在内网选取学习素材时，要重点浏览网页设计专业且精致、新闻动态更新较及时的省市、地区的网站——能把内网维护工作做扎实的单位，内容审核的质量不会太差。

第 2 章

写材料的"坑",挨个踩一遍

回顾我们的读书生涯,每一步跃迁前,都会做大量准备工作。读小学前,我们会上学前班,提前感受课堂学习节奏,以便更好地适应小学生活;读大学前,我们广泛了解各学科知识、提高心理素质,从里到外准备齐整,再开始大学生活。唯有工作这一占据人生时间最长、犯错成本最高、容错率最低的阶段,我们通常是匆匆忙忙、跌跌撞撞,在没有做好万全的准备时进入的,犯错犯得接二连三,且猝不及防。

领导、长辈们也许会说,年轻人,犯错是正常的,要放开手脚,大胆去做。这句话,最容易被误读,以至于自己撞得头破血流却毫无知觉。回望十几年的工作生涯,我想说,有些错误,成本太高了,从一开始就不要犯!

2.1 格式设置一学就会,一用就废

互联网上有一个段子流传甚广,大意是人和人之间的交往,始于五官,终于三观。写公文材料时同样如此,如果拿过来一篇公文材料,有很多格式错误,说明执笔人不认真、不专业,阅稿人对材料内容的质量预期就会大打折扣。那么,问题来了,为什么简单的格式问题,反复提及、反复强调,依然会有很多职场新人出错呢?我观察发现,主要有以下三个方面的原因。

①职场新人不知道正确的格式规范是什么;

②即使知道正确的格式规范,职场新人也不会操作电脑进行正确设置;

③职场新人的工作习惯不好,经常匆忙下笔写稿,把格式设置忘一边。

 页面设置为何出错

有的职场新人接到工作任务后,会立刻陷入紧张、焦虑的状态,只想赶紧写完赶紧交差。在这里,我要分享一个好的工作习惯——准备写稿时,新建文档后立刻按照格式规范设置页边距、文档网格等页面格式,**养成不设置格式不动笔的习惯**。

1. 设置页边距

写公文材料时，如无特殊要求，页边距一般设置为上 3.7 厘米、下 3.5 厘米、左 2.8 厘米、右 2.6 厘米。

设置路径为在 Word 文档中单击"页面布局"—"页面设置"按钮（在不同版本的 Word 中，此处名称略有不同，但位置相似，大家可自行寻找），打开"页面设置"对话框，选择"页边距"选项卡。在"页边距"选项卡界面，可以看到各边距值的设置框。

2. 设置文档网格

写公文材料时，如无特殊要求，每行字符为 28 个，每页为 22 行。

设置路径为在 Word 文档中单击"页面布局"—"页面设置"按钮，打开"页面设置"对话框，切换到"文档网格"选项卡，选中"指定行和字符网格"单选按钮，设置界面如图 2.1 所示。

实际操作过程中，我发现，有的职场新人按照如图 2.1 所示的方式设置完成后，字间距特别大，呈现如图 2.2 所示的效果。大家数一数就会发现，每行根本不是 28 个字，而是 21 个字。

问题出在哪里呢？在于设置文档网格前，没有正确设置文字的字体、字号。调整步骤如图 2.3 至图 2.6 所示。

第一步：打开"页面设置"对话框，在"文档网格"选项卡中单击"字体设置"按钮，如图 2.3 所示。

第二步：打开"字体"对话框，依次设置字体、字形、字号等字体格式，设置完成后单击"确定"按钮，如图 2.4 所示。

第 2 章 | 写材料的"坑",挨个踩一遍

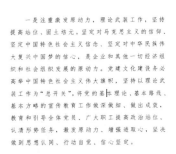

图 2.1 设置文档网格　　　　　图 2.2 设置错误案例

图 2.3 "字体设置"入口　　　　图 2.4 "字体设置"步骤

第三步:返回"页面设置"对话框,切换到"文档网格"选项卡,在"文档网格"界面中,大家可以发现,"字符数"并不是每行 28 个字,而是每行 21 个字,如图 2.5 所示。

图 2.5　"文档网格"界面

第四步：修改图 2.5 中用框框住的文本框，将"字符"修改为"每行 28"，将"行"修改为"每页 22"，即可完成对文档网格的设置，正确的设置效果如图 2.6 所示。

> 一是注重激发原动力，理论武装工作，坚持提高站位、固土培元。坚定对马克思主义的信仰、坚定中国特色社会主义信念、坚定对中华民族伟大复兴中国梦的信心，是企业和其他一切经济组织和社会组织发展的原动力。党建文化建设务必高举中国特色社会主义伟大旗帜，坚持以理论武装工作为"总开关"，将党的基本理论、基本路线、基本方略的宣传教育工作做深做细、做出成效，教育和引导全体党员、广大职工提高政治站位、认清形势任务，激发原动力、增强进取心，坚决做到思想认同、行动自觉、信心坚定。

图 2.6　正确设置效果

【学姐唠叨】

设置完成后，可以自己数一数，是不是每行 28 个字，每页 22 行。这是最基本的公文写作要求，很简单，不要在这里出现错误。

2.1.2 字体字号随心所欲

公文写作对文档内容的字体、字号有着严格的规定，但是在工作过程中，我经常在职场新人们提交的稿件中看到五花八门的字体，正文中甚至有宋体、微软雅黑等字体的出现，字号也时常被设置为五号。有些人可能会疑惑，编辑 Word 文档时，不是默认用五号宋体写正文吗？为什么在公文写作中就不行了？因为作为一种特殊的写作文体，公文写作有着其特殊的要求。公文写作中的规范字体、字号是什么呢？如表 2.1 所示。

表 2.1 公文写作字体、字号要求

类型	字号	国标字体	习惯使用
总标题	二号	小标宋体	方正小标宋体
正文	三号	仿宋	仿宋 GB2312
一级标题		黑体	—
二级标题		楷体	楷体 GB2312
三级标题		仿宋	仿宋 GB2312
四级标题		仿宋	仿宋 GB2312

【学姐唠叨】

①关于仿宋和仿宋GB2312。《党政机关公文格式》（GB/T 9704–2012）中规定："如无特殊说明，公文格式各要素一般用3号仿宋体字。特定情况可以作适当调整。"并无具体规定到必须使用仿宋GB2312的程度，但由于历史原因及系统兼容原因，各单位使用仿宋GB2312为公文写作字体的居多，楷体和楷体GB2312的关系同上。需要注意的是，如果任职单位有特殊规定，则以本单位的公文办理相关规定为准。此外，Windows系统中并不自带GB2312字体，需要大家自行从网络上下载。

②关于小标宋体。小标宋体不是普通的宋体，二者的对比如图2.7所示。

小标宋体：从零开始学公文
宋体：从零开始学公文

图2.7 小标宋体和普通宋体的对比

③关于标题是否加粗。《党政机关公文格式》（GB/T 9704–2012）中并未对标题是否需要加粗做出明确规定，大家可以根据任职单位公文办理相关规定执行，一般情况下，为了层次分明，习惯对二级、三级标题进行加粗处理。

2.1.3 页码设置分步拆解

页码设置是职场新人非常容易忽视的细节之一，即便记得要加注页码，设置的时候也经常因为页码的类型和可居位置太多了，不知道应该选哪一种。

我们来看看官方文件的规定。

《党政机关公文格式》（GB/T 9704-2012）对公文中的页码设置做出如下规定：

一般用 4 号半角宋体阿拉伯数字，编排在公文版心下边缘之下，数字左右各放一条一字线；一字线上距版心下边缘 7mm。单页码居右空一字，双页码居左空一字。公文的版记页前有空白页的，空白页和版记页均不编排页码。公文的附件与正文一起装订时，页码应当连续编排。

看完之后，职场新人大多发现自己很难完全理解。接下来，我逐一拆解细节，只要你关注以下几个问题，页码设置基本不会出错，如表 2.2 所示。

表 2.2 页码设置要求

要素	要求	细节提示
样式	— 1 —	数字左右的横线，是中文状态下符号栏中的"—"符号（不是短的"-"符号），数字在中间，两条横线和数字之间各添加一个空格
字体	4 号半角宋体	—
位置	页面右下角 / 左下角	一字线上距版心下边缘 7mm，右空一字 / 左空一字

如果觉得文字叙述难以理解，可以通过图片进行直观了解，如图 2.8 所示。

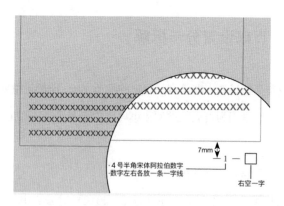

图 2.8 页码的位置

通过以上表格、图片,我们对正确的页码外观有了初步了解,那么,正确的页码格式是如何设置出来的呢?分步骤讲解如下。

第一步:插入页码。在 Word 文档中单击"插入"—"页码"—"页面底端(靠右)"—"普通数字"选项。

第二步:设置"页码格式",选择"1",并插入符号栏中的"—"及空格。

第三步:设置页码的字体、字号。双击页码,切换到"开始"选项卡,设置字体为"宋体",字号为"四号"。

第四步:设置"右侧缩进 1 字符",具体步骤如图 2.9 所示。

第五步:设置"奇偶页不同"和"一字线上距版心下边缘 7mm"(将"页脚底端距离"设置为 2.5 厘米,可以满足"一字线上距版心下边缘 7mm"的要求),具体设置方法如图 2.10 所示。

第六步:设置偶数页页码。双击偶数页页码数字,位置选择"页面底端(靠左)",其余操作同上。

第 2 章 | 写材料的"坑",挨个踩一遍

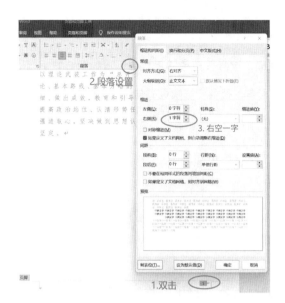

图 2.9　设置页码第四步

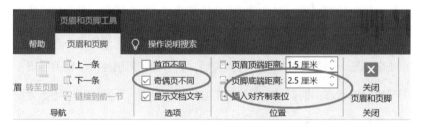

图 2.10　设置页码第五步

【学姐唠叨】

①如果所写公文是领导讲话稿等日常事务性公文,领导习惯单面打印,设置文档格式时就不需要设置奇偶页,按照前文规范,统一在页面底端(靠

右）插入页码即可。

②插入页码，选择普通数字后，会出现如图 2.11 所示的画面，一定要删除多余的回车，否则会影响页码与正文之间的距离。

图 2.11　页码设置细节

辅导职场新人写公文材料的过程中，我强调过很多次，一定要注意，不可以报送格式错乱的公文材料。因为不管你写得有多好，如果格式不对，可能上级单位的阅稿人连看内容的心情都没有。但是即便反复强调，我仍然会时不时地收到有格式错误的公文材料，请教了部分职场新人才得知，原来职场新人写公文材料时，写到最后，大多处于用脑过度、精力透支、天晕地转的状态，别说对页码等细节之处进行设置，所有格式问题都会被抛之脑后。

所以，我建议大家，动笔前先设置格式，**养成不设置格式不动笔的工作习惯**。这样可以有效防止写完公文材料后没有多余的精力处理格式问题的情况发生。

2.1.4 标点符号错误集锦

很多职场新人感到困惑,为什么工作后发现,自己连基本的标点符号使用方法都不了解呢?这些年上了那么多堂语文课,竟然没学过如此基础的知识?其实,公文写作中的标点符号使用规则在初中和高中的语文课本中都有体现,只是因为很多细节规则不常在作文写作中使用,久而久之,大家就出现了用错而不自知的情况。

1. 不同层级的序号写法

公文写作中的短篇材料,以两级或三级结构居多,长篇材料有时会出现四级甚至五级结构,标题序号的书写规则如表 2.3 所示。

表 2.3 标题序号的书写规则

材料结构	实例	注意事项
两级结构	一、加强组织领导 1. 思想上高度重视	①如果公文材料只有两级,那么二级标题是不用(一)这个序号的,从"一"直接跳到"1"即可 ②序号"1"后面是点号("."),不是顿号("、"),如果写出"1、",属于格式错误,会引起审稿人的极大反感 ③注意,从一级到五级,序号格式分别为"一""(一)""1.""(1)""①"
多级结构	一、加强组织领导 (一)思想上高度重视 1. 签署承诺书 (1)线上线下相结合 ①人员全覆盖	

2. 序号后的标点符号用法

从一级序号到五级序号,分别为"一、""(一)""1.""(1)""①",从外观上看,这五级序号可以简单分为两类,其一,被括起来(圈起来)

的序号，如"（一）""（1）""①"；其二，没有被括起来（圈起来）的序号，如"一、""1."。

对于被括起来（圈起来）的序号来说，切记序号后不要跟顿号、逗号、点号，加上这些标点符号，就属于画蛇添足了。对于需要在其后加标点符号的序号来说，根据级别的不同，所用的标点符号也不同，比如"一""二""三"后面要加顿号（"、"），"1""2""3"后面则使用点号（"."），如表2.4所示。

表2.4 序号后标点符号使用案例

错误案例（×）	正确案例（√）
（一）、群策群力解难题	（一）群策群力解难题
1、群策群力解难题	1.群策群力解难题
（1）、群策群力解难题	（1）群策群力解难题
①、群策群力解难题	①群策群力解难题

3. 标题后不要加句号

为了便于初学者记忆，我总结了一句"口诀"，如下所示。

标题末尾，句号、回车不共存

这句话的意思是，如果标题单独成段，那么标题后一般没有标点符号，尤其是句号（特别情况下，问号可以保留）；如果标题后紧跟句子，那么标题与句子之间需要加标点符号。换言之，标题后，"句号"和"回车"二选一，不能两者共存，如表2.5所示。

表 2.5 标题末尾的标点符号使用方法

正误	正误案例	细节说明
错误	（一）立足实际，明确发展规划。 相关部门要严格落实规定，建立目标责任机制，加强督促检查，确保活动取得预期效果。	"（一）立足实际，明确发展规划"单独成段时，其后不可以加句号
正确	（一）立足实际，明确发展规划 相关部门要严格落实规定，建立目标责任机制，加强督促检查，确保活动取得预期效果。	
正确	一是立足实际，明确发展规划。相关部门要严格落实规定，建立目标责任机制，加强督促检查，确保活动取得预期效果。	公文写作中经常用到"一是……""二是……"这种表述方式，在短篇材料中弱化层级结构。此时不单独成段，总结句（原标题）后面先加句号再接正文

4. 书名号之间的顿号用法

书名号之间是否有顿号，分为两种情况，如表 2.6 所示。

表 2.6 书名号之间的顿号使用方法

一般不加顿号	
错误案例	全面加强制度建设，建立完善了《××单位办文制度》、《××单位办会制度》、《××单位财务报销管理规定》和《××单位档案管理规定》等。
正确案例	全面加强制度建设，建立完善了《××单位办文制度》《××单位办会制度》《××单位财务报销管理规定》和《××单位档案管理规定》等。
解释说明	如果几个书名号并排列示，中间没有其他要素，则书名号之间不加顿号

续表

	加顿号的特殊情形
错误案例	全面加强制度建设，建立完善了《××单位办文制度》（征求意见稿）《××单位办会制度》《××单位财务报销管理规定》和《××单位档案管理规定》等。
正确案例	全面加强制度建设，建立完善了《××单位办文制度》（征求意见稿）、《××单位办会制度》、《××单位财务报销管理规定》和《××单位档案管理规定》等。
解释说明	如果有其他成分插在书名号之间，应该加顿号。如果书名号之间有的插入了其他成分、有的没有，为了保持一致性，应该在所有书名号之间加顿号。

5. 表格下方的"注"后不要加句号

如果公文材料中出现图表，图表下方需要加"注"进行说明，即便句子较长且中间夹杂了逗号或句号，"注"部分的结尾都不需要加句号，如表2.7所示。

表2.7 "注"部分的标点符号使用方法

	社会保障类	综合执法类
错误案例	……	……
	注：以上各项数据来源于政务服务便民热线2022年一季度统计情况，社会保障类扣除重复来电及已办结数据。	
	社会保障类	综合执法类
正确案例	……	……
	注：以上各项数据来源于政务服务便民热线2022年一季度统计情况，社会保障类扣除重复来电及已办结数据	

6. 附件名称后不要加任何标点符号

下发通知、活动方案等公文材料时，结尾处通常有附件，附件名称后不需要添加任何标点符号。

附件：1.××区"最美志愿者"获奖名单；（×）

附件：1.××区"最美志愿者"获奖名单（√）

7. 数字间的标点符号用法

如果是表示时间的起点和终点，通常情况下用"—"线，而不是"-"线。如果是表示数值的范围，一般用波浪线"~"。

（1）表示时间的起点和终点

A市发布了《××区实施创新驱动发展战略三年实施纲要（2022-2024年）》。（×）

A市发布了《××区实施创新驱动发展战略三年实施纲要（2022~2024年）》。（×）

A市发布了《××区实施创新驱动发展战略三年实施纲要（2022—2024年）》。（√）

（2）表示数值的范围

A市出台了《××市人民政府关于建设数字智慧城市的实施意见》，提出3-5年内实现智慧城市建设的目标。（×）

A市出台了《××市人民政府关于建设数字智慧城市的实施意见》，提出3—5年内实现智慧城市建设的目标。（×）

A市出台了《××市人民政府关于建设数字智慧城市的实施意见》，提出3~5年内实现智慧城市建设的目标。（√）

为了便于大家操作，下面补充介绍输入数字间标点符号的具体方法。

①长横线和短横线,可以使用 Shift 键 + 减号键进行切换。

②波浪线的插入有两种操作方法,其一是使用搜狗输入法,同时按下键盘上的"V"键和"1"键,翻到符号列表第二页,找到波浪线并单击选择;其二是在电脑中安装第三方输入法(绝大部分第三方输入法支持以下操作),输入"波浪线"三个字的首字母"blx",即可快速找到波浪线并单击插入。

2.1.5 标题太长如何回行

《党政机关公文格式》(GB/T 9704-2012)中,对公文标题格式做出了明确规定:

(标题)分一行或多行居中排布;回行时,要做到词意完整,排列对称,长短适宜,间距恰当,标题排列应当使用梯形或菱形。

那么,问题来了,如果公文材料的标题较长,需要分两行或三行列示,应该怎样切割回行呢?如表 2.8 所示。

表 2.8 标题回行正误案例

标题回行 正误及形式		标题案例	正误原因
错误案例(×)		××分局关于组织开展内网线上办公系统使用与操作全员培训的通知	"系统使用与操作"是一个完整的词组,不可以在"使"字后回行
正确案例(√)	梯形标题	××分局关于组织开展内网线上办公系统使用与操作全员培训的通知	
	菱形标题	××分局 关于组织开展内网线上办公系统使用与操作 全员培训的通知	

【学姐唠叨】

①标题排版要掌握两个原则,其一是不割裂原则,即完整的词组不可以跨行,回行时需要注意同一行词组的完整性;其二是回行美观原则,可以选择使用梯形或者菱形等标题排版形式。

②写完标题后记得回行,标题和正文之间需要空一行。

匆忙下笔不审题，又快又错就是我

工作中，很多职场新人总是处于一种"紧张"状态，紧张的原因通常有两种，一种急于表现，另一种是情绪焦虑。急于表现的人一领到任务就想又快又好地完成，以便得到表扬，结果常因为忙中出错导致返工；情绪焦虑的人接受任务则像接受了一块烫手山芋，不完成就坐立不安，只想赶紧交差了事，结果经常出现粗制滥造的情况。无论是哪一种，看似"快"了，其实最后都"慢"了。

2.2.1 没搞清领导意图就一通狂敲

为了表现自己积极的工作态度，小白一领到任务就恨不得当天完稿，无论是写简报还是写讲话稿，是写长篇材料还是写短篇材料，是写发在本单位内网上的公文材料还是写报送上级单位的公文材料，没有弄清楚就一通狂敲。本来想通过写公文材料博好感，结果"留下把柄在人间"——"又快又错"的标签，在小白完稿时就牢牢地贴在了他身上。

第 2 章 | 写材料的"坑",挨个踩一遍

【情境】

小白任职的单位近期开展普法宣传教育工作,组织了培训、进行了知识竞赛、制作分发了宣传海报。活动告一段落后,科长对小白交代道:"小白,单位做普法宣传教育工作有一段时间了,你写一篇稿子出来。"

小白欣喜,心想,领导终于注意到我了,给我布置了一个这么重要的工作!于是,他加班写了一个长达三页的工作方案交给科长,满心期待地等着获得领导的肯定。

结果可想而知,科长将工作方案原封不动地退回,说小白没明白他的意思,需要重写。

科长说"单位做普法宣传教育工作有一段时间了,你写一篇稿子出来",意思是这项工作已经开展一段时间了,单位做了不少事,你汇总梳理一下,形成工作简报,刊登在内网上或报送上级单位。既然工作已经开展了一段时间,方案肯定早就下发过了,这时再写一个工作方案出来,有什么用呢?

小白反思了一下,自己为什么没有正确领会科长的意图。

1. 思维定式误人

小白上周刚写完一个工作方案,听完科长的安排,下意识地套用现成的模板,往工作方案方向去写了。这种现象在职场新人身上比较常见,即上一项工作影响对下一项工作的审题,熟悉的工作影响对陌生的工作的审题,低难度工作影响对高难度工作的审题。

三种心态的本质都是趋利避害——人总是更愿意做自己擅长的事情,因此,对于领导交代的工作,会不自觉地往有利于自己的方向上去理解。

2. 急于表现邀功

小白刚参加工作，同一批入职的还有八个人，领导难得安排一项容易出彩的工作给他，他急于表现邀功，结果心急吃不到热豆腐。

在这里，我要多说几句。很多在学生时代很优秀的人，进入职场后，最容易出现的问题就是用力过猛，导致出现高开低走的局面。这在职场中是大忌，很容易因此导致领导不断失望，进而影响自己的前程。

【学姐唠叨】

在校园中一向优秀的学生，很容易把校园规则套用在职场上，凡事争先恐后、争强好胜，殊不知这样很容易陷入"完美陷阱"，大大降低领导对自己的容错率。

金里藏铜和铜里藏金是截然不同的发展思路，顺序错了，结果会大相径庭。我的第一任领导曾教过我一个道理：想要让领导重视你，就要让领导有成就了你的成就感，这会让他非常欣慰。将这种成就感套用在公文写作工作上，就是每次写公文材料的质量都在领导的指导下比上次进步一点，而不是每次写公文材料的速度都比上次的速度"快"一点。

2.2.2 材料写不好，错字一大堆

错别字问题一直是很多职场新人的"老大难"问题，如果说格式出错是因为工作软件使用不熟练导致不会设置，尚可以理解，出现错别字问题

就属于"低级错误",需要自我反省了。写公文材料的过程中出现错别字,通常有以下两个方面的原因。

1. 笔误

对于这种情况,可以使用本书 5.2.3 小节中讲的复核技巧进行解决。在没有帮手的情况下,通过五步自查,自己轻松找出错别字。

2. 知识储备有限

这种情况属于执笔人的语文基础不扎实,写错了而不自知。

为了降低出现错别字带来不良影响的概率,我汇总了一些公文写作中容易出现的错别字,如表 2.9 所示,供大家参考。大家可以在此基础上,建立、充实自己的"错字库"。

表 2.9　易错字实例及解析

错误实例	解析	正确实例
我代表党委,对你们的加入表示热烈地欢迎!对你们光荣地成为一名铁路人表示热烈地祝贺!	"热烈地欢迎"放在"表示"后面,作为表示的内容,应该用"的"。同理,"热烈地祝贺"应该修改为"热烈的祝贺"。什么时候用"热烈地欢迎"呢?比如,我们热烈地欢迎您的到来	我代表党委,对你们的加入表示热烈的欢迎!对你们光荣地成为一名铁路人表示热烈的祝贺!
要压实企业主体责任,强化责任担当,齐心协力打赢防汛狙击战。	"阻击"有阻止和阻挡的意思,"狙击"是突然、准确地射击。在防汛工作中,使用"阻击战"更切合实际——对于自然灾害等不可抗力因素导致的事件,应该使用"阻击"	要压实企业主体责任,强化责任担当,齐心协力打赢防汛阻击战。
部分领导干部不担当、不作为,推托责任、高高挂起。	"推脱"强调摆脱、开脱责任,更适合实例的应用场景;"推托"则强调借故拒绝、推辞	部分领导干部不担当、不作为,推脱责任、高高挂起。

续表

错误实例	解析	正确实例
我局先后组建九只巡逻队，构建多层次、全方位的社会治安综合治理防控网络。	对于人员、队伍，量词要使用"支"；对于动物、物品，量词应使用"只"。类似需要关注的还有金融系统常用的"10只债券"（而非"10支债券"）	我局先后组建九支巡逻队，构建多层次、全方位的社会治安综合治理防控网络。
我市各地各部门已提前做好各项防汛工作，严正以待迎接"汛期大考"。 各单位要按步就班地推进纳税申报工作。	应该是"严阵以待"，而非"严正以待"；应该是"按部就班"，而非"按步就班"。出现这类问题，属于粗心笔误。此类低级错误，应尽可能避免发生	我市各地各部门已提前做好各项防汛工作，严阵以待迎接"汛期大考"。 各单位要按部就班地推进纳税申报工作。
要加强组织领导，各部门统筹协调，破解发展制肘问题。 支部组织开展了以"戮力同心，砥砺前行"为主题的主题党建活动。	应该是"掣肘"，而非"制肘"；应该是"勠力同心"，而非"戮力同心"。出现这个问题的原因是执笔人不知道"掣"/"勠"的读音。类似的词，不建议出现在领导讲话稿中，容易造成误读	要加强组织领导，各部门统筹协调，破解发展掣肘问题。 支部组织开展了以"勠力同心，砥砺前行"为主题的主题党建活动。
截止2022年4月30日，我区建立各级自然保护区共计八处。	应该是"截至"，而非"截止"。对于进行中的工作，强调到某一时间节点的工作开展情况，不能用"截止"。"截止"更强调"停止"，通常放在时间后使用，如"报名申请于2022年4月30日截止"	截至2022年4月30日，我区建立各级自然保护区共计八处。

【学姐唠叨】

①表中"的"的错误使用来自实际工作,我特地请教了犯错的同事,为什么会出现这么多类似的错误?她告诉我,她从小就学不明白"的""地""得"的使用方法,改了好几遍,还是用错了。这里,我分享一个小窍门——当你无法确定应该用哪个"de"时,把存疑的短语放在网络上搜索一下,比如搜索"热烈地祝贺",大多数时候可以找到和自己写作内容相似的场景,从而判断使用是否准确。

②对于"狙击战"及与之类似的词,不仅容易用错,还容易读错,职场新人应尽量避免使用这类容易"双错"的词语。领导讲话稿中应避免使用的词语见"6.1.6 慎用易错字,领导读错你'背锅'"。

2.2.3 遇到问题不张口,东瞅瞅来西瞅瞅

写不好公文材料往往还有一个重要原因,即不管不问,偏爱"闷头写"。不知道写什么,不敢问;不会写了,不敢说。这里,我要分享一个正确的职场观——问与不问,和你的工作能力没有关系。也就是说,如果你的工作能力强,不会因为你总是张口询问、确认各种事项,影响你在领导心目中的形象;如果你的工作能力差,也不会因为你从来不叨扰领导,领导对你的印象就有所改观。事实上,工作中,领导最怕的就是下属不懂装懂、"闷头写",遇到问题不说话,拖到截稿日,领导连安排熟手救急的余地都没有,最终导致领导着急、同事被迫连夜赶工,做一项工作,得罪两个人。

1. 为什么会出现"遇到问题不张口"的情况？

我采访了很多职场新人，为什么明明不会却不愿意张口询问，发现主要是以下几点原因。

（1）学生思维，以为完成工作就是写作业

毕业生刚步入职场，遇到领导布置工作，会立刻启动"写作业"思维——作业来了，不管三七二十一，赶紧写，写完就可以休息了。殊不知校园环境和职场环境有很大不同，写作业和完成工作任务是完全不同的两件事。

学校老师布置作业时必须清楚明了，比如今天做几张试卷，什么时候交，交电子稿还是纸质稿，甚至会以通知的形式下发。因为老师面对的是几十个，甚至上百个学生，如果没有交代清楚，学生纷纷提问，会给双方带来很大负担。

但是安排工作不同，领导安排工作是临时的、一对一的、口语化的，有时候可能刚刚结束一个会议，领了一个"大活儿"，在楼道里遇到了你，就立刻交代重点，来不及细说，便匆匆忙忙地去参加下一个会。

明白了这一差别，职场新人就知道了，领导没有把工作要求交代清楚，不是你的问题。接到任务后，自己记挂着，等领导忙完，立刻针对自己不理解的点请教领导，这属于正常工作沟通，领导不会介意。

相反，在什么情况下，领导会责怪你？就是既没听懂，也不问，导致耽误了工作进度，或者虽然写了，但写得南辕北辙。问题多了，领导即便嘴上不说，心里也会有意见：**不懂也不知道问！**

（2）担心提问是辜负领导的信任和期待

有的职场新人"光环包袱"太重，领导有任务交代下来，他立刻"受宠若惊",赶紧允诺一定保质保量地完成任务,不让领导有"看错了人"的感觉。随后,他就开始闭门造车——大话说出去了,再带着各种问题去问领导,太丢面子了。但人的领悟能力有高有低,如果闭门造车的结果是花费了大量的精力,却因为悟错了领导的意思而写得不尽如人意,会适得其反。

我给大家分享一下自己在工作中的做法——接到工作任务后,通常情况下,我不会说"保证完成任务"等承诺式的话,而是用"好的领导,我尽快完成,有不懂的地方再向您请教"来回答,这样就给自己遇到写作瓶颈时沟通请教留下了余地。

(3)担心提问会导致领导觉得自己工作能力不行

一位刚考上公务员的职场新人告诉我,他担心如果自己的问题很低级,领导会觉得他很"差"。我反问他:"你不问,领导就不会觉得你'差'了吗?"其实,站在领导的角度,你是差还是优秀,不是由你是否提问决定的。领导判断一个下属的工作能力、写作功底如何,往往是通过他开会发言的逻辑、回复信息的方式和措辞、写作公文材料的质量等进行综合判断。

因此,不要把是否提问这件事看得太过严重,在你提问之前,你的工作能力如何,领导心里早就有了预估。把心思专注地用在更快更有效地完成工作上,更有助于提高工作能力及工作效率。

2. 如何提问,让领导无气可生?

既然有问题一定要问,那么,如何提问才不会惹领导生气?

虽然我鼓励大家大胆地向领导提问,但不是什么问题都可以提,也不是什么时间都可以问。对于自己可以轻松地通过网络、书籍检索解决的问题，不要去问领导。比如，以下问题要坚决杜绝。

"领导，公文材料正文应该设置为几号字？"

"领导，公文材料是在侧面装订还是在左上角订一个钉？"

"领导，我没写过函，格式是什么？"

"领导，'分析问题'这部分怎么写？我也不知道有什么问题……"

对于前三个格式类问题，你可以通过自主学习、向办文办会部门请教解决，不要向领导开口。对于"'分析问题'这部分怎么写"等内容类问题，你可以这样问："领导，'分析问题'这一部分，我担心自己把握不好尺度，想请教您，从哪几个角度进行阐述会好一些？"

关于提问的时间，也要加以把握，根据我的经验，以下两个关键时间节点是提问的好时机。

（1）安排工作的当时

领导安排工作时，你不仅要快速记录，还要立刻对不清楚的要求进行提问，尽量一次问清楚。比如，领导让你写一篇讲话稿，只告知了主题，你要紧跟着把讲话背景与主要受众、活动规格与预计时长问清楚，以免开始写稿时无从下手。

（2）遇到写作瓶颈的时候

我在写长篇材料时，经常在写到一半或者遇到写作瓶颈时跟领导沟通一次。

进行这次沟通时，一定要带着自己的理解和方案，谈一谈自己是怎么想的，询问领导自己的想法是否有跑偏了的情况。如果领导发现你写偏了，会及时帮你调整方向，这样，可以有效避免你耗费精力做大量无用功，同时也节省了领导的审修时间。

及时提问是双赢的事情，没有必要战战兢兢、如履薄冰。

2.2.4　大材料写不了，小材料写不好

通讯稿等上网动态信息是在基层单位工作的执笔人最常写的事务性材料之一。因为篇幅较短、难度较小、时效性较强，很多职场新人写多了通讯稿之后，会觉得写这些公文材料是"小菜一碟"，对进一步提高写作能力意义不大。这是职场新人非常容易进入的一个误区，因为你以为的"好"，有时候并不是真的"好"。以小白的一篇通讯稿为例。

近半年，大美区100%完成了"开商通"平台市场主体注册工作。同时，紧紧围绕"合规发展，稳健经营"等主题，组织开展多次宣讲和培训活动，均取得圆满收效。

对于各类活动，市场主体参与积极性不高，这暴露出我们主办方一些亟待解决的问题：活动细节把控不严，形式内容不吸引人；活动主题含义不凸显，宣传效果不达标。望各位同志吸取教训，再接再厉。

读完这段话，大家可能就能理解什么叫"大材料写不了，小材料写不好"了。如果你刚好存在类似的问题，可以先把表2.10遮住，自己分析一下这段话中存在的问题，分析的过程就是自我识别和精进的过程。具体分析情况如表2.10所示。

表 2.10 "小材料写不好"实例分析

原文	问题	分析
近半年	口语化表述	"近半年"是指上半年,还是下半年?需要明确。如果不是整年期,是中间任意几个月,通常可以使用一季度、二三季度、前三季度等表述方法
100%完成	口语化表述	可以将所属句子的表述修改为"××注册率达到100%",另外,公文写作中,所有数据都要核实来源及准确性,万一有疏漏,未达到100%,就很难收场
"合规发展,稳健经营"等主题	表述不严谨	只有一个主题,"等"字多余
均取得圆满收效	用词不准确	建议将"收效"修改为"成效"。"成效"有成果的意味,"收效"则容易让人联想到"收效甚微"
对于各类活动,市场主体参与积极性不高	文种杂糅	第一段的语言风格是总结类材料的语言风格,第二段第一句则多用于领导讲话稿。此外,"积极性不高"这类否定式表述使用时要谨慎
这暴露出	用词不准确	如果是警示教育,可以说"这暴露出麻痹大意的问题"等,但是对于市场主体参加活动的积极性问题,用"暴露"下笔过重,比"暴露出"力度更轻微的表述是"显示出"
我们主办方	用词不当	"我们"是口语用词
一些亟待解决的问题	分寸失当	"亟待解决"这个词用来形容紧迫、严重、需要解决但尚未解决的问题,如"群众工作中仍存在一些亟待解决的突出问题",常出现在领导讲话稿中

续表

原文	问题	分析
活动细节把控不严,形式内容不吸引人;活动主题含义不凸显,宣传效果不达标	分寸失当	连续否定式表述会给受众过于严厉之感,四个"不"字排比句会把批评的语势推向新的高度,受众看完,感觉下一段内容会是问责整改
望各位同志吸取教训,再接再厉	文种杂糅	通讯稿写到最后变成了领导讲话稿。即便是领导讲话稿,也极少使用"望各位同志……"等表述,这是非常口语化的表述 "吸取教训""再接再厉"通常不会放在一起使用。再接再厉前面通常是克服了极大的困难,做出了一定成绩,领导鼓励下属"再接再厉,争创佳绩"。如果是"吸取教训",后面应该接"深入整改",而不是再接再厉

通过列表分析可以看出,写好一篇"小材料"是不容易的。语感、词感、句感,都是通过一个个"小材料"慢慢打磨出来的,如果缺少这个过程,就会"基础不牢,地动山摇",想驾驭长篇材料的结构和站位,更是难上加难。因此,对于初级执笔人来说,能写出"小而美"的通讯稿,才算是完成了公文写作的原始积累。

想靠材料博好感，结果打了领导脸

在体制内工作，要始终牢记四个字：心细嘴严。心细要细到什么程度？前文讲了标准的公文格式，比如正文三号仿宋等，类似这些细节，一定注意不要出错。但是在工作过程中要善于变通，不可以思维僵化。比如，给单位领导写重要会议的讲话稿，如果领导的年纪比较大，在反复沟通定稿后，最好跟问一句："请问打印时需要把字设置成二号大字吗？"

如果领导视力不佳，因为在主席台上极亮的灯光照射下看不清讲话稿上的字，导致现场发挥失常，你的讲话稿写得再好，也很难让领导满意。

除此之外，还有一些情形需要注意，以免莫名其妙地触怒领导。

 出席顺序不会排，姓名居然也写错

在公文写作中，最不可以犯的错误，就是把领导的出席顺序、姓名写错。不管你是新人还是骨干，这样的错误，足以让你为了写稿付出的所有辛苦都"竹篮打水，一场空"。

1. 出席顺序，多渠道确认

出席活动时，领导排位的先后顺序有着严格的规则，需要结合领导的职务层次、实职虚职、任职单位的大小、任职岗位的高低、同一职级的任职时间，以及年龄、姓氏笔画等要素来确定。对于刚参加工作的职场新人来说，难以确定领导排位的先后顺序时，一定不要自行研究、擅自排序，因为即便你是对照规则排的，依然可能会因为理解不到位而导致出错，专业的事情，要请教专业的人。

（1）沟通组织部门确认

在写公文材料的过程中，如果参会领导较多，难以确定领导的出席顺序，可以沟通询问组织部门的意见。在类似的事情上，他们往往是经验丰富且更加专业的。

（2）查阅内网信息

确定本单位领导的出席顺序时，可以查阅内网信息。内网中，有两部分信息可以参考：一是领导动态，二是任命文件。如果不清楚领导所任职务的全称，可以参考内网刊登的领导动态中的表述；而任命文件中，通常会有部分领导的职务全称和职级排序。

（3）请教本单位办会部门

上级领导莅临本单位检查工作，随行人员特别多且均为领导干部时，所写公文材料中的领导出席顺序就成了易被踩中的"坑"，一旦写错，就是重大工作失误。在这种情况下，切忌独自去网上搜索，因为你大概率会发现，搜索后依然确定不了顺序。最简单的方法是直接请教本单位办会部门，毕竟，术业有专攻。

完成以上三步就万无一失了吗？对于重要活动来说，即使将前三步都做到位了，依然有可能出错，还需要执行下一步。

（4）沟通上级随行人员

这本质上是一个交叉复核的过程。沟通过本单位办会部门后，一定要联系一下上级领导随行人员中的办事员，因为即便本单位办会部门已经很专业了，也可能存在信息延迟的问题，比如一众领导中刚刚有人发生了岗位调整但暂未公布，基层单位尚不知情。向上级领导随行人员中的办事员进行二次确认后，基本可以避免因信息不对称导致重大疏漏。

2. 领导姓名，十二分小心

确认领导姓名的正确写法，也是公文写作中极其重要的一步。

【情境】

> 领导到基层单位调研工作，科长叫小白一起去，便于撰写上网信息。
>
> 调研活动结束当天，小白就加班加点地把通讯稿写完了，本以为如此积极的工作态度，会得到科长的表扬，没想到得到的是科长的一通批评，原因是小白忙中出错，居然写错了调研领导的姓名。
>
> 经此一事，小白记住了：不管公文材料写得如何，如果把领导姓名写错了，就犯了职场的大忌！

为了避免出现写错领导姓名的情况，一定要关注以下几点。

（1）切忌思维定式

有的领导姓名中间的字是"小"，比如"党委书记、局长张小辉"，很多粗心的执笔人会在思维定式的影响下写为"党委书记、局长张晓辉"。

（2）切忌直接输入"输入法默认词语"

比如"党委书记、局长李建康"，写公文材料时，输入法很可能会默认输入"李健康"。又如，领导的姓名是"王峰"，输入法很可能会默认输入当红歌手的名字。

（3）切忌相近字混淆

比如"党委书记、局长王锟"，"锟"字不是常见字，容易混淆成"琨""崑""坤"等字。

无论出于什么原因，粗心也好，大意也罢，只要写错领导的姓名，整篇公文材料"满盘皆输"，而且，执笔人一定会被贴上"严重不靠谱"的标签。

【学姐唠叨】

只要公文材料中出现领导的职务和姓名，就算所有内容都懒得复核，也要把领导的职务和姓名复核一遍。

2.3.2 领导职务写一半，"同志"错用引误解

【情境】

单位开例会，科长交代小白旁听会议，散会后写一篇会议纪要。

散会后，小白认认真真地写完了会议纪要，没想到，科长看后勃然大怒。

小白的会议纪要如下。

【初稿】

2022年3月16日,局党委书记、局长张正义同志组织召开第6次局长办公会。会议研究了开展普法安全宣传周活动、内控风险自查、民主生活会筹备工作。

看上去好像挺严谨的,句子也很通顺,问题出在哪里呢?问题在于没有掌握好"同志"的用法。

在日常工作中,我们经常听到"局长××同志"的说法,其实这是非常不规范的口语化用法,在公文写作中出现"职务+姓名+同志"的表述是大忌之一。大家可以参考党政媒体对领导的介绍,职务和姓名后并无"同志"二字。

【学姐唠叨】

"职务+姓名+同志"常见于讣告、悼词。

此外,党的十八届中央委员会第六次全体会议审议通过的《关于新形势下党内政治生活的若干准则》规定:"坚持党内民主平等的同志关系,党内一律称同志。"如印发本单位领导张正义同志在某次工作会议上的讲话,标题可直接拟为《关于印发张正义同志在全省经济工作会议上的讲话的通知》,"姓名+同志"的写法既符合要求,又有助于淡化"官位"意识。

【修改后】

2022年3月16日,张正义同志组织召开第6次局长办公会。会议研究了开展普法安全宣传周活动、内控风险自查、民主生活会筹备工作。

我们可以再分析一个更为综合的案例。

【情境】

科长通知小白,为今天上午副区长到企业视察的情况写篇动态信息。小白梳理了一下素材,要点如下。

3月21日,几位领导到光明街道重点企业智慧星设计院视察,视察工作涉及以下几位领导。

王振华:大美区委常委、副区长,兼任中心西区管委会主任;

刘建国:中心西区管委会副主任,兼任光明街道党工委书记;

李博:中心西区管委会办公室主任;

赵超:中心西区科技城管委会规划处处长。

要点清晰后,小白迅速动笔,写出了如下开头。

【初稿】

今天上午,区委常委、副区长王振华同志、管委会副主任刘建国同志一行4人,到光明街道智慧星设计院视察企业相关工作。

小白的初稿涉及哪些有关领导的"职场大忌"呢？大家可以先盖住表 2.11，尝试自己分析。我的分析过程如表 2.11 所示。

表 2.11 案例错误分析

原文素材	错误类型	分析过程
今天上午	时间表述不明确	除领导讲话稿外，在大部分公文材料中，不可以使用类似"今天"的时间表述，因为时间久了会不清楚"今天"是哪天。撰写动态信息时，要明确具体日期"×月×日"。如果是刊登在单位内网，可以不写年份
区委常委、副区长王振华同志	滥用"同志"	在动态信息中，使用"职务+姓名"或"姓名+同志"的表述就可以了，"职务+姓名+同志"的用法常见于讣告、悼词
	领导职务不全	领导的前缀职务很多时，一定不能有疏漏。小白不确定要不要把"兼任中心西区管委会主任"写上去，可以这么理解，正因为领导有这一职务，到辖区企业视察才名正言顺，因此要把职务写完整
区委常委、副区长王振华同志、管委会副主任刘建国同志	职务之间的标点错误	同一领导不同职务之间使用"、" 前一任领导和下一位领导之间使用"，"
一行 4 人	数字格式错误	在正式行文中，建议使用"一行四人"
到光明街道智慧星设计院视察企业相关工作	曲解领导意思	正确表述是"街道重点企业智慧星设计院"，这样表述点明了设计院在辖区的重要地位。小白的表述没有充分表达出领导视察重点企业的重要意义

续表

原文素材	错误类型	分析过程
无（原文未提及中心西区管委会办公室主任李博及中心西区科技城管委会规划处处长赵超）	遗漏部分领导	一般情况下，如果执笔人是区政府工作人员，把区领导写在帽段，其他领导在下一段详细内容中出现即可，比如"中心西区科技城管委会规划处处长赵超对项目进行了详细介绍"；如果执笔人是管委会工作人员，可以把处级以上领导都在帽段中进行介绍 简而言之，如果单位的行政级别较高，帽段中只出现大领导即可；如果是基层单位，需要根据本单位的行政级别把处级、科级领导都在帽段中进行介绍

小白根据修改意见，写了第二稿，如下。

【修改后】

3月21日，大美区委常委、副区长、中心西区管委会主任王振华，中心西区管委会副主任、光明街道党工委书记刘建国一行到光明街道重点企业智慧星设计院视察企业相关工作，中心西区管委会办公室主任李博及中心西区科技城管委会规划处处长赵超陪同视察。

这样写，比初稿严谨规范很多，但是依然存在个别问题，比如出现了两处"视察"，略显重复。如果想突出主要领导的工作，同时解决用词重复的问题，可以换一个写法，如下。

【修改后】

3月21日,大美区委常委、副区长、中心西区管委会主任王振华带队走访光明街道重点企业智慧星设计院。中心西区管委会副主任、光明街道党工委书记刘建国,中心西区管委会办公室主任李博,中心西区科技城管委会规划处处长赵超等一行人陪同视察。

2.3.3 乱给领导戴高帽,领导看完直发毛

前文讲到,在体制内工作,要心细嘴严,除此之外,还要慎言。在公文写作中,无论是有意还是无意,给领导"戴高帽"的行为不可取——不但不会拉近与领导之间的距离,而且有可能给领导带来麻烦。

1. 切忌为了讨好领导,擅自给领导戴高帽

我们来看一个情境。

【情境】

小白跟随处长到乡镇调研工作,调研结束后,需要撰写一则动态信息。

调研结束后,小白立刻开始撰写动态信息,其中有这样一段内容。

王胜利处长亲自深入一线,就进一步做好市场监管工作开展调研。

为了突显领导对工作的重视程度以及事必躬亲的工作态度,初级执笔人经常会使用"亲自深入一线""亲自调研""亲自检查工作""亲自讲

话""百忙之中"等表述，希望借此增加公文材料的分量，但是，完成这些工作本身就是领导的职责所在，不亲自做，难道让他人代劳或者闭门造车吗？这类表述不符合当前作风建设的内涵和要求，会有溢出纸面的"官本位"感，给领导打造一个"稍做分内之事，便觉劳苦功高"的负面人设。

与此同理的还有出言必称"重要"，如"重要指示""重要批示""重要讲话"等。对于这类词汇，要综合考虑领导的行政职务及所在单位的行政层级，谨慎使用。

如果为了讨好领导，擅自给领导戴高帽，等于为领导在民主生活会上的发言提供自我批评的素材，弄巧成拙。

2. 切忌向上级单位汇报副职领导的工作时，正职领导没出现

我们同样通过一个情境来说明这一问题。

【情境】

小白陪同单位副局长调研，调研结束后需要撰写一篇工作简报。

调研结束后，小白撰写了一篇工作简报，准备报送市政府，简报正文中有这样一段话。

一、深入一线调研春运交通安全保障工作

副局长王胜利先后多次到安全执法站、客运站、火车站进行督导检查，详细了解春运期间的交通流量和突发事件的应对保障措施。

小白在副局长分管的部门工作，因此全篇内容都是对副局长分管的交通工作的介绍，这本来没有什么问题，但是如果这篇工作简报要报送市政府，也就是上级单位，全文没有出现本单位正职领导，就不符合逻辑层次了。正职领导是单位的第一责任人,全面主持工作,代表单位对外报送文件,尤其是向上报送时,一定要体现正职领导的工作,展示领导班子各负其责、通力合作的工作状态。

小白的写法,属于以一己之力帮副局长越位,局长看到肯定会大为不悦,副局长看到也会感觉尴尬。

这个问题处理起来并不难,在工作简报的帽段中加上几句话,如"局长组织召开了专题会议,就春运交通安全保障工作进行研究部署"等,就会有截然不同的效果。

2.3.4 下笔轻重没分寸,领导就快挨处分

公文之所以被称为严谨的典范,有一个很重要的原因是"轻重有分寸",尤其是在指出问题、通报负面情况的时候,往往是字斟句酌的。作为执笔人,笔尖轻轻落下,看似无足轻重,但对涉及的领导、单位及当事人,可能有千斤重,搞不好会引起行政问责。

【情境】

小白在公共应急管理部门工作,每天都要向上级部门汇报春节期间各站点工作检查存在的问题。在一次汇报中,小白这样写:"部分单位未按照应急预案工作要求严格落实重点区域安排人员值班值守。"领导批注:"语句不通,修改。"

于是,小白换了一种表述:"无视应急预案工作要求,遗漏安排重点区域的值班值守工作。"没想到,领导看完更加生气了。

领导生气的原因是什么呢？

这是一篇要报送上级单位的例行材料，目的是督促各基层单位落实工作，及时发现问题，防患于未然。小白的稿件中，"无视""遗漏"两个词，明显下笔过重了。"无视"说明存在主观故意，"遗漏"说明有过失，甚至造成了负面结果。将有如此表述的公文材料交上去，至少会给领导领回一个记过处分——领导履职不力，造成了重大防控隐患，需要承担责任。

【初稿】

初稿1：部分单位未按照应急预案工作要求严格落实重点区域安排人员值班值守。

初稿2：无视应急预案工作要求，遗漏安排重点区域的值班值守工作。

出现问题的根本原因在哪里呢？在于对文字分寸的驾驭能力不足，不熟悉不同词汇的使用场合。"无视""性质""影响""恶劣"等词汇通常出现在通报批评或违法违纪的警示通稿里，使用这类词汇要慎之又慎。

情境中，领导批注的意思是主谓宾错乱，梳理一下句子结构，简单修改就可以了。

【修改后】

检查发现,个别人员未按照应急预案工作要求,严格落实重点区域值班值守制度。

【学姐唠叨】

在查摆问题、批评和自我批评、廉政教育、警示教育、通报情况等"找问题"的场景中,执笔人一定要高度严谨,下笔时字斟句酌,因为执笔人的选词、用词,有时会影响上级单位对负责人工作称职与否的判断。

我汇总了一些公文写作中需要仔细揣摩分寸的词汇,供大家参考——

无视、恶劣、擅自、遗漏、疏漏、性质、重大、极大、反思、反省、侥幸、隐患、不力、不当、懈怠、失序、未按规定、流于形式、不良影响、多次出现……

2.3.5 分析问题没边界,分分钟误伤领导

在写公文材料的过程中,很多职场新人最怕的就是找问题。什么公文材料会涉及找问题?巡视组巡视报告、民主生活会材料、风险排查材料等。

1. "找问题"的难点

（1）深了不是，浅了也不是

问题写深了，说明领导履职不力，不作为、不担当，容易误伤领导；问题写浅了，上级部门很可能会认为执笔人在敷衍应付，查摆问题不深刻，工作浮皮潦草。

（2）提出问题，解决不了

公文写作中，提出问题后必有应对措施。如果第二部分写问题，第三部分一定要写应对措施，且尽量与问题一一对应。但是在实际工作中，很多问题是痼疾顽症，多年没有办法解决，提出来不是，不提出来也不是。

（3）想写一个问题，牵出无数问题

这种情况属于对文字的敏感度不够，笔尖落下去，不知道会不会带来其他问题。

2. "找问题"的常见问题

我们通过一个情境，了解一下"找问题"的难点。

【情境】

小白领到一个任务：根据以下公文材料，提炼问题的标题。

农村与城市社区汛期防控工作完成差异很大，农村汛期防控比较到位，社区工作不够到位。在风险隐患排查上，有的比较严格，有的宽松；有的配备了抢险物资，有的没有。

小白迅速完成标题提炼："农村防控到位，社区仍需努力。"

读到这里,大家可以先把下面的内容遮住,自行分析一下小白为问题提炼的标题存在哪些不足。

我的分析如下。

(1)没找到问题核心

公文材料中说农村地区防控比较到位,社区工作不够到位。假设你是班主任,班里有的学生学习成绩好,有的学生学习成绩不好,家长会上发言时,你会怎么说呢?不管怎么说,你一定不会仅仅说有的学生学习成绩好,有的学生学习成绩差,因为这是明摆着的事实,用不着你说。

用三个字概括全班的成绩状况是什么?是"不均衡"。

防控工作同样如此,有的地区做得好,有的地区做得差,站在领导的角度,不需要重复明显事实,只需要提炼为"基层单位汛期防汛工作不平衡"。

"不平衡"三个字,才是问题的核心。

【学姐唠叨】

在这里,我分享两个写作手法,即呈现和提炼。

写先进事迹类公文材料时,要尽可能地多"呈现",即把细节展开讲,比如写坚守岗位,要写清克服了什么困难、坚守了多久、在哪里坚守……把"人""地""物""事"展开来写。

但是在写问题类公文材料的时候,最好不要用"呈现"的手法,而要用"提炼"的手法。所谓提炼,即"不重复",想总结这句话,尽量不用这句话中的任何字,就像写爱情时只字不提"爱"。

提炼,需要一些基础功底,可以在工作中逐步尝试、练习。

(2) 一捧一贬

无论是农村的防汛工作，还是社区的防汛工作，都是重要工作，手心手背都是肉。在公文材料的正文部分，可以对农村的防汛工作给予肯定，同时对部分做得不够到位的社区提出批评，但要尽量避免在标题中明确体现褒贬。因为标题重点突出、一目了然，把两个同级主体放在一起，一褒一贬地进行对比，会过于突兀、扎眼。

举个例子，大家可以想象一下熟悉的校园场景。在班会上，老师把班里学习成绩优异和学习成绩不太理想的学生放在一起进行对比时，是不是即便是被夸的学生，心里也会觉得有些别扭？没有人希望自己得到的肯定是建立在矛盾的情境中的。同理，面对"农村防控到位，社区仍需努力"这句话，无论是农村防控负责人还是社区防控负责人，听完都会觉得尴尬。如果非要这样提炼，可以在肯定一方的工作成绩后，对另一方的工作用"有待提高"来表述，语气强度会弱化很多。

(3) 话说太满易打脸

"农村防控到位"，这句话说得过于满了。为人处世中，若说话过满、做事太绝，结果不甚如意时，容易难以收场。写公文材料，尤其是给领导写讲话稿时，同样如此，领导在公众场合讲出的话，一定要留有余地。"农村防控到位"，这一情况是否经过了调研？是否经得起时间的考验？都是执笔人需要帮领导考虑的事情。如果把话说得太满，开会后信息通稿上了网，结果没过两天就出了问题，让领导情何以堪？

(4) 口语化

"社区仍需努力"，看到这句话，我的第一反应是"革命尚未成功，同志仍需努力"。问题的提炼要言之有物，"社区仍需努力"这句话，"物"

在哪里？社区是主语，不在"物"的范畴里，这句话中什么都没有，因为它是一句口号。

问题的提炼要言之有物，不可以用口号式语言。

那么，言之有物的"物"究竟是什么？举个例子，父母对你说："你要努力学习。"这是典型的言之无物。目前在学习过程中哪方面不够努力？是态度不端，还是所用时间不够、练习强度不够？只有"言之有物"地提出要求，比如"你要在作文写作方面多加练习"，才能够起到督促的作用。

对于情境中的问题，怎样提炼才"言之有物"呢？比如"基层单位防控工作不平衡，社区需进一步加强网格化管理"。前半句中，"不平衡"的意思是农村落实好，社区推进差，但是给执行不力的单位保留改进的机会，这次就不直接点出来了；后半句则具体指出需要加强的地方。短短一句话，把要表达的意思都表达清楚了。

2.3.6 好不容易得个奖，抬了自己踩单位

得奖也有可能出问题？我们一起来看一个情境。

【情境】

上级单位组织开展写作精品案例培训，要求各基层单位选派优秀的办文人员参会。考虑到小白辛辛苦苦地写公文材料一年了，领导决定把这个参加培训的机会给小白，帮他充充电。

参加培训的过程中，小白认真听课、积极互动，被评为优秀学员。培训结束后，上级单位让小白以学员身份写一篇培训感言，刊登在内网。

本来是一件好事，没想到小白的培训感言在内网发表后，引起了小白领导的极大不满。小白是怎么写的呢？

【初稿】

此次培训极大地提升了我的能力、开拓了我的眼界。参加培训前，因为缺少经验和有效指导，我写公文材料时主要依靠在网上搜索素材、查阅相关书籍和自己摸索，结果不是写错了文种、用错了格式，就是夸大了观点、内容，工作效率堪忧。

参加培训后……

这个案例是在我的工作中发生过的真实事件，大家可以先遮住后面的分析内容，自己思考一下，小白写的这段话中，有哪些内容不合时宜呢？

我的分析如下。

首先，小白在报送上级单位的培训总结中写"参加培训前缺少经验"，明确说明了参加培训前，自己的经验是不足的。上级单位要求各基层单位"选派优秀的办文人员参会"，小白的领导派了一名职场新人，明显犯了落实上级单位要求不力的错误。

其次，"参加培训前缺少有效指导"，传达的意思是小白所在的基层单位不够重视对新人的培养，锻炼新人没有方法、体系，业务培训组织少、效果差，在年轻干部队伍建设方面有严重的不足。

再次，"写公文材料时主要依靠在网上搜索素材、查阅相关书籍和自己摸索"，传达的意思是自己的领导指导新人的方式方法有问题，既没有给素材,又没有提思路,更没有安排"以老带新",仅让新人自行摸索着工作。

最后,"结果不是写错了文种、用错了格式,就是夸大了观点、内容",这句就更可怕了,小白作为办文人员,报送的公文材料夸大了观点、内容,是不是说明他所处的基层单位之前汇报的工作数据有水分呢?

其实可以看得出来,小白的本意是说这次培训太好、太有效、太及时了,但是因为表述不够严谨,既得罪了主办方、上级单位,又得罪了本单位领导。

【修改后】

此次培训极大地提升了我的能力、开拓了我的眼界。参加培训后,我掌握了系统的资料检索方法,对于文种、格式的把握更加成熟,工作效率也得到了进一步提升……

【学姐唠叨】

以上六小节内容概括了公文写作中与领导相关的常见"雷区",属于犯一次,"熬"几年才能翻身的问题。对于这些错误,职场新人千万不要因为自己工作经验较少就轻易给自己犯错的空间,建议大家反复揣摩,提高自己对文字的敏感度。

第 3 章

痛定思痛，扎扎实实从零学起

写作是在职场沉浮的救生圈，尤其是在本身没有其他能力加持的情况下，一支笔，是在职场驰骋的最好武器。有的执笔人说，写得太好了，领导离不开我怎么办？这个问题非常好回答，因为如果直接领导不让你走你就走不了，恰恰说明你写得还不够好——如果你能写到让领导的领导主动把你要走，这个问题就不存在了。因此，既然选择了写公文材料这条路，就不能仅把"优秀"作为目标，当你从"优秀"进阶为"卓越"，职场中的很多困境都会迎刃而解。

3.1 金句收藏千千万，如何为我所用

领导交代小白，平时要多研读好的公文材料，单位订阅了这么多报纸杂志，要充分利用。小白听话地翻开手边的报刊，觉得其中的内容又好又专业，但是对于自己的工作来说，那些文章站位太高，视角太过宏观，他读了很久也不知道应该研究什么、如何研究。

产生这个问题的根本原因在于很多职场新人的文字基础薄弱，没有建立起对公文的感觉。**想写出好的公文材料，首先要建立正确的公文审美**。对于大多数人来说，拿到两首诗歌、两篇小说，很容易判断出哪个写得美、哪个写得精彩，但是公文不同，从表面上看，各种公文材料很相似，不可能像读小说一样投入进去，依靠情节的跌宕起伏来判断精彩程度。所以，如果没有建立好的公文审美，收集再多的优质文章、金句也很难为我所用。

为什么有的职场新人读了很多优质报刊，依然学不会公文写作？道理很简单，仅仅完成阅读输入，没有介入逻辑梳理，文字便只能在大脑中堆积、罗列，大脑无法将其组织为有逻辑、有情感、有味道的公文材料。

对于金句，很多职场新人只做了一个动作：收藏。越收藏越多，但是一个都没记住；写公文材料时毫无头绪地去翻金句库，却总也找不到自己想要的内容。

看到金句，如何才能内化为自己的资源呢？我总结了如下公式。

符合审美 + 为我所用 = 值得收藏

我从《人民日报》中选取了一些堪称金句的标题，在接下来的八个小节中进行逐一分析，通过呈现思考过程，帮助大家从此不让金句躺在收藏夹里"吃灰"。

3.1.1 想写什么，就不要出现什么

古诗词中有一个写法，叫作"句句不提爱，句句都是爱"。比如，"山有木兮木有枝，心悦君兮君不知""只缘感君一回顾，使我思君朝与暮"……对标题进行提炼时，可以借鉴这个写法，有效避免过于直白、粗浅的问题。

《在奋斗中定义时间》

这个标题就是一个满足公式的标题，既符合审美，又可以为我所用。它没有使用过于宏大的词汇，"奋斗""定义""时间"这三个词，无论哪一个，都和普通单位、普通人物相关，换言之，用在基层单位的公文材料中，并不会过于突兀。

在实际工作中，如果你要写一篇记录本单位抗洪救灾事迹的公文材料，可以借鉴这个标题，把"奋斗"改为"奉献"，组合起来就是《在奉献中定义时间》。

这样，画面就出来了：一批批抗洪抢险的工作人员舍小家为大家，连续奋战、无私奉献。

那么，"时间"要不要改？完全不用改！因为抢救生命的过程，就是

众志成城、定义时间的过程。

这就是"想写什么,就不要出现什么"的简单应用。同样的抗洪救灾公文材料,如果你的标题是《坚守岗位,无私奉献》,就会落入俗套,《在奉献中定义时间》则不同,"句句不提爱,句句都是爱",格局瞬间放大,有了庄严肃穆,甚至是悲壮之感。

同理,大家思考一下,换一个主题,"时间"这个宾语可不可以被替换?可以。"奉献"除了可以定义时间,还可以定义什么?如果领导让你写一篇青年突击队的宣传简报,你完全可以套用这个结构,设计标题为《在奉献中定义青春》,如果想更有力量一些,可以并排设计两个相同句式,比如《在奉献中定义青春,在行动中践行使命》。

3.1.2 金句标题做段首,画龙点睛

在报纸杂志上刊登的公文标题,通常立意深远、格局宏大,如果直接挪用在基层单位的公文材料中,正文很可能会"接不住"标题。不过,这类标题,可以调整位置后为我所用。

《得其本者生,得其道者成》

看到这个标题后,你会收藏吗?很值得收藏。那么,可以作为日常工作中公文材料的标题吗?并不建议。这个标题是评论类文章常用的标题,但对于日常工作中的常用文种来讲,并不适合。作为公文写作初学者,收藏这个标题后,正确的使用方法不是把它用作标题,而是用作过渡段或者结尾段的首句,出现在公文材料正文中。

在实际工作中，领导干部的党课发言稿是每年必写的事务性材料之一。"得其本者生，得其道者成"可以用作党课发言稿的过渡段或者结尾段首句，用来说理或者拔高度，比如接下来这段话。

得其本者生，得其道者成。我们要以学修德，以俭养德，以廉守德，自觉把坚定理想信念、提高道德修养作为一种追求，任何时候都要慎独、慎初、慎微，做到自重、自省、自警、自励。在任何时候都要守得住防线，耐得住寂寞、受得住清贫、经得住诱惑。只有这样，在面临无处不在的诱惑，在面临重大抉择时，才能做到心不慌、腿不软。

【学姐唠叨】

事务性公文不仅包括总结、简报、先进事迹，还有重要的一个组成部分，即领导干部在各类培训中的讲课稿。写这类讲课稿时，经常需要旁征博引、援古述今，因此，将格局宏大的金句标题换到段首位置或结尾位置，常常有画龙点睛的效果。

3.1.3 金句标题变系列活动主题

金句的借鉴意义，不仅仅在于可以用在文字材料中，《人民日报》中还有一些金句标题，可以用作单位开展系列活动的主题。

《谱写新时代的青春之歌》

第一眼看到这个标题，你的脑海中会浮现什么画面？是一个活动，还是一台晚会？这个标题有着欢快的韵律感，所以不可能出现在一个总结材料，或者一个汇报材料中。收藏、记忆这类标题的意义在于，如果领导安排你组织一个"五四"青年节系列主题活动，这个标题就可以用作整个活动的主题："谱写新时代的青春之歌"五四青年节系列主题活动。

如果想让主题更加新颖，可以进行关键字替换。为了更好地呈现思考过程，我用表格的形式展示，如表3.1所示。

表3.1 标题拆解过程

原文关键词	替换	重新组合
谱写	奏响、吹响、唱响、点燃	吹响新时代的青春号角 谱写新时代的青春华章
青春之歌	青春号角、青春旋律 青春乐章、青春华章 青春梦想	点燃新时代的青春梦想 唱响新时代的青春旋律 奏响新时代的青春乐章

通过不同的排列组合，可以改写出七八个不同的主题。

可能有的职场新人会问，我的词汇量匮乏，想不出这么多组合方式，怎么办？我在5.1节中详细介绍了六种搜索素材的方法，通过检索关键词，所有人都可以轻松拥有很多用于组合、替换的词汇。

【学姐唠叨】

为系列活动撰写备选主题时，可以围绕主题变换句式，提供至少三个使用了不同表达方式的备选主题给领导，让领导有圈批、选择的空间。这样工作，领导怎么会不夸你"办事得力"呢？

3.1.4 结合本职工作,专业表述

对于出现在金句中的重要观点,可以结合本单位实际工作,把维度降下来后为我所用。这样,可以"一箭双雕"——既向上提高了站位,又向下接了地气。

《做好推动高质量发展的"加减法"》

这个标题能否直接用?不能。因为"高质量发展"是 2017 年中国共产党第十九次全国代表大会提出的表述,特指中国经济由高速增长阶段转向高质量发展阶段。作为文字工作者,如果对重大理论观点的表述不熟悉,会贻笑大方。虽然不能直接用,但这类标题非常值得收藏、学习。结合本单位工作,这是一个万能的简报标题模板。接下来,我用表格的方式呈现思考过程,如表 3.2 所示。

表 3.2 金句标题拆解过程(1)

关键词 1	关键词 2	关键词 3	本单位工作	组合后
做好	推动高质量发展	"加减法"	人才建设	《做好推动人才建设高质量发展的"加减法"》
			宣传工作	《做好推动宣传工作高质量发展的"加减法"》
			基础教育	《做好推动基础教育高质量发展的"加减法"》

这是将金句标题和本单位工作结合的第一步,也是把"高大上"的金句标题进行第一次降维的过程。如果想写得更扎实,可以在句首加数字前缀,这样,从标题中就可以看到核心举措和重要成果,如表 3.3 所示。

表3.3 金句标题拆解过程（2）

第一次组合	添加前缀	第二次组合
《做好推动人才建设高质量发展的"加减法"》	三个转变	《三个转变做好人才建设高质量发展的"加减法"》
《做好推动宣传工作高质量发展的"加减法"》	四个环节	《四个环节做好宣传工作高质量发展的"加减法"》
《做好推动基础教育高质量发展的"加减法"》	五个课堂	《五个课堂做好基础教育高质量发展的"加减法"》

如果想把举措写得更加具体，可以做第三次优化，把工作亮点在标题中展示出来，比如《强基固本，守正创新，以规范化推动人才建设高质量发展》。

【学姐唠叨】

作为一名合格的执笔人，面对国家层面、系统层面重要会议的重要观点，要常学常新，但不可照搬照用。对宏观政策性指导字句进行引用时，需要结合日常工作，逐步降维、落地，避免出现大瓶装小酒的情况。

3.1.5 让不同维度的事物相遇

我写过一篇演讲稿，名为《时间的重量》，发表在"陶然学姐"公众号上，很多职场新人借鉴、改写后在单位组织的演讲比赛中取得佳绩。这篇文章的标题设计运用了一个重要的写作技巧，就是让不同维度的事物碰撞、让不同属性的内容相遇，平面变立体、时间有重量，呈现生动、有力量的画面感。

《脚下沾有泥土，心中沉淀真情》

这个标题是带有感情色彩的，看上去并不符合公文材料的风格。但是，无论是在机关单位工作还是在基层单位工作，除了要写严肃规范的公文，还有很多事务性材料是需要在写作时进行情感表达的，比如演讲稿、先进事迹、个人风采、荣誉申报、主持词、慰问信等公文材料。很多工作场景，都需要执笔人写出富有情感的公文。

工作中经常见到一种情况，有人辛苦工作了一年，年底，得到了一个申报荣誉的机会，却把荣誉申报材料写得一塌糊涂，凭辛苦争取到的机会，又凭实力还了回去……

类似的情况不是个例，因此，看到这种富有情感的标题时，要过一下大脑，分析一下能不能为我所用。

"脚下沾有泥土，心中沉淀真情"，这是一个多么生动的公务员扎根基层，靠双脚丈量土地、服务百姓的生动画面。当你抓耳挠腮地给自己、给领导写先进事迹材料时，完全可以参考这个标题来写。比如，你可以结合自己的工作，将这句话修改为"脚下有力量，心中有信仰""脚下有泥土，心中有光芒"等。

那么，如何在这个标题的基础上运用"让不同维度的事物碰撞"这个写作技巧呢？假如你在消防队工作，消防战士经常需要攀爬高楼，救人于危难之间，借鉴这个标题，可以做如表3.4所示的改写。

表3.4 让不同维度的事物碰撞

维度	分析过程	标题
单一维度	消防员脚下有泥,身上还时常沾有很多灰尘,他们从不退缩,冒着生命危险,带着坚定的信念,守护人民群众的生命财产安全	《脚下有泥土,心中有光芒》
不同维度碰撞	双脚:平面,向下 楼房:垂直,向上	《用双脚丈量楼房》
	把"楼房"虚拟化	《用双脚丈量城市高度》
	把"高度"拟人化	《用双脚丈量生命的高度》

通过这样的改写,消防战士工作的辛苦和伟大同步呈现,这就是让不同维度的事物碰撞的力量。

【学姐唠叨】

初级执笔人要仔细揣摩以上改写过程。对于金句,如果只是收藏,并不会对工作产生太大的助益,看到好的标题、句子时,一定要想一想,这句话是否能用在自己的工作场景中,结构能做哪些调整和变形……经历了这个过程,海量的素材才能内化成自己的本领。

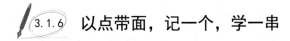

3.1.6 以点带面,记一个,学一串

金句千千万,收藏多了,你会发现,看不过来,也记不住,因此,学会"以点带面"地发散思维,才能实现"一生二,二生三,三生万物"。

《中国发展的速度与温度》

这个标题刚好强化了 3.1.5 小节的内容,速度和温度,本身是不同属性的内容,放在一起却非常有力度。不过,在本小节,我们要分析的是这个标题中关于"度"的发散。你脑海中有多少"度"?温度、速度、热度、长度、高度、尺度、力度……还有吗?接下来,我们依然用表格的方式呈现组合的过程,如表 3.5 所示。

表 3.5 标题拆解过程

行业	"度"	组合
金融行业	温度、速度、热度、长度、高度、尺度、力度、深度、厚度、加速度……	《服务企业发展要有尺度、温度和力度》
教育行业		《把握教育的尺度和温度》
建设行业		《城市发展需要速度,更需要尺度》
执法行业		《执法有力度,管理有尺度,服务有温度》

有的职场新人可能会说,我想不到这么多"度",怎么办呢?别怕,只要你能想到其中两三个关键词,就可以把这两三个关键词放在网络中进行检索,得到海量的相关词,这是一粒种子成长成一棵树的过程,只有脚踏实地地反复训练、琢磨,才能让思维活跃起来。

同样可以作为以点带面练习案例的标题还有《以高质量党建引领乡村振兴》。

"以……引领……"是公文写作中的常用句式,替换"高质量"和"乡村振兴"两个词,结合自己的工作,可以写出《以宣传文化为引领,筑牢思想道德高地》《以党建创优引领宣传工作争先进位》《以规范执法为引领,提升依法履职能力》等海量标题。

放在实际工作中，如果领导让你写下一年度的工作思路，你可以使用这个句式，保留关键词"高质量"，并依此引申出工作思路点题句——如果是党务工作人员，可以写《以高质量党建引领高质量发展》；如果身处规划部门，可以写《以高水平规划引领高质量发展》；如果在税务系统内任职，可以写《深入推进税务系统思想建设，引领税收事业高质量发展》等。

【学姐唠叨】

读到一篇高质量的公文材料，要尝试把其结构拎出来，与脑海中原有的素材融会贯通，比如，读到"以……引领……"这一句式，想一想与这一句式类似的还有哪些句式，在脑海中分门别类地归纳总结。这些句式就像英语中的 there be 句型，运用多了，公文材料的骨骼就稳了。

我们所展示的分析过程，本质上是备考公务员时分析真题的过程。我经常对备考公务员的学生说，要去研究真题，研究别人写的东西，研究到既知其然，也知其所以然的程度，才叫真正的摸清、吃透了。

3.1.7 用反义词写出举措和成效

在阅读报纸杂志的过程中，我们经常看到用一对反义词撑起整个标题的实例。这种写法的优点是通过对比给受众强烈的冲突感，结构通常为"措施+成效"，且"措施"和"成效"之间存在某个维度上的对立属性。

《用"硬办法"拔"软钉子"》

这个标题是一个万能标题模板,可以用在日常工作简报、公务员申论考试答案,或者其他篇幅较短的通讯稿中。"硬"和"软"是一对反义词,能够给受众呈现强烈的画面感,同类标题还有《让更多"小巨人"撑起"大爱心"》《绿色债券"红起来"》等。

那么,我们应该怎样借鉴使用呢?可不可以反过来写?《用"软办法"拔"硬钉子"》,好像也可以。用在什么场景中?用在软磨硬泡地解决棘手问题的场景中。

还可以怎么写?"硬办法"换一下可以吗?比如换成"硬功夫";"软钉子"可以换成什么呢?"软实力"!这样一调整,就写出了一个适用于文化行业的题目:《用"硬功夫"打造"软实力"》。

"硬"和"软"是一对反义词,还有什么反义词呢?大小、高低、强弱……那么,如何借鉴使用呢?《用"小办法"解决"大问题"》《用好"小舞台",挥洒"大人生"》《用"低成本"创造"高价值"》《以"教师之弱",成就"学生之强"》等。这种用反义词制造冲突的标题,比平铺直叙的常规标题生动得多。

【学姐唠叨】

需要注意的是,标题并非越花哨越好,在正式的红头文件、领导出席正式会议的讲话稿中,文字是非常内敛、严肃、规整的。本小节所讲的标题写作方式,主要适用于通讯稿、宣传稿、工作简报等事务性公文。

3.1.8 新瓶装旧酒，新颖感就位

"新瓶装旧酒"是大多数成熟执笔人熟知的写作技巧之一，意思是对于重复性、周期性工作，如果想写出不同的感觉，可以用新的结构形式把大体相同的内容装进去，在外观上呈现新颖感。

《降耗能"加减乘除"怎么干》

"加减乘除"也是常用的公文写作标题模板之一，经常运用在工作简报中，尤其适用于将本单位经验做法总结报送上级单位等"贴金式"工作。所谓"新瓶装旧酒"，就是用"加减乘除"把本单位的工作举措进行概括，"加减乘除"本质上是一个瓶子。

这种结构的标题其实是有一点刻意取巧的，而且这个取巧的行为非常容易被看破。如果所任职单位的工作日复一日、年复一年，没有任何新思路和新做法，想把工作总结写出新意是比较困难的，难免需要一些"花架子"作支撑。"花架子"到底是好还是不好？我认为，对于日常性工作，与其写得平淡无奇，不如找个"瓶子"装起来，至少看上去层次整齐、重点分明。

如何用"加减乘除"式标题归纳日常性工作呢？拆解过程如表3.6所示。

表 3.6　标题拆解过程

行业类型	题目	小标题
组织人事	《善做"加减乘除"，建设高素质人才队伍》	运用"加法"凝聚思想
		运用"减法"明责减负
		运用"乘法"放大效果
		运用"除法"内部监督
纪检监察	《做好"加减乘除"，推动纪检监察宣传工作提质增效》	在关心关爱上做"加法"
		在廉政风险上做"减法"
		在宣教效果上做"乘法"
		在舆论引导上做"除法"
宣传教育	《巧用"加减乘除"工作法，打造普法宣传新格局》	瞄准群体"加"大宣传
		搭建平台"减"少距离
		找准时机"乘"势宣讲
		培训演练去"除"死角

【学姐唠叨】

在工作后期，我很少用这个方法，因为越是重要的公文材料，越是内容大于形式，不需要刻意去进行对仗、排比，使用花哨的表达。但是对于初级执笔人来讲，建议大家掌握这个方法，因为对花式表达进行精雕细琢的过程，本身就是对文字驾驭能力的锻炼。

3.2 设计小标题,如何摆脱"花架子"

在工作中,很多职场新人特别喜欢收藏、使用这类标题:《筑好"护城墙"》《挥好"问责剑"》《打造"强引擎"》《举好"指挥棒"》……这类标题是否符合真正的公文审美?到底是"高大上"还是形式主义?应不应该用,应该如何用呢?

3.2.1 标题雷区:为了对仗而对仗

从小白写第一篇公文材料开始,领导就告诉他,公文写作一定要有小标题,这样稿件才有层次感。小白也发现,明明内容平淡无奇,分成三段,各加一个亮眼的小标题,稿件立刻亮眼起来,采稿率也会提高很多。

对此,我并不反对,但同时有一个观点要强调:**形式始终要为内容服务,内容不能被形式绑架**。如果过度追求小标题的华丽,容易陷入以下三个误区。

1. 比喻堆叠,花里胡哨

每次写公文材料,小白有一半时间在冥思苦想地"凑"标题。为了提高效率,慢慢地,他收集了成百上千个对仗工整的亮眼小标题,写公文材料时就从标题库里挑选三四个拼上去。这类小标题多以"比喻+近义词"的形式出现，乍一看很整齐，但是经不起推敲。

练兵场、试验田、护城河

聚合力、加马力、集火力

满盘活、满渠清、满局开

添加类似小标题的公文材料看上去比没有小标题的"一大片"文字清晰有序，但也能看出明显的"拼凑感"。比喻堆叠的结果是，无法通过小标题看出本单位的具体工作内容，毫无特点和出众之处。小小的标题，不过十来个字，"虚"词竟占了三分之一——对于公文写作初学者来说，可以使用，但是如果想写出高度，这一类小标题就显得非常敷衍了。

2. 溢出屏幕的"快板风"

为了让小标题对仗工整，小白每次都要挖空心思地想很多词，直到小标题长短一致、字数相同。为了"整齐"，有时他不得不牺牲对意思的表达，甚至不惜"捡了芝麻，丢了西瓜"。其实，为了对仗而对仗，并不一定能呈现公文之美，反而会有溢出屏幕的"快板风"。

作风建设不松土，纪律整顿马力足

安全生产两不误，水利建设抓进度

天寒地冻心意暖，政策送到商户边

便民服务到身边，群众连连说方便

这类小标题看上去非常工整，但是读起来并没有"美感"，反而因琐碎而显得没有高度。

写小标题，把内容概括出来是第一位的，形式要服务于内容。

3. 给自己下套，只能硬着头皮编下去

小白写公文材料还有一个特点，即第一个小标题没有打好基础，后面也不知变通，常常为了配套而硬编，比如写政务信息时，用"领导重视是启动器，各部门通力协作是助推器，查摆问题是调节器"开头后，写成果时找不到合适的"器"来描述，就拼凑了一个"孵化器"，不但读起来词不达意，而且显得非常刻意。

一旦开始使用套路化写作，就会不自觉地陷入越来越多的套路，身不由己，不是生编硬凑，就是凑不出来，导致全文返工改结构。其实，并没有哪个规定说公文材料的小标题一定要对仗工整，大家可以研究一下国家层面的报告、讲话稿，会发现它们的小标题并不一定完全对仗，但字词都高度凝练、言之有物。

3.2.2 如何写出高级且不花哨的标题

小白从基层单位调至机关单位的必杀技是短句驾驭能力强、文字精练有力、小标题对仗工整，但是到了机关单位，平台大了，领导级别高了，公文材料报送对象变成了自己之前只能在地方新闻里见到的人物后，小白发现，自己过去饱受好评的小标题开始得到不同于以往的评价——经常被领导说"单薄"。"单薄"是什么意思呢？我们通过一个情境直观感受一下。

【情境】

主任让小白从各基层单位报送的公文材料中选择一篇，修改完善后刊

登在内网上。

接到任务后，小白选了一篇公文材料，内容如下。

一、高效便民，建立多功能服务窗口

以前群众办理社保、缴费业务需要跑至少七八个单位，各个行政审批单位不在一个区，如果漏带或错带了各类材料，要奔波往返多次。现在只需要到一个行政大厅，即可在一个窗口一次办结。

二、省时省力，全城联网就近登记

有的居民住在A区，但是证件地址在B区，过去，按照"属地办理"的要求，必须到B区登记处办理业务，现在实现跨区办理，居民可以就近选择办事网点。

三、绿色通道，小服务解决群众大难题

去年起，行政大厅设置"企业绿色通道"，缩短审批时限。今年以来，为更好地服务辖区企业，工作人员再次升级服务，主动上门了解企业的经营困难、讲解中小企业支持政策、协助企业申报政府补助专项资金。

主任认可小白所选的公文材料后，小白对该材料的小标题进行了精心修改，初稿如下。

【初稿】

一、多事一窗通办，群众"烦心"变"顺心"

二、同城跨区受理，群众"操心"变"省心"

三、主动上门帮扶，群众"忧心"变"暖心"

没想到主任看完并不满意，说不要这些"花架子"，因为把"'烦心'变'顺心'"和"'操心'变'省心'"交换位置，没有任何区别，读起来还很拗口，要脱虚向实，把这些硬凑出来的"金句"删除。

于是，小白改了一稿。

【修改后】

一、一窗口、跑一次、一刻钟，心系百姓办实事

二、一城市、统一办、一次好，提供便利出实招

三、一通道、一站式、上门办，帮困解难见实效

这一稿感觉比上一稿的内容具体、丰富了一些，但主任读后依然觉得结构过于"花"。小白这才发现，自己的写作思路是错的。过去，他以为公文写作就是用各种金句将平淡无奇的素材加以优化，写得美观、好看，被主任否了两次后，他意识到，越是优质的公文材料，越不用过度加工，"素颜出镜"的效果可能更佳。

表面上看，小白两次提交的小标题都做到了规整、简洁，也符合内容主旨，作为初级执笔人，可以算是基本过关。但是为什么这些所谓的金句到了机关单位，效果就会大打折扣，甚至失灵呢？根据我的工作经验，这是因为越优质的公文材料对形式的依赖度越低。讲清楚问题，用词恰如其分，是写公文材料的首要原则，形式上的对仗工整只是锦上添花，过度加工则会变成画蛇添足。

这也是从申论写作过渡到公文写作的关键。很多职场新人的公文写作

基础是申论备考，阅卷老师每天要看大量的同类型试卷，因此显眼的小标题会在一定程度上有助于提高印象分。工作后则不同，领导看的只是你报送的单篇公文材料，小标题提炼得是否准确、完整，是否与内容搭配成为被关注的重点。

接下来，我们逐段分析情境中的公文材料。

第一段讲过去办事要到处跑，涉及很多部门、往返很多次，现在能够在一个窗口全部办完；第二段讲过去是证件地址在哪个区就必须在哪个区办理业务，现在是就近办理业务；第三段讲过去是设置绿色通道，现在是主动上门服务，服务的主动性再次升级。

综合三段内容可以看出，整篇公文材料讲的是从过去到现在的变化，突出的是服务"升级"，不是从无到有；是从 1 到 2，不是从 0 到 1。重点体现变化，更能展示行政部门积极主动的作为。

因此，逐段分析该篇公文材料后，可以将内容总结、提炼为：从"多头受理"到"一站流转"；从"属地原则"到"就近办理"；从"绿色通道"到"上门纾困"。

这样，小标题的前半句就提炼出来了，后半句可以根据前半句，从精简流程、高效便捷、优化服务等角度切入，将小标题补充得更完整。

【修改后】

一、从"多头受理"到"一站流转"，精简行政审批程序

二、从"属地原则"到"就近办理"，延伸政务服务触角

三、从"绿色通道"到"上门纾困"，提升公共服务水平

【学姐唠叨】

随着小白所任职单位行政级别的提升，对公文材料的高度、质量要求会同步提升。过去，小白随便在网络上找几个对仗的小标题，改一改后插入稿件即可，现在，到了机关单位后，这个方法行不通了。机关单位公文材料中的小标题大多需要严丝合缝地概括工作举措、展示工作效果，而不仅仅是满足"对仗工整"这个要求即可。这个转变，也是执笔人的工作逻辑"从标题到内容"向"从内容到标题"的转变。

句子怎么写，干净严谨又走心

每一位试图通过写公文材料"被看见"的职场新人可能都会有这样的困惑：如何才能提高公文写作能力？以前，我以为这个"提高"是指寻求搭建结构、切入角度、拔高立意、提炼内核方面的提高，但看过很多职场新人写的公文材料后，我发现，很多职场新人远未达到去研究稿件立意、角度的程度。对于这些职场新人来说，小时候语文学习过程中的每一个薄弱点，都会在工作后被无限放大，以至于陷入自我怀疑：为什么我连句子都不会写了？

这就是公文写作的神奇之处，任何试图粉饰的缺点，都会在实际工作中暴露无遗。

3.3.1 降低"白话"使用率，试试"听"新闻

接下来，我给大家展示一个"白话"案例，大家可以先遮住表 3.7 中的分析，看看自己是否具备"识别白话"的能力。

有的支部参加得还不够积极，自身没有关注到举行活动时的细节问题，没能有效地组织大家进行党史等相关材料的学习，在今后的工作中还需要

多多注意并加以改进。

这段话中存在什么问题?

问题一,文字拖沓、啰唆;问题二,句子过于直白。

修改过程如表 3.7 所示。

表 3.7　案例修改过程

修改前	修改后
还不够积极	"还"字删除。对于删除后不影响句子通畅度和语义的词,果断删除
自身没有关注到	"自身"多余,删除处理
举行活动时	动词使用错误,且过于口语化,修改为"举办活动中"
有效地组织大家	"地"字多余,删除处理;"大家"口语化,修改为"支部成员"
在今后的工作中	过于口语化,修改为"下一步工作"
还需要多多注意	过于口语化,修改为"进一步提升"

看完表 3.7 中的内容,如果大家还是不理解"白话"和公文用语的差异,我再整理一些常见词汇的对比,帮大家进一步感受公文用语的高度概括和内敛,如表 3.8 所示。

表 3.8　口语化语句与公文用语的对比

口语化语句	公文用语
越做越错,索性不做事	担当意识差
挨家挨户走一遍,到现场看看情况	入户走访、实地调研
推着干活才会动一动	进一步提高主观能动性
有的地区发展好,有的地区发展差	发展不平衡

续表

口语化语句	公文用语
干部队伍岁数大的多，年轻的少	干部队伍年龄结构不合理
给困难企业提供政策帮助及人、财、物的帮助	纾困
每个月固定时间开展××工作	定期开展
向群众公开书记信箱、微信、手机号码	拓宽民意收集渠道
解决"有问题不知道找谁"的问题	畅通渠道，回应诉求
第一次尝试的效果不错，以后坚持做	建立常态化机制
市场主体出现了新的经营行为但是没有管理依据	制度滞后
××工作所有人都已完成	全覆盖，完成率达到100%

通过表格列示，大家可以发现，常被用在公文中的"口语化语句"是不胜枚举的，如果去抄、去读、去背对应的"公文用语"，不仅无法从根本上解决问题，而且会因为需要背的内容是海量的而非常痛苦，很多职场新人没有这份坚持和毅力。那么，有没有更轻松且有效的方法呢？根据我的实践，**最好的方式是听新闻，而不是看新闻**。

这个方法，我在指导职场新人的时候试用过，非常适合文字基础薄弱的职场新人。为什么是"听新闻"而不是"看新闻"？因为在连句子都写不通畅的情况下，人们对句子的重音、节奏、断句理解大概率是有问题的，换言之，拿到一个长句，会不知道应该在哪里断句。如果让这部分职场新人每天用手机默读新闻，会造成什么后果？会不断强化错误的"句感"，甚至越读越糟糕。

这也可以回答为什么很多职场新人天天用手机看各种文章，但是公文写作能力没有任何提高的问题。

"听新闻"是解决这个问题非常好的方法,因为新闻播报员都受过专业训练,可以通过有明显轻重缓急节奏的朗读,清晰地将句子的结构层次呈现出来,听得久了,职场新人自然会建立对句子的正确审美,同时解决自身的痛点——看不出别人写的好在哪里,也不知道自己写的差在哪里。因此,职场新人可以在上下班路上多听国家级媒体的播音员播报新闻。

使用这个方法,还有一个不错的附加价值,即同步提高公开讲话的能力。听新闻时,职场新人可以同步出声音模仿播音员的说话节奏、语气语调,模仿是提高语言表达能力最好的方式之一,我从上中学时开始模仿电台主持人讲话,以至于本身的音色都发生了极大的改变。

你模仿谁,你就会靠近谁。

【学姐唠叨】

与"读""抄""背"相比,"听"无疑是选择了相对容易的那条路。容易意味着让渡了时间,也就是说,需要在更长的周期内坚持这个过程,才有希望见到令人惊喜的变化。因此,这个提高方法考验的是毅力,用时间换空间。

3.3.2 拒绝"一逗到底",自己"读"一遍

在学生时代,语文老师经常说,大家不要句逗不分、一逗到底,这样会直接把作文分数拉低一个分数档。读书时,小白就没有将这个知识点掌

握牢固,毕业后写公文材料,堪比上学时天天写作文,手忙脚乱,顾不上对标点符号进行切换,惜"句"如金,经常让领导读起来上气不接下气。接下来,我们一起来看看小白刚刚完成的讲话稿初稿。

【初稿】

在这里请允许我代表集团公司对刚刚走出大学校园的你们加入我们这个大家庭表示诚挚的欢迎和祝贺。

这句话共计 44 个字,表达了一个意思——欢迎新员工。44 个字一句话,在讲话稿中是极少见的,因为很难一口气读出来。执笔人写稿时,如果实在不知道应该如何精简、如何加标点符号,写完稿件后可以尝试自己出声音读一遍,如果发现确实会读得上气不接下气,立刻用逐字删减法进行修改,分析过程如表 3.9 所示。

表 3.9 分析过程

原文	分析
在这里	可删除,可保留
请允许我	讲话人是集团公司领导,不需要任何人允许,删除处理
代表集团公司	删除后语义会改变,需要保留
刚刚走出大学校园的你们	可以用三个字概括:新员工
加入我们这个大家庭	可以用更简短的表述:加入公司
表示诚挚的欢迎和祝贺	表示欢迎就足够了,祝贺可以在第二句话中表述,如祝贺他们通过层层选拔或通过考核

【修改后】

我代表集团公司对各位新员工加入公司表示热烈的欢迎!

再来看一个标点符号使用不当的初稿。

【初稿】

5月20日,局机关党支部党员、发展对象、入党积极分子在局党组书记、局长王胜利的带领下参观中共广西第一个农村支部纪念馆,集体重温入党誓词,共忆先辈浴血奋斗的峥嵘岁月,点燃革命理想,现场党员干部不忘初心,共担历史使命。

这段话同样存在"一逗到底"的问题。当然,我的意思不是一段话中必须有至少两个句号,如果所写的是层级较高的公文材料,前几句理论指引及领导职务特别长,可以"一逗到底"。但是,根据我审核公文材料的经验,如果在 Word/WPS 文档中,一篇简单的通讯稿中的一段话已超过半页纸,仍然只有一个句号,多半在句子表述上存在逻辑问题。

我们来分析一下初稿内容,"5月20日,局机关党支部党员、发展对象、入党积极分子在局党组书记、局长王胜利的带领下参观中共广西第一个农村支部纪念馆",有时间、地点、人物、事件,完全可以作为一个完整的句子出现,小白为什么会使用逗号呢?大概是因为读起来,这句话好像没有说完。为什么明明要素齐备,依然会有没说完的感觉呢?因为主体人物的位置关系错了。

需要注意的是，参观纪念馆的主体是党支部的所有成员，不是局长王胜利一个人。小白想突出领导，于是把领导放在了句子的中间位置，属于为了人物，牺牲了语义。如果把两个人物主体调整一下，句号就自然而然地写出来了。

【修改后】

5月20日，在局党组书记、局长王胜利的带领下，局机关党支部党员、发展对象、入党积极分子共同参观了中共广西第一个农村支部纪念馆。

【学姐唠叨】

如果希望对"集体活动"这一活动性质加以强调，可以在"党员、发展对象、入党积极分子"前加上"全体"二字。

【变形1】

5月20日，在局党组书记、局长王胜利的带领下，局机关党支部全体党员、发展对象、入党积极分子共同参观了中共广西第一个农村支部纪念馆。

如果感觉使用太多短句会显得细碎、凌乱，可以再换一种写法。

【变形2】

5月20日,局党组书记、局长王胜利带领局机关党支部全体党员、发展对象、入党积极分子到中共广西第一个农村支部纪念馆参观学习。

使用这种写法,句子会更利索、简洁。

为什么写完公文材料后自己一定要通读一遍?因为如果自己读的时候都觉得不通畅,报送给领导,领导肯定不会满意。

【学姐唠叨】

需要注意的是,"在……的带领下"这个短句放错位置,有时不仅会导致句子冗长、啰唆,还有可能导致语义变化,如"公司职工要在党委的带领下团结奋斗、开拓进取,不断开创公司高质量发展的新局面",听起来只强调员工要努力工作,割裂了党委和员工的密切关系,会给受众不舒适感。

微调位置后,"在公司党委的带领下,全体干部、职工将团结奋斗、开拓进取,不断开创公司高质量发展的新局面",意思表达出来就是党委干部和职工各自发挥所长,上下齐心,共同奋进,表达效果会更好。

3.3.3 "大句""小句"落玉盘,句句不通

在公文写作中,职场新人一定要记住,多写短句,少写长句。因为受

制于语法基础,很多职场新人一写长句就会出现语句不通,甚至不知所云的情况。能够驾驭短句之后,再逐步过渡到写长句,让长句和短句交替出现,才能达到最好的效果。

为什么要进行这个过渡?因为如果全篇都是短句,会显得公文材料不上"档次"。

如果研究过每年发布的政府工作报告,大家会发现,高质量公文材料都是长短句错落有致的。从写短句到写长句,再到熟练掌握长短句交错,是正常且相对漫长的学习过程,只能慢慢练习,不可一蹴而就。

【情境】

小白负责热门景区的安全管理工作,发现有些游客密集的景点无人值守,存在安全隐患。对此,小白需要写一篇公文材料,汇报这一情况。

针对这个情况,小白很快完稿,所写的公文材料中有如下句子。

【初稿】

存在景区内人员流动风险和聚集风险导致的景区安全漏洞。

为什么这个长句读起来有点怪?因为人员流动和聚集不是风险,是导致风险的原因。那么,对句子加以梳理,应该怎样写?

【修改后】

存在因人员无序流动、聚集引发的公共安全风险。

这样,是不是就感觉易读、易理解多了?我们再来看一个初稿。

【初稿】

为贯彻市委关于"抓党建促乡村振兴"的工作要求,助力实施乡村振兴战略,推动"五美"示范创建向纵深发展,加强与帮扶村的联建共建。3月20日,光明市统计局机关党支部(以下简称局机关党支部)一行九人到万秀区夏郢镇凤凰村开展"促进生态秀美、助力乡村振兴"主题党日活动。

这段话包括两个句子,第一句用多个短句介绍背景;第二句是一个长难句,交代时间、地点、人物。如果这是一篇讲话稿中的内容,领导在读这段话时,很可能会有两个感受。

其一是突然断气。第一个句子"为……联建共建"后突然使用句号,句子戛然而止。为什么句子没有写完就使用句号?可能是因为执笔人觉得自己在前面罗列的短句太多了。对于初级执笔人来说,"为"后面堆砌了四个短句,太长了,他很可能已经失去了驾驭能力,主、谓、宾、定、状、补等句子成分全部乱套,误以为这句话说完了,其实"为"后面的短句都是"为"的目标。

其二是喘不过气。从"3月20日"到"主题党日活动",第二个句子是一个非常长的句子,如果执笔人试着自己出声朗读,就会发现问题——一口气根本读不完。

此外,从句子表达的意思来看,第一句呈现出了"站位飘忽不定、因果关系混乱"的特点,而公文材料帽段的逻辑应当是从上级到本级,逐层平缓下降。

我们先来拆解第一句,分析过程如表 3.10 所示。

表 3.10 第一句分析过程

原文	分析
为贯彻市委关于"抓党建促乡村振兴"的工作要求	这是市委层面的工作
助力实施乡村振兴战略	这是十九大报告内容,突然上升到国家层面
推动"五美"示范创建向纵深发展	想要达到的目的写在了措施之前
加强与帮扶村的联建共建	举措写在了目的之后,第一句结束在了"与帮扶村联建共建"这个措施而不是"示范创建"的目的上

接下来,我们拆解第二句,分析过程如表 3.11 所示。

表 3.11 第二句分析过程

原文	分析
统计局机关党支部(以下简称局机关党支部)	这是一篇通讯稿,不是说明文,因此,"以下简称局机关党支部"的简称释义属于画蛇添足
一行九人	为了避免头重脚轻,这一信息可以不体现在帽段中,在正文中详细介绍即可
万秀区夏郢镇凤凰村	从镇一级开始写地理位置就可以准确无误地定位到纪念馆,因此"万秀区"可以删除,让句子更加简洁

按照以上逻辑调整后,句子会变得非常清楚、简洁,如下所示。

【修改后】

　　为贯彻落实市委抓党建促乡村振兴的工作部署,按照市局党委党建工作方案,3月20日,光明市统计局机关党支部到夏郢镇凤凰村开展"促进生态秀美、助力乡村振兴"主题党日活动,进一步加强与帮扶村的联建共建,推动"五美"示范创建工作不断向纵深发展。

3.4 美文在骨不在皮，好的结构在哪里

所谓结构，就是公文材料的"骨骼"，更直白地说，是公文材料的标题框架、谋篇布局的落笔呈现。框架的格局大，才容得下更为宏观的内容；框架逻辑咬合紧密，整篇公文材料的肌理才足够紧凑、扎实。

3.4.1 横向结构的标题，谁先谁后

小白最近写公文材料的工作完成得非常不顺，领导总是大修大改，说他的谋篇布局有问题。于是，小白赶紧对常见文种的基本结构进行了学习研究。通过归纳总结，小白发现，日常工作中使用最多的是列举式结构，即横向结构。确实如此，横向结构是职场新人最常用的结构框架，广泛适用于通讯稿、工作简报等事务性材料，在这种结构的公文材料中，几个小标题为并列关系，如围绕一项工作，采取并列的几项措施；围绕一个事件，从不同的角度进行阐述。

【情境】

小白所在的党支部到××纪念馆开展了主题党日活动，包括理论宣讲、共同绘画、植树等活动内容。活动后，小白接到了写通讯稿的任务。

对于这样一篇短小的通讯稿来说，使用典型的横向结构即可，小白拟的通讯稿结构如下。

【初稿】

一、创新绿色发展路，共植民族团结林

二、理论宣讲下基层，凝心聚力谋新篇

三、党建引领促发展，携手共画同心圆

领导审后，认为这篇通讯稿的结构有问题。问题出在哪里呢？在横向结构中，虽然各小标题是并列关系，没有轻重主次之分，但是在布局时，依然要注意"谁先谁后"的问题。通常情况下，思想在先，业务在后；务虚在先，务实在后。换言之，虚的内容的落脚点要在实的内容的落脚点上面，思想建设的成果要在具体的业务工作上面，整篇公文材料才够敦实、立得住。因此，小白的结构需要进行顺序方面的微调，改善小标题间头重脚轻的感觉。

【修改后】

一、理论宣讲下基层，凝心聚力谋新篇

二、党建引领促发展，携手共画同心圆

三、创新绿色发展路，共植民族团结林

【学姐唠叨】

根据我的写作经验，把写一篇公文材料的时间分成十份，最好用"3+4+3"的比例安排时间，即用三份时间检索素材；用四份时间搭建框架；用三份时间填充内容。框架结构搭好了，心理压力会小很多。

3.4.2 纵向结构的适用要求

纵向结构，是按照时间推进的顺序、事物发展的进程、思考的由表及里层层递进的结构，常用于领导讲话稿、个人发言稿、调研材料等更体现思考和分析深度的公文材料。这样说可能有些晦涩难懂，下面，我尝试用更直观的方式进行解释。

什么情况下，要高度警觉是不是适用于纵向结构？

1. 内容要求

有些公文材料中要呈现的并列事项过多，如果用横向列举式结构写作，很容易写成流水账。比如，小白在集团总部的监事会工作，总部下属十几个子公司，在汇总年度总结的时候，如果横向排列十几个子公司的总结，稿件篇幅会过长。没有提炼共性和差异，这篇公文材料对领导而言就没有任何意义。

2. 文种要求

提笔写作前，要明确自己是写请示材料还是写报告材料，是写通知还是写纪要，因为不同文种的结构差异很大。对于请示类材料，可以按照"请示什么事—分析这件事（面临的困难/必要性等）—拟如何解决（或得出什么结论）—请上级审批"的结构来写；对于活动方案类材料，可以按照"指导思想—组织领导主体—主要任务—形式步骤—工作要求"的结构来写。

【学姐唠叨】

对于初级执笔人来说，第一次写某个不熟悉的文种材料时，除了要检索标准的范本格式，还要对本单位的办文规范做到心中有数。这是因为各单位办文的严谨程度不同，如果僵化套用，可能会不符合本单位领导及上级单位的行文习惯，无中生"错"。

3. 场景要求

《党政机关公文处理工作条例》第八条明确说明，法定公文种类为十五种，分别为决议、决定、命令（令）、公报、公告、通告、意见、通知、通报、报告、请示、批复、议案、函、纪要。但是在基层工作中，更为常见的公文类型是通讯稿、简报、讲话稿、总结、汇报等，写作这类公文材料时，需要根据场景的不同、领导要求的不同进行因地制宜、因时制宜的调整。因此，对于初级执笔人来说，写作基层公文材料的难度更大。

比如，同样是讲话稿，如果是在一项工作启动阶段进行的讲话，谋篇布局时要强调意义、方式、工作要求；如果是在阶段性总结时进行的讲话，要强调前期落实情况中的亮点和存在的问题，以及下一步应该如何推进；如果是在"回头看"阶段进行的讲话，要强调工作经验和失误教训。我并不建议大家记忆所有场景模板，并依此构建文章结构，因为这样写出来的公文材料大概率不会贴合实际和领导的心意，僵化感、拼接感十足。

这同时解释了备考公务员时，为什么仅依靠背诵模板，很难得到优异的分数；工作中，为什么套用模板的公文材料总是被退回重写。掌握事物背后的底层逻辑，才可能"以一敌百"；掌握最基础的"公式"，才可能"以不变应万变"。

3.4.3 纵向结构的逻辑推演

多年前，我在备考公务员时同步复习考研知识，因此只投入了一小部分时间和精力去复习公务员考试相关内容。为了确保申论取得一个不错的成绩，我提炼总结过一份"葵花宝典"，当时，这份"葵花宝典"帮助很多没时间备考公务员的同学获得了不错的成绩。

现在想来，这份"葵花宝典"的主要内容就是对纵向结构的逻辑推演。

1. 万能逻辑

我最早接触这个逻辑，应该是在高中时期，印象中，这是政治考试中常用的论述题答题方式。

万能逻辑公式如下。

是什么—为什么—怎么做

比如，领导要求你写一篇作风建设中期推进阶段的讲话稿，你就可以按照这个逻辑来写。

既然是中期推进阶段，那么，工作意义、目的、背景等信息，各级领导都已经熟知，不需要再详述，此时，要突出强调的是这个阶段的中心工作是什么、为什么、怎么做，用公文语言呈现如下。

一、总结工作成绩（这个阶段的工作背景）

认真总结前一阶段工作，进一步增强作风建设的责任感、紧迫感

二、工作成绩的取得得益于什么（为什么取得了成绩）

1. 思想重视，导向明确

2. 敢于亮剑，解决问题

3. 强化举措，注重实效

三、下一步怎么做

1. 增强持久攻坚意识

2. 明确关键部位和关键环节

3. 重点做好××工作

这个逻辑结构，是写同类公文材料时最常用的逻辑结构。之所以将其称为"万能逻辑"，是因为如果在写一篇公文材料的准备阶段，你参考了很多基础素材，依然找不到撰写思路，没有好的呈现方式，那么就可以套用这个结构，至少可以保证宏观的框架结构不会出错。

2. 辐射逻辑

辐射逻辑更多地适用于针对某一项工作的研究，如调研材料。辐射逻辑公式如下。

事物本身的性质 + 必要性 + 现状 + 可行性 + 措施

比如，年底需要撰写一篇关于审计工作信息化建设的调研论文，就可以按照这个公式去组织。

一、审计工作本身的特点（性质）

二、总结应用实效，深刻认识信息化建设对审计工作的重要意义（必要性）

三、正视存在的问题，准确把握当前制约审计工作信息化建设的突出矛盾（现状）

四、回顾建设成果，充分利用深入推进审计工作信息化建设的基础优势（可行性）

五、抓住工作重点，切实明确推进审计工作信息化建设的主要任务（措施）

3. 原因逻辑

分析问题并找到问题发生的原因，这几乎是所有长篇材料中必然涉及的内容。向上承接存在的问题，向下引出具体的措施，这是分析问题部分的重要作用。如果分析原因的逻辑不清晰，整篇公文材料的腰部中枢就会非常薄弱，撑不起整体框架骨骼。原因逻辑公式如下。

（1）宏观角度

$$政治 + 经济 + 社会 + 文化$$

（2）微观角度

$$思想 + 制度 + 监管 + 落实$$

（3）利益主体

$$不同人物 + 不同立场$$

（4）其他维度

$$直接原因 + 根本原因$$

$$主观原因 + 客观原因$$

历史原因 + 现实原因

内因 + 外因

4. 时间逻辑

时间逻辑，即事物不断向前发展的逻辑，通常用于汇报性材料及活动实施方案。时间逻辑公式如下。

（1）工作汇报

夯实基础 + 推动落实 + 成效初显 + 引入纵深

（2）活动方案

事前 + 事中 + 事后

这些逻辑公式基本覆盖了日常公文写作中常用的结构，想要熟练运用，需要职场新人不断地打磨、练习。每写一篇公文材料，只要获得了领导的肯定，就要及时复盘、总结；每看到一篇高质量的公文材料，都要随手分析一下结构，找到那些可以为我所用的点，消化、吸收。

3.4.4 错用结构，伤筋动骨

根据我的经验，对于执笔人而言，最怕领导修改公文材料时改立意，其次是改结构，最后是改语句。如果立意错了，意味着整篇公文材料的背景、内容全部跑偏，肯定要重写稿件；如果领导改了公文材料的结构，意味着稿件被伤筋动骨，需要做大手术，因为结构变化会带来内容、语句、谋篇布局的全面调整。

公文材料立意的问题，可以通过跟领导沟通解决，具体方法见 2.2.3 小节。公文材料结构的问题该如何解决？我们在本小节中介绍。

【情境】

通过反复练习,小白的写作水平有了很大提升,报送的公文材料质量越来越高,很快被从基层单位借调到机关单位党建办工作。

2021年是建党一百周年,党委召开了专题会议,制订方案、细化责任,研究了如何开展庆祝建党一百周年主题活动。活动开展满三个月后,科长找到小白说:"小白,活动开展一个季度了,你把从活动启动到现在的情况做个总结、出个简报吧。"

得到任务后,小白赶紧去翻各基层单位报送的公文材料,如表3.12所示。

表3.12 各基层单位报送的公文材料

单位	公文材料内容
A分局	高度重视此项工作,6月20日组织党史国史文化馆参观。发挥党建引领作用,推出了优化营商环境十大举措。
B分局	优化营商环境,为一百周年献礼,一季度新增市场主体三万户。引导党员坚定理想信念,邀请专家,组织开展"红色之旅大讲堂"专题讲座。
C分局	组织四十余名党员回顾党史,讲解红色知识、重温入党誓词。一张张珍贵的照片,让广大党员感慨幸福生活来之不易。

小白汇总各基层单位报送的公文材料后,用横向结构写了第一版工作简报。

【初稿】

一、A 分局参观党史国史文化馆，推出十大优化举措

二、B 分局组织红色文化大讲堂，新增市场主体三万户

三、C 分局组织党员回顾党的历史，四十余名党员重温誓词

科长看完直摇头，说按照这种写法，如果让你去省机关单位工作，面对几十个市报送的公文材料，你是不是要写几十个标题呢？

小白的初稿写法犯了典型的适用结构错误。用"拼接式"横向写法，逐个提炼、罗列重点内容，会导致所有内容堆砌在一起，写内容体量有限、结构清晰明了的短篇材料还可以，写内容体量大、主体繁多的长篇材料，就会非常冗长。受篇幅限制，案例中的素材只有几行字，实际工作中，各基层单位报送的是完整的材料，有十几个甚至几十个单位、大段数据和事例，如果用拼接的方式，很容易出现逻辑混乱、内容重复的问题，而且越拼越长。

意识到问题后，小白按照科长的要求，写了第二版工作简报。

【修改后】

一、坚持党建引领，优化营商环境。广大党员干部立足工作实际，充分发挥党建引领作用，聚焦热点、难点，推出优化营商环境"十大举措"。一季度新增市场主体三万户，为建党一百周年献礼。

二、回顾百年历史，传承红色基因。6 月 20 日，机关党支部组织四十余名党员干部参观了党史文化馆，重温入党誓词，一件件物品记录了一百年风雨历程，广大党员干部纷纷感慨今天的幸福生活来之不易。

> 三、牢记初心使命，坚定理想信念。全体党员干部认真学习《中国共产党历史》《中华人民共和国简史》《社会主义发展简史》等文献资料，参加"红色之旅大讲堂"专题讲座，在真学真信中坚定理想信念，在学思践悟中牢记初心使命。

如果这是一篇基层单位报送的公文材料，标题醒目贴切、句子通畅、内容翔实，可以算作一篇基本合格的稿件。但是，小白依然没有透彻理解科长的意思。科长安排任务时短短的一句话中，包含哪些意思呢？我们一起分析一下科长说的话。

"从活动启动到现在"——科长很明确地告诉小白，是从活动启动开始，这一个季度的活动开展情况。既然是从活动启动开始，而且要站在单位全局的角度做总结，就要提高站位，从统一思想、工作部署的角度切入。素材中，刚好有基层党委如何推动具体工作的内容。

"把情况做个总结、出个简报"——把一项工作的开展情况做个总结、出个简报，最常见的逻辑是什么？部署—开展—效果。各基层单位报送的公文材料质量参差不齐，有的可能会罗列、堆砌内容，有的可能把成果写成措施，对于汇稿人而言，要注意仔细甄别、分类提炼，先分清楚哪些是措施，哪些是成效；哪些是思想，哪些是业务；哪些是部署，哪些是落实；哪些需要提站位，哪些需要接地气，再动笔。

那么，具体应该如何使用各单位报送的公文材料呢？对于汇稿人而言，从写稿到汇稿是一个能力跃迁的过程，写稿是基础输出，汇稿意味着需要建立分析逻辑。需要注意的是，汇稿不是简单进行稿件拼接，仅仅拼接稿件,会变成"记叙文""流水账""大乱炖",依然是站在基层单位的角度说基层单位的事,达不到领导想"提高站位"的目标。

素材中,体现了三件事,如下所示。

第一件事:党委重视、制订方案、积极部署;

第二件事:各单位党建活动多种形式、百花齐放;

第三件事:党建活动促进业务工作,取得了初步成效。

【学姐唠叨】

无论是写稿还是汇稿,要用逻辑来分析手中的素材,不能任由手中的素材绑架自己的逻辑。

分析后,再次进行修改,可以得到如下工作简报结构。

【修改后】

一、统一思想,党委精心组织周密部署

二、百花齐放,丰富载体焕发崭新活力

三、党建引领,营商环境提升成效初显

【学姐唠叨】

将最后一稿和初稿做对比,感受在不同的思考方式下写稿、汇稿的逻辑。职场新人一定要细细揣摩思考方式的不同,尽快建立正确的公文写作逻辑。

3.4.5 微观结构的常见错误

无论是横向结构还是纵向结构，都是站在宏观角度对整篇公文材料进行谋篇布局。公文写作不同于申论写作，由于集中、批量阅卷，申论写作更加关注整体结构、文字表达及踩分点，而无论是对上级单位的请示汇报、对平级单位的沟通协调，还是面向公众的通报、通告，公文写作对稿件内容的要求都更高，如果微观结构经不起推敲，再好的宏观结构也立不住脚。我根据自己的工作经验，总结了两类常见的微观结构错误，职场新人可以逐一对照，看看自己身上是否存在同样的问题。

1. 问题、原因和措施不匹配

在工作总结或领导讲话稿中，经常需要指出问题、分析出现问题的原因，并提出解决问题的措施。如果出现问题、原因和措施不匹配的情况，领导一定会对稿件结构进行调整。

（1）所提炼的总结性内容/标题和细节内容有方向性区别

所提炼的总结性内容/标题和细节内容关联度太弱，这一问题经常出现在初级执笔人的稿件中，出现这种问题通常有两种原因，一是先提炼总结性内容/标题后，发现没有足够的细节内容可以提供支撑，于是从过去的稿件中剪切一段粘贴过来，所选内容并不匹配当前主题；二是先写细节内容，写完后发现提炼能力不足，导致无法使总结性内容/标题与细节内容相匹配。问题实例如下。

一、从强从优，建立高质量领导班子

综合运用移送司法、纪检等多种方式，净化公司经营生态，加大对违规违纪违法行为的追责力度,进一步发挥内控机制的约束制衡作用,推动落实各级党委整改主体责任。

实例的细节内容主题是加大对违规违纪违法问题的追责力度,但是标题是"建立高质量领导班子",和细节内容有方向性区别。

(2)所提炼的总结性内容/标题和细节内容不匹配

所提炼的总结性内容/标题和细节内容不匹配分为两种情况,一是数量不匹配,比如问题写了五个,但措施只写了三个;二是内容不匹配,比如所提炼的总结性内容/标题中写干部队伍年龄、知识结构不合理,但是细节内容中提到的措施是要实现优胜劣汰,切实用好干部能"上"能"下"选用机制。问题实例如下。

存在的问题:

干部队伍结构需要进一步优化。一是基层正职干部年龄结构亟待优化。我局干部队伍平均年龄为42岁,基层领导班子老、中、青年龄结构不尽合理。二是知识结构不尽合理,干部队伍中的高学历人才明显不足。全日制大学本科以上学历的干部共有四十人,仅占干部总数的10%,专业知识普遍较薄弱。

应对措施:

优胜劣汰,切实用好干部能"上"能"下"选用机制。灵活运用民主测评、任期考核、干部定期分析等措施,加大工作力度,把干部的"上"与"下"搞活,重点是妥善处理"下"的问题,增强领导干部的危机感和竞争意识,在干部队伍中营造积极奋进、争优创先的竞争氛围。

单独看这两段话,都是逻辑清晰、有理有据的,但是合起来看,就会发现应对措施并不能解决存在的问题。"优胜劣汰，切实用好干部能'上'能'下'选用机制"的确可以作为优化干部队伍年龄结构的措施之一，因为干部流动必然会带来年龄结构的变化，尤其对于工作年限较长、缺乏进取精神的干部来说，通过民主测评、任期考核等措施优化调整后，会腾出更多的位置给年轻人，进而实现干部队伍的年轻化。但是从微观角度看，实例切入的角度和目的存在"两张皮"的特点。应对措施中，"重点是妥善处理'下'的问题，增强领导干部的危机感和竞争意识，在干部队伍中营造积极奋进、争优创先的竞争氛围"这句话，更像是针对得过且过、敷衍了事等工作作风问题提出的应对措施，而不是解决干部队伍结构问题的具体举措。

2. 过渡段缺省

一篇公文材料中，不同层次、段落之间的转换需要过渡段来承上启下。常见的过渡段缺省有以下两种表现形式。

（1）不同层级标题之间缺过渡段

所谓不同层级标题之间缺过渡段，即两个层级的标题直接相邻，中间没有过渡段。

【情境】

领导安排小白就近期便民实践活动开展情况写一篇工作简报。

小白接到任务后，迅速拟出初稿。

【初稿】

一、坚持"四个着力",推动便民实践活动深入开展

（一）深入走访,倾听呼声,着力开展各类民意收集工作。活动期间,党员干部深入基层一线,围绕群众最关心的民生重点问题,倾听群众呼声,解决群众诉求,共梳理汇总问题十类126个,为下一步梳理工作思路,研提为民、利民、便民、惠民措施提供重要依据。

初稿中,"一"和"（一）"两级标题之间就出现了没有过渡段、直接相邻的情况。从规范性上看,公文写作规范并未规定两级标题之间必须有段落作为衔接,但是从谋篇布局的美观性和严谨性出发,两级标题之间应尽量用两三句话承上启下。

【修改后】

一、坚持"四个着力",推动便民实践活动深入开展

在便民实践活动中,××处认真贯彻落实市局部署,以"四个着力"为切入点,倾听群众呼声、广泛收集民意,切实做到"任务有分工,职责有要求,责任有层次"。

（一）深入走访,倾听呼声,着力开展各类民意收集工作。活动期间,党员干部深入基层一线,围绕群众最关心的民生重点问题,倾听群众呼声,解决群众诉求,共梳理汇总问题十类126个,为下一步梳理工作思路,研提为民、利民、便民、惠民措施提供重要依据。

(2) 长篇材料中缺过渡段

在讲话稿、工作总结、述职报告等长篇材料中，通常会有非常明显的过渡段，比如在一篇讲话稿中，领导需要先回顾前一段时间的工作成绩，再指出目前存在的不足之处，中间就应该有一个过渡段，让讲话稿的起承转合更加流畅。

【情境】

科长交代小白，给领导拟一篇有关领导干部作风建设的讲话稿，问题方面简要概括就行，需要把下一步工作部署写具体一些。

小白想了想，搭建基本框架如下

【初稿】

一、认真总结前一阶段工作

二、工作成绩的取得得益于什么

三、工作过程中还存在哪些问题

四、下一步怎么做

作为一篇简单的讲话稿，这个框架没有问题，但是科长交代了，问题方面简要概括就行，不需要详细阐述，这意味着分析问题不需要单独列为一部分，把问题揉进过渡段处理即可。

【修改后】

一、认真总结前一阶段工作

二、工作成绩的取得得益于什么

（过渡段）在肯定成绩的同时，我们还要清醒地看到活动中存在的差距和不足：一是对高质量发展的深入思考和自觉运用还不够，在把高质量发展内化为具体的工作思路和举措方面还有所欠缺；二是活动与当前实际工作的联系还不够紧密，特别是在触及部门及个人权利、利益等核心问题、敏感问题时，优化、整改力度还不够大，一些不作为、乱作为、本位主义严重等问题还比较突出；三是在创新载体、创新方式方法上的探索还不够，特色还不够鲜明，取得的成效与群众愿望还有差距。以上问题需要引起各级各部门的高度重视，并积极采取措施，认真加以解决。

三、下一步怎么做

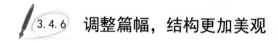

3.4.6 调整篇幅，结构更加美观

确认一篇材料的宏观结构和微观结构都无误后，我还有一个工作习惯，就是对公文材料的结构、篇幅进行复核，主要目的是看公文材料的"骨相"是否美观。在复核过程中，有两个关键要素需要关注。

1. 同一章节各段的论述是否详略得当

可以单独拎出一段话，确认是否过长或者过短。如果不是高规格的长篇材料，而是普通的通讯稿、工作简报，打印出来后发现帽段篇幅超过纸张的一半，依旧没有进入正题，就要高度警觉论述的详略是否不尽合理。

开展第三批"学习实践高质量发展"活动和"领导干部作风建设年"活动，是我们确保实现经济社会发展目标，促进全市经济平稳较快发展的战略载体。推进高质量发展，需要各个区县根据顶层设计，拿出具体的落地措施。在推进高质量发展过程中，需要各个区县处理好经济发展和社会发展的关系，营造好的营商环境。活动开展以来，××书记多次提出明确要求，市委于5月20日、21日，先后召开作风建设领导小组座谈会、活动调度会议，进行活动安排部署。今天，党委召开作风建设专题推进会议，对前一阶段工作进行总结，并具体安排下一阶段工作。**为进一步扎实推进活动的深入开展，我讲三点意见。**

......

这一段话的主要目的是引出最后一句话，为了引出这句话，前面交代了很多背景：两项活动的意义、领导的指示、推进过程中要注意的事项、前期已经开展的工作等，全部介绍后才进入正题。这样容易让受众产生"头重脚轻"的感觉——背景介绍占了近一页纸（在使用公文格式进行排版的情况下），还没有进入正题。

背景铺陈太多，容易让受众产生混乱感，反而不易明确会议主题。在帽段中简要介绍会议背景、目的，把其他内容后置到正文部分，可以把"头"变轻，同时提纲挈领。

2. 平行章节的篇幅是否均衡

所谓平行章节，即章节之间是兄弟关系，比如在第二部分，讲问题的时候，问题一、二、三的篇幅尽量不要差异过大，切忌问题一写三行，问题二写一页。如果某问题确实很突出，需要执笔人用更多的笔墨加以分析，可以适当把对其他问题的叙述略微加长，让整篇公文材料看起来更加匀称。当然，格式不能绑架内容，具体情况需要具体分析。

为了从宏观角度观察稿件的结构、篇幅是否合理，我的工作习惯是完成稿件写作后，在屏幕上进行多页浏览，提高自己对稿件的驾驭能力，具体操作步骤如下。

打开 Word 文档，单击"视图"选项卡，选择"缩放"选项区域中的"多页"选项，如图 3.1 所示。

图 3.1　多页面展示方式

将稿件缩小展示，如图 3.2、图 3.3 所示，便于执笔人发现写稿时难以发现的问题。

图 3.2　篇幅结构存在的问题（1）

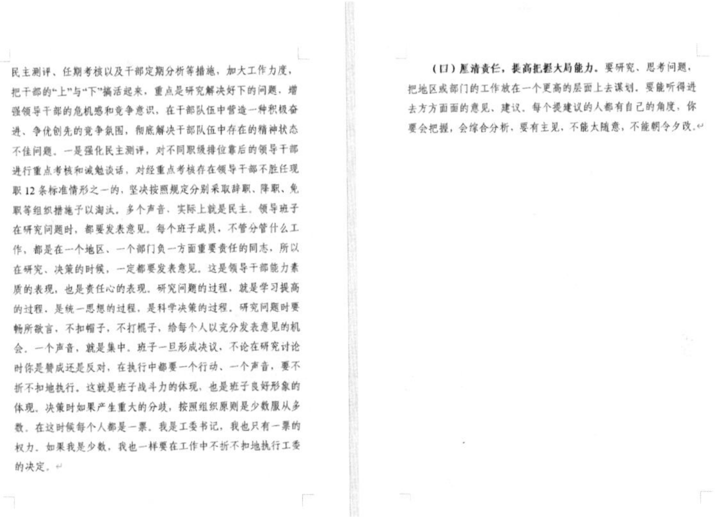

民主测评、任期考核以及干部定期分析等措施，加大工作力度，把干部的“上”与“下”搞活起来，重点是研究解决好下的问题，增强领导干部的危机感和竞争意识，在干部队伍中营造一种积极奋进、争优创先的竞争氛围，彻底解决干部队伍中存在的精神状态不佳问题。一是强化民主测评，对不同职级排位靠后的领导干部进行重点考核和诫勉谈话，对经重点考核存在领导干部不胜任现职 12 条标准情形之一的，坚决按照规定分别采取辞职、降职、免职等组织措施予以淘汰。多个声音，实际上就是民主。领导班子在研究问题时，都要发表意见。每个班子成员，不管分管什么工作，都是在一个地区、一个部门负一方面重要责任的同志，所以在研究、决策的时候，一定都要发表意见。这是领导干部能力素质的表现，也是责任心的表现。研究问题的过程，就是学习提高的过程，是统一思想的过程，是科学决策的过程。研究问题时要畅所欲言，不扣帽子，不打棍子，给每个人以充分发表意见的机会。一个声音，就是集中。班子一旦形成决议，不论在研究讨论时你是赞成还是反对，在执行中都要一个行动、一个声音，要不折不扣地执行。这就是班子战斗力的体现，也是班子良好形象的体现。决策时如果产生重大的分歧，按照组织原则是少数服从多数。在这时候每个人都是一票。我是工委书记，我也只有一票的权力。如果我是少数，我也一样要在工作中不折不扣地执行工委的决定。

（四）厘清责任，提高把握大局能力。要研究、思考问题，把地区或部门的工作放在一个更高的层面上去谋划。要能听得进去方方面面的意见、建议，每个提建议的人都有自己的角度，你要会把握，会综合分析，要有主见，不能太随意，不能朝令夕改。

图 3.3　篇幅结构存在的问题（2）

通过多页面展示，大家可以发现，这篇材料在结构上存在以下五个问题。

（1）章节之间不对应

在第二部分“干部队伍中存在的主要问题”中，分析了两个问题，但是第三部分“加强干部队伍作风建设的措施”中提出了三大应对措施，从结构上看，两部分内容不对应。写过公文材料的人都知道，有句话叫“无三不成文”，意思是公文材料至少要有三段才比较完整。这个观点本身存在争议，反对者认为“凑三”是过于形式化的表现，但在这一实例中，既然应对措施已有三个，最好的处理方法是酌情调整“干部队伍中存在的主要问题”。

(2) 序号不连续

第三部分的二级标题序号为（一）（三）（四），应该改为（一）（二）（三）。

(3) 序号格式错误

在 2.1 节中，我们介绍过，如果全文只有两级标题，那么一级标题为"一"，二级标题为"1"。

(4) 缺少过渡段

第三部分一级标题后紧跟二级标题，中间缺少过渡段。

(5) 各举措的详略差异过大

第三部分"加强干部队伍作风建设的措施"中，三项措施的详略差异过大，其中，第二项"优胜劣汰"相关内容占据了一页多的篇幅，而最后一项"把握大局"相关内容草草带过，敷衍了事的感觉强烈。

【学姐唠叨】

无论是写长篇材料还是写短篇材料，多页面展示都是完稿后检查时必须执行的步骤，尤其是稿件标题层级较多时，单页面展示难以看出上下文的序号是否连续、篇幅是否合理。多页面展示复核的本质是通过宏观的方式，对微观的结构进行最后的检查、调整。

不用搜肠刮肚，也有写不完的内容

掌握公文材料标题、句子、结构的写作技巧后，内容是否充实就成了能否写好一篇公文材料的关键。一提笔就无话可写，是很多职场新人最大的痛点。为什么面对同样风格的领导、同样的基础素材，"笔杆子"就能源源不断地输出内容，而有些职场新人只能对着电脑发呆呢？其实，寻找内容对成熟的执笔人而言也并不轻松，思考的过程远远比下笔的过程痛苦得多，"笔杆子"看似轻松又迅速，只是因为他熟于思考。

"思考"本身是感觉类的东西，我努力尝试通过步骤拆解把思考的过程呈现出来。

3.5.1 领导三句话，如何拆出三页纸

很多职场新人对我抱怨，说自己的领导布置工作时常常只交代三句话，而自己需要把三句话扩成三页纸的内容。因为无米下锅，常见的工作状态是打开电脑敲下一行字，盯着这行字发呆一上午，就该吃午饭了。

【情境】

笔试、面试、政审、体检……小白一路过关斩将,终于在九月入职成为市生态环境局的一名公务员。入职后,科长找到小白,提出如下要求。

周五,局长参加"迎新会",你写一篇欢迎讲话稿。讲话稿背景是今年一共招录了十二名应届毕业生,局长要讲话表示欢迎并提出希望。"迎新会"议程有三项,第一项,新人自我介绍;第二项,办公室主任王胜利介绍单位历史;第三项,局长讲话。

这个情境非常常见——直属领导散会后匆匆忙忙地交代几句背景信息,执笔人就要着手写稿。职场新人通常会觉得,领导什么都没说,但其实,领导该说的都说了。结合小白的自身经历,对背景信息的拆解过程如表3.13所示。

表3.13 背景信息的拆解分析

背景信息	拆解分析
一路过关斩将,笔试、面试、政审、体检	意味着这批年轻人是百里挑一甚至千里挑一的人才,这么优秀的人才来到本单位,既肯定了人才的优秀,又暗示了平台的强大
九月入职	欢迎讲话,语言风格相对轻松,一方面,此次讲话面对的是年轻人,另一方面,九月是秋天,收获的季节,可以使用一语双关的技巧
市生态环境局	对于年轻人来说,选择了一个单位,意味着选择了一个行业、一份事业。将市生态环境局上升一个高度,就是生态环境保护事业
招录了十二名应届毕业生	应届毕业生,意味着新鲜的血液和青春活力

续表

背景信息	拆解分析
有新人自我介绍环节	需要承上启下的语句作为过渡段,比如,听完新同志的发言,我很受启发和触动
有办公室主任王胜利的发言环节	局长应该如何称呼下属?可以叫王主任,但是更为妥帖亲切的叫法是"胜利主任"
办公室主任会介绍单位历史	需要承上启下的语句作为过渡段,比如,刚刚胜利主任向大家介绍了我局的基本情况

通过对背景信息进行拆解,可以分析出必须要在欢迎讲话稿中体现的内容。对要点进行扩充后,内容就丰富起来了。

【学姐唠叨】

对于职场新人来说,如果自己的逻辑记忆、细节记忆能力不够强,要养成领导一说话,立刻拿本子记录的习惯。领导布置工作时,每一个字都要记录下来,因为每一个字都可能隐藏着领导想表达的信息。把零散的信息整理成段落,公文材料就不会写偏。

按照上述分析,把科长的要求梳理出来,三句话内容便轻松地扩充成了三页纸内容。

同志们:

在这个收获的季节,我们迎来了十二名即将投身生态环境保护事业的优秀青年。我代表局党委,对你们的到来表示热烈的欢迎!

听完十二名同志的发言,我感到十分振奋,也很受鼓舞。你们经过笔试、面试、政审、体检,脱颖而出,选择了生态环境事业,生态环境局也在众多毕业生中选择了你们,这份选择是信任、使命和责任,更是推动生态环境事业高质量发展的磅礴力量。

刚才,胜利主任向大家介绍了我局的基本情况。借此机会,我以《扬帆起航 砥砺奋进》为题,和新来的同志交流几点想法,希望大家在今后的工作中,打牢基础、找准方向、苦练本领、开拓创新,以优异的成绩迈好职业生涯的第一步。

……

【学姐唠叨】

有的职场新人可能会问:"我自己拆解不出来这么多要点,怎么办?"有一个简单的方法:拿出一张纸,把领导布置工作时说的话写上去,按照3.5.1小节中介绍的方法进行逻辑推演,像答论述题一样动笔写一下,或者使用思维导图软件,用画图的方式进行拆解,会比凭空想象高效得多。

3.5.2 记不住领导说的话,如何是好

小白明白了,领导说的话,每个字都隐藏着大量的信息,但是问题又来了,有没有什么窍门,可以快速记录领导给的信息?小白不止一次遇到"左耳朵进,右耳朵出"的情况,领导交代他写一篇报告,语速极快地说了一堆,结果领导说完后,他只记住了"写一篇报告"五个字。

快速记录是公务员日常工作的基本功,尤其是对于文字秘书岗位上的工作人员来说,领导讲的每一个字都要记下来。如果还有空余时间,最好对领导讲这句话时的情绪进行顺手标注,确保充分理解领导的意思,知道他要肯定哪些工作、要提醒哪些工作、要批评哪些工作。

如果基础薄弱,比如小白,手慢脑也慢,可以用其他方式辅助自己做记录。

1. 随身带着笔记本

从事公文写作工作,要养成随身带笔记本的习惯。无论是领导来你的办公室当面交代,还是叫你去他的办公室给你布置工作,随手拿起纸笔记录,既可以解决记不住的问题,又可以留下工作日志,日积月累,可以更好地体会领导的工作思路,明确其表达风格。

2. 巧用单位录音笔

参加重要会议前,可以借用单位的录音笔。这里需要注意的是,不可以使用个人录音笔,更不可以使用手机进行录音,因为很多会议的内容是内部传达宣导,使用个人设备进行录音,容易违反内部保密规定。将会议内容录下来后,要反复揣摩领导的讲话内容,分析领导的表达意图。

3. 在不同场合,随机应变

领导布置工作,不一定是在工作场合。按照我的经验,如果突然接到领导的电话,通常是手边有什么,就用什么做记录。比如刚好在吃饭,就顺手拿起包装盒记录;又如人在外面,手边没有纸笔,可以打开手机备忘录,用输入法的语音转文字功能,把领导说的话自动转成文字(因为是要点速记,此时通常不涉及涉密内容);再如刚好在开车,可以迅速把车停在路边，打开手机备忘录做速记。

除了借助纸笔、手机进行记录之外，记忆力还可以的职场新人，最好主动训练一下自己的"大脑拍照记忆法"，即听任务时高度集中注意力，想象着在脑海中竖起一块白板，对方说要点的时候，迅速提炼关键词，在大脑中的白板上写下来，然后想象拍照。通过想象生动形象的画面，把虚拟的东西具象化，对话结束后，便可以相对轻松地使用关键词清晰地回忆对话内容。

3.5.3 领导讲话，如何变成正式行文

领导讲话是公文材料的重要内容来源。这里的讲话，不仅包括领导在正式会议上的讲话，还包括领导在平时调研指导工作时随性的表达。不同领导的日常语言风格不同，有的诙谐幽默、有的一针见血、有的出口成章。善于将领导的口语化表达用正式行文标准加以润色，是职场新人日后驾驭长篇材料写作的基础。

【情境】

小白在机关单位宣传部门工作，领导来部门调研时，讲了如下一段话。

我们有的同志，觉得自己在机关单位工作就高人一等，开展工作就是拍脑门子，等着基层单位报信息、报材料，高高在上，指手画脚。现在的宣传手段越来越多、形式也越来越多，实际效果怎么样呢？我在基层单位调研时，基层单位的同志说负担、压力很大，机关单位给的指示说教性强，

做的工作干巴巴，还总是刻意开展活动。你们在座的这些人，有几个到下面跑过？知道基层单位都有什么困难、什么需求吗？你们都不知道应该做什么，怎么可能做得好呢？

会议后，科长让小白写一篇工作动态，尤其要将领导最后提的几点要求梳理好。

小白反复听领导讲话录音，发现都是口语化表达，不知道该如何分层次梳理观点，于是一通搜索、复制、粘贴，形成了下面一段内容。

【初稿】

××领导就下一步如何做好宣传工作，提出了三点要求。

一是要转变工作态度。摒弃高高在上的优越感，加强与基层单位的沟通与协调，尊重工作中遇到的每一位同志，认真对待手中的每一份工作。

二是要提高宣传质量。坚决杜绝形式主义、劳民伤财式的宣传活动，制订活动方案必须切实可行、物尽其用、人尽其才。

三是要加强实地调研。各位同志切忌坐而论道，必须深入基层与一线，获取最直接、最真实的材料。

大家发现没有？小白"翻译"后形成的初稿中，仍然存在一些问题。

①**仍然有口语化表述。**如"高高在上""遇到的每一位同志""手中的每一份工作"等，这些表述仍然有扑面而来的"说话感"——翻阅正式的报告、文件时，很难找到类似的表述。

②对领导的意思领悟不准确。领导说"觉得自己在机关单位工作就高人一等",这不是工作态度问题,而是自我定位问题。领导说"宣传手段越来越多、形式也越来越多",这不是提高宣传质量的问题,而是形式能否服务于内容的问题。

③尺度分寸把握不准。"摒弃""劳民伤财""坚决杜绝""切忌""坐而论道"等用词,下笔过重了——工作确实不到位,但没有到"恶习""违规"的程度。

拆解过程如表 3.14 所示。

表 3.14 拆解过程

讲话原文	分析	结论
我们有的同志,觉得自己在机关单位工作就高人一等,开展工作就是拍脑门子,等着基层单位报信息、报材料,高高在上,指手画脚。	"高人一等"这四个字其实就是在点题。没有摆正自己的位置是职场中的大忌,宣传工作人员的定位是什么?对上是落实宣导,对下是桥梁纽带,对外是展示交流	领导第一层意思:要摆正位置
现在的宣传手段越来越多、形式也越来越多,实际效果怎么样呢?我在基层单位调研时,基层单位的同志说负担、压力很大,机关单位给的指示说教性强,做的工作干巴巴,还总是刻意开展活动。	这一段用一个字概括是什么?"虚"。虚是什么?没用、空洞、花架子。宣传工作是既要务虚又要务实的工作,要处理好虚实的关系,在务虚基础上的务实,是虚功实做	领导第二层意思:处理好虚实关系
你们在座的这些人,有几个到下面跑过?知道基层单位都有什么困难、什么需求吗?你们都不知道应该做什么,怎么可能做得好呢?	这是在说什么?用四个字概括,是"闭门造车"。不去基层单位调研,不深入群众,眼睛朝上不朝下	领导第三层意思:俯下身子,实事求是

根据拆解,对小白的初稿进行修改、优化,可得到如下公文材料。

【修改后】

××领导就下一步如何做好宣传工作,提出了三点要求。

一是要摆正位置、找准定位。宣传部是党委职能部门,更是党委联系基层和群众的桥梁和纽带。要牢固树立服务党委、服务基层的意识,工作要"高人一筹",而非"高人一等"。

二是要虚功实做、实功细做。在提高质量和水平上下功夫,根据业务开展实际和群众思想实际,制订切实可行的工作计划、工作目标和方法路径。

三是要俯下身子、实事求是。要广泛听取基层单位的意见和建议,把对上负责与对下负责统一起来。在调研中深入挖掘宣传工作的切入点,不断提升服务基层、服务群众的能力。

3.5.4 按逻辑扩充材料,不怕没内容

学会将领导讲话扩充为公文材料后,小白还没来得及松一口气,棘手的问题又来了——基层单位报送了海量的公文材料,内容虚之又虚,领导让总结成言之有物的汇报材料,内容到哪里去找?

【情境】

科长给小白发了很多基层单位报送的公文材料,要求小白加以梳理,总结成言之有物的统一性汇报材料。小白对基层单位报送的公文材料进行

分类汇总后，发现其质量参差不齐，很多都是敷衍了事，把内容粘贴进框架里，汇总时很难撑起一个段落。

我们以扩写某精选出来准备用作素材的报送材料为例，介绍按逻辑扩充公文材料的方法。比如，某基层单位报送的公文材料中有如下一段内容。

【报送材料】

六个月来，我们完成了青年志愿者注册工作，组织开展了三次以"不忘初心、牢记使命"为主题的党史学习团日活动，同时进行了多次青年大学习，活动圆满结束。

这段公文材料总共三行字，讲述的都是非常基础的小事，显然不可能直接用。那么，如何才能把内容写得更丰富呢？执笔人可以问自己这样几个问题：

①完成了青年志愿者注册工作，注册率是多少？青年团员在实际工作中能发挥什么作用？

②三次党史学习团日活动是怎么组织的？如何开展的？取得了什么效果？

③进行了多次青年大学习，是用什么形式进行活动的？取得了什么效果？

只需要回答以上几个问题，就可以把三行字扩写成几段话。

【修改后】

上半年，分局团委围绕今年重点工作任务，开展了三项主题宣传活动。

一是以行践言，组织完成志愿者注册工作。团委积极动员并组织青年团员完成青年志愿者注册工作，注册率超过90%。青年团员在全市疫情防控、普法宣传、环境整治中发挥了重要力量。

二是以知促行，组织开展以"不忘初心、牢记使命"为主题的党史学习团日活动。通过线下参观学习、线上交流探讨、评比活动感悟等方式，进一步提升了青年团员的思想认识，增强了全体人员的凝聚力和向心力。

三是以赛促学，组织多次青年大学习活动。团委积极组织小组知识竞赛，根据完成度评分，定期公布排名，极大地提高了青年团员的参与热情，扩大了团委宣传的广度和力度。

根据上述案例，我用表格总结一下按逻辑扩充公文材料的过程，如表3.15所示。

表3.15　按逻辑扩充公文材料

要素	发散逻辑
人	①领导层面：是否部署、是否带队、是否研究、是否落实 ②结构层面：年龄结构、学历结构、专业结构、性别比例、来源分布、增减变化 ③执行层面：是否全员覆盖、是否分类宣导、是否个别指导
事	主题、目的、意义、现状、问题、趋势
形式	①组织层面：如何组织、如何开展、有无创新、有无方案 ②形式层面：线上还是线下、集中还是自学、规定动作还是自主动作、传统媒介还是自媒体、文字还是音视频、走出去还是请进来

续表

要素	发散逻辑
数量	总数、子项目占比、覆盖率、实现率、同期比较增减幅、与完成目标的差距
效果	思想层面、技术层面、业务层面

【学姐唠叨】

表3.15中的内容是对基础工作进行的发散总结,大家可以根据本职工作,随时更新、扩充。更新、补充的过程,会帮助自身的逻辑系统实现从无到有、从有到精的升华。

3.5.5 日复一日,平淡工作如何汇报

小白说,3.5.4小节中的案例是一项活动,因此可以按照活动开展的逻辑,比如开展前、开展中、开展后的顺序进行扩写,写到"开展中"时,还可以按照不同的活动形式和活动效果展开写。但是,作为基层公务员,如果工作内容大多为事务性工作,比如收文、发文、办会、发放物品、临时支援、填写各类表格、接听值班室电话等,特别杂乱无章,毫无逻辑可言,应该怎么扩充相关的公文材料内容呢?每次写工作总结或先进事迹,感觉两句话就把工作内容说完了。

【情境】

小白在人事部门工作,眼下面临考核晋升,组织要求把他自己近三年的工作内容写成一篇考核材料。小白的工作内容每年都一样,三年的内容其实和一年的内容没有什么差别,普通而平淡,重复且琐碎。

小白梳理了一下,发现自己三年的工作内容用了不到一百个字就写完了。

【初稿】

发放慰问金、开展慰问活动、家庭困难人员补助金申领和发放、人员调动及日常人员抽调和选派、干部选任、人员考察、人事系统数据维护、突发事件时各类数据报送、突发事件时内部人员出省报备等工作。

通过初稿可以看出,小白的工作非常琐碎、繁杂,且没有逻辑,那么,怎样扩写才能把不到一百个字的内容变成三四页纸的内容呢?

第一步,按照性质分大类。

如何按照性质分大类?如表 3.16 所示。

表 3.16 工作内容分类过程

工作内容	分类
发放慰问金、开展慰问活动、家庭困难人员补助金申领和发放	人事福利工作
人员调动及日常人员抽调和选派、干部选任、人员考察、人事系统数据维护	干部队伍建设工作
突发事件时各类数据报送、突发事件时内部人员出省报备	临时性工作

第二步，按照主责主业和辅助职责排顺序。

小白主要从事组织人事工作，从谋篇布局来讲，干部队伍建设应该放在考核材料的首位；其次是人事福利工作；最后是临时性工作。这样，考核材料的内容排序就出来了：①干部队伍建设工作；②人事福利工作；③临时性工作。

第三步，对日常工作进行拆解和拔高。

小白的困扰是，自己的工作，用几句话甚至几个词就说完了，根本扩写不了多少内容。这里有一个很好用的方法，即对关键词的意义、背景、困境、难题、举措、成效进行填充扩句。

以"干部选任"关键词为例。对干部选任工作进行拆解，可以根据一个职务身份从起点到终点的生命周期来进行，如表3.17所示。

表3.17 关键词拆解

序号	"干部选任"拆解
1	在干部任免问题上，是否符合上级政策规定？
2	是否向上级组织部门请示汇报，审批报备率是多少？
3	用什么标准选任干部？
4	三年来选任年轻干部多少人，在干部结构优化过程中提出了哪些行之有效的建议？
5	在后备干部队伍的储备方面做了哪些工作？
6	是否调研走访过？走访了多少家单位？
7	在领导干部的试用期、任期内，做了哪些考核工作？
8	跟进考察是否制订了方案？
9	是否参与了方案的起草？
10	通过自己的工作，对党委选拔任用干部起到了哪些积极作用？

通过拆解，可以从"干部选任"四个字中拆出这么多问题。对问题的回复，其实就是小白三年来所做的"干部选任"相关工作。

按照表3.17回答问题并拔高后，可以扩写出如下内容。

【修改后】

在干部选拔任命程序上，始终严格按照上级规定任免干部，并按时向组织请示汇报，干部任免网上审批报备达标率为100%。

一是以年轻化、知识化、专业化为标准，参与完成基层单位领导班子结构优化。三年来，共参与完成××名领导干部的调整程序。其中，提拔任用××人，平级交流××人，免职××人。在年龄结构方面，35岁以下××人，占提拔人数的××%。在知识结构方面，全日制大学毕业生××人，占提拔人数的××%，全日制大学毕业生干部所占比例由2019年的××%提高到××%。在专业结构方面，各单位领导班子中熟悉本专业的干部所占比例超过60%的领导班子有××个，占全局总数的××%。

二是积极开展干部调研工作，为后备干部队伍建设提供决策依据。三年来，按照素质优良、数量充足、结构合理的要求，参与完成××名后备干部的储备工作。为深入了解青年人才的业务能力和思想状况，不断提升后备干部的领导能力和业务水平，先后××次参与基层调研，撰写《××报告》，为党委选拔任用综合素质优、发展潜力强的后备干部提供决策依据。

三是参与完成领导干部试用期、任期考核，积极跟进领导干部考察工

> 作。三年来，共完成××名领导干部的试用期考核、××名任期届满领导干部的任期考核，制作考核文件××份，走访单位××家，形成报告××份。在考核过程中，根据《××制度》，采取动态考察、自查自评、组织鉴定、领导评价四种方式进行了跟进考察，为党委选拔、任用领导干部提供了重要依据。

对"人事福利工作"和"临时性工作"的拆解可以复制此过程，我在此简要呈现发散要点。

关于"人事福利工作"，可以从以下几方面进行扩写。

①三年来共计发放多少人次、多少金额的慰问金，发放背景是什么，起到了怎样的社会效果？

②主要以哪种形式开展慰问活动，形式是否有创新？无法进行线下走访时，如何在线上开展工作？

③慰问对象是谁，覆盖多大范围，取得了什么效果？

④关于家庭困难人员补助金，三年共计发放多少人次、多少金额？采用哪种方式对家庭困难人员进行动态管理？

关于"临时性工作"，可以从以下几方面进行扩写。

①各类表格数据的报送是否完整无差错？三年来出省人员共计多少人，通过什么方式进行动态管理？

②动态管理是否有效、合理？克服了哪些困难、创新了哪些手段？最终实现了什么效果？

【学姐唠叨】

有的职场新人会问:"使用这个方法扩写公文材料的关键在于能够对关键词发散出海量的问题,但是我对着关键字发散不出这么多问题,怎么扩写公文材料呢?"解决这一问题,涉及对逻辑思维的锻炼。关于思考问题和拆解问题的逻辑,在本书的撰写过程中,我一直在努力呈现。如果阅读完每一章节,用纸把分析过程盖住,你能够自己将分析过程复述出来,那么这么多案例练习,相信会为你提供足够的逻辑思维启蒙。

第 4 章

学得自信满满，现实比梦想骨感

从面对白纸不敢动笔，到能轻松写出"豆腐块"文章，对于刚开始接触公文写作的职场新人来说，是一个巨大的进步。不过，不要高兴得太早，大家很快会发现，再往上提高时，有很大概率会遇到瓶颈。这个问题很好理解，从不及格到及格的难度是较小的，从及格到优秀、从优秀到卓越，越提高，会越感觉艰难，但爬得越高，视野必然越开阔。

4.1 熬夜写到怀疑人生,上级为何不采用

很多职场新人参加工作后被安排的第一项工作内容,就是每周甚至每天写一篇公文材料,报送上级单位。单位内网有时会公布采稿率排名,让执笔人每天的心情随着排名上下波动。

刚开始接触公文写作时,很多职场新人不知道该写什么,经常是上网搜索后,结合自己任职单位最近的工作,拼凑一篇公文材料交上去。但是领导是看结果的,如果连续几周,单位内网都没有刊登本单位的动态信息,或者兄弟单位连续被刊登几篇报送材料,本单位的刊登率与之相差太大,领导就会找你谈话了——为什么公文材料写了不少,采稿率不见提升呢?

4.1.1 有低级错误吗

采稿率高低的影响因素是所报送公文材料是否满足供需关系,这里面有两层意思:其一,你报送的公文材料质量是否过得去;其二,你报送的公文材料是否为对方所需要。

按照这个逻辑关系,可以梳理出解决问题的步骤。

前文中,我用的是"过得去"一词,而没有用"质量是否过关/是否优秀"

等表述方式，因为"过得去"是采稿的基础门槛。很多职场新人认为，上级单位之所以不采用自己辛苦写成的简报信息，是因为自己写得不够优秀。不是的，可能是因为你报送的公文材料连"过得去"的程度都未达到。

对于日常政务信息，如何检查自己的稿件是否过得去？问自己如下四个问题。如果四个问题的答案都为否，稿件不被采用的原因就找到了。

①这篇稿件的格式设置对了吗？（页面设置、页码设置、字体设置、字号设置）

②这篇稿件有合适的小标题吗？

③小标题下的每段内容都超过7行了吗？

④这篇稿件中确定没有错别字等低级错误吗？

【学姐唠叨】

为什么稿件中小标题下的每段内容要超过7行，而不是3行、5行？这是为了让零基础的职场新人更好地理解如何谋篇布局才让稿件更具公文美感。

在Word文档中按照标准格式完成设置后，每页是22行，7行意味着小标题下面的每段内容占A4纸页面的1/3。在暂时不考虑具体文字内容优劣的情况下，从整体观感来看，稿件内容是饱满的。

如果全文有三个小标题，三段主体内容，每段7行以上，这篇稿件就不会让阅稿者感到"单薄"，避免出现报送后审核人员扫一眼就直接淘汰的情况。

基层单位的工作琐碎、辛苦，有的职场新人学历背景优秀、自视甚高，与周围环境格格不入，经常选择从文字工作入手，希望自己的公文写作能力被机关单位发现，得到借调到机关单位工作的机会，但是写了很久也没有被"伯乐"发现；有的职场新人费尽九牛二虎之力，好不容易被发现、被借调了，没想到去机关单位工作了几天就被"退"了回来……问题出在哪里呢？

涉及借调的情况有很多种，这里，我列举一种最常见的情况。上级单位遇到某个专项工作或者年底写各项公文材料压力比较大的时候，为了顺利推进工作，领导会考虑从基层单位抽调部分人员。这时，领导最先询问的可能是机关单位的"笔杆子"——在看各基层单位报送的材料的时候，有没有哪位同志写得比较突出？

长期从事文字工作的人，大多具备一种能力，眼睛就是尺。报送来一篇公文材料，看一眼就知道页边距的设置对不对，即便差 0.1 厘米，都可以轻易辨别。如果报送机关单位的公文材料中，字体、字号等基本格式设置都是错的，还同时有一些低级的标点符号错误、错别字，那么，这篇公文材料可能都不会被细看，便直接被搁置。

有执笔人问，为什么形式比内容还重要呢？不看内容，因为格式而弃选，是不是太不近人情了？

理由很简单，在机关单位工作，每天面对文山会海，看公文材料的压力巨大，如果每篇错误百出的公文材料都要审核、甄别、优化，心理感受无异于火上浇油——这意味着机关单位的"笔杆子"不仅要改基层单位报送公文材料的内容，还要帮其优化基本格式、处理低级错误……基本格式都不对，内容能专业到哪里去呢？

与之相对，即便所报送的公文材料立意站位不高，语句也不"高大上"，但从形式来看是规整的、正确的、美观的，也有很大的概率脱颖而出。

因此，对于刚刚参加工作的职场新人来说，我的建议是动笔前先联系上级单位的办文部门一次，要一份公文写作规范，严格按照行文规范写报送材料。有的职场新人可能会说，自己任职的单位实在太基层了，基层到能联系的上级单位都没有出台相关的公文写作规范，怎么办？那么，有一个特别简单的办法——收到机关单位下发的通知、方案等文件时，关注一下对方使用的字体、字号等格式细节，模仿参照就可以了。

4.1.2 上级单位需要什么内容

前文讲过，采稿率高低的第二点影响因素是所报送稿件是否满足供需关系。领导交代每周至少报送一篇公文材料时，职场新人的第一反应通常是："怎么办？一周交一篇，这么多，写什么好呢？绞尽脑汁也想不出和上周不一样的内容。"

如果按照这种思路工作，出发点就是错的。因为执笔人在以自我为中心提供稿件，注定不会有高的中稿率。

那么，正确的思路是什么呢？要问自己以下两个问题。

1. 上级领导最近关注的重点工作是什么

上级领导关注的重点工作才是公文材料内容的核心。党委负责决策部署，各单位各部门负责落实执行，机关单位办公厅（室）一定会从领导关注的重点工作出发，综合考量哪个基层单位将决策部署落实得更加及时、更加全面、更加到位。

这时候，有的执笔人会说，我在基层单位工作，根本见不到上级领导，怎么可能知道上级领导最近关注的重点工作是什么呢？

有一个特别简单的方法，即养成良好的工作习惯：**每天上班的第一件事就是看单位内网"领导动态""单位要闻"等板块内的文章**。这些板块中的文章通常由各单位综合部门的"笔杆子"撰写，办公厅（室）负责把上级领导的思路落实到纸面，最清楚最近上级领导关注的重点工作是哪些。在单位内网"领导动态""单位要闻"等板块里，经常有类似表述："××领导出席××会议，提出了三点要求""××领导出席××活动，提出了三点意见"等，这些内容就是上级领导希望各单位各部门做细做实的工作，也是办文部门希望收到的报送材料内容。

【学姐唠叨】

举例说明，如果"领导动态"板块中显示，局长出席××区税务工作暨党风廉政建设工作会议，并发表重要讲话：一是进一步推进智慧税务系统建设；二是进一步强化日常监督；三是进一步提升勤政高效的服务形象。

执笔人写本周报送公文材料时，就可以从这三个点切入，结合所任职单位在智慧税务系统应用、积极开展监督自察、服务企业和群众方面的具体举措成文，可以大大提高采稿率。

2. 最近兄弟单位被选用的是哪方面的公文材料

除了关注"领导动态"板块，执笔人还要勤看"单位要闻"板块，关注兄弟单位被选用的简报材料。如果兄弟单位已经就"如何勤政高效地服务"连续上了两篇简报材料，就要选其他还没有被写的角度，创新选题，避开重复性内容，防止做无用功。

【学姐唠叨】

职场新人特别容易踏入一个误区：领导布置了工作，新建 Word 文档后立刻动笔，不知道写什么才有效，也不考虑写什么才是领导需要的，只有一个念头，赶紧写完赶紧交。没有思路的写作，很多时候都是在做无用功。

4.1.3 动笔前跟上级部门沟通了吗

执笔人在动笔写公文材料前，可以先与上级部门对口工作人员电话沟通，说明我单位准备就××主题写一篇简报材料，介绍一下主要框架，请教上级部门对这篇简报材料选题和角度的意见、建议。对方多少会给一些指点，这些指点，其实就是写稿方向。

完稿后，报送稿件也不是最后一个动作。最后一个动作应该是跟上级部门沟通一下，××材料初稿已经报送，请您查收，如果有修改意见，请您及时反馈。

有机会去上级单位开会或者参加其他活动时，执笔人可以主动到对口部门沟通了解近期的公文材料需求情况。多沟通几次，就与上级部门之间建立了顺畅的交流渠道，如果对方刚好急需一篇反映××主题的简报材料，对其他人员不熟悉，极有可能直接打电话给你进行约稿，那么，你的稿件经过修改审批后，采稿率可能达到百分之百。

此外，除了多与内宣部门沟通，还要和外宣部门建立联系。外宣部门即本单位面向社会公众、对外宣传的职能部门，如融媒体中心、新闻办等。如果所报送的公文材料被外宣部门采用，可能会带来更大的关注度、影响力和社会效应。

【学姐唠叨】

工作之余，我建议职场新人多多参与"学习强国"组织的征文活动，如果所投稿件被采用，能够为本单位工作带来极佳的展示效果。

"学习强国"的投稿路径主要有以下两种。

①学习强国—订阅—添加—强国号/地方平台，可以把公文材料投稿到地方平台，经推荐后有被采用的机会；

②关注"强国征文"信息，积极参与投稿。

很多职场新人与上级部门沟通时存在畏难情绪和社交恐惧心理，这一点需要在工作中慢慢克服，因为克服社交恐惧带来的痛苦，远远小于忙乎了一个月，一篇报送材料也没被选中，被领导训斥的痛苦。

4.2 好不容易成了稿，领导说我写得"虚"

很多执笔人都有一种感觉，即一篇公文材料写完后，自己都不想看第二遍。空洞无物、东拼西凑、车轱辘话来回说……虽然凑了三四页，但把水分挤干后，核心要义只有一段话，这就是没有处理好"虚""实"之间关系的结果。

4.2.1 到底什么是"虚"，什么是"实"

小白写过一篇公文材料，节选内容如下。

一是坚持问题导向，找准服务群众的发力点。多措并举，聚焦群众"急难愁盼"的问题，摸排群众的烦心事、忧心事、揪心事。

二是坚持精准施策，优化服务群众的举措。推动职能部门履职尽责、优化服务、完善机制，切实掌握、及时回应影响群众满意度的各类问题。

三是坚持以人为本，做好新时期群众工作。立足发现问题、补足短板、办好实事，增强群众工作的积极性和主动性，建立问题整改、长效治理闭环，积极作为、靠前服务，帮助群众解决实际困难。

乍一看，感觉这篇公文材料写得还可以，层次清楚、标题工整、句子流畅、文风正式,但是仔细读一遍,会发现内容空洞,看似写了很多字,实际上什么都没写。比如"多措并举",什么举措?不知道。又如"群众的烦心事、忧心事、揪心事",分别有什么?不知道。再如,"立足发现问题、补足短板、办好实事",什么问题?什么短板?什么实事?全都不知道。

总之,如果通篇都是类似的表述,就是写了一堆"正确的废话"。

那么,问题来了,这些句子都选自已发表的公文材料,为什么自己一写就变成了"正确的废话"呢?如何把握"虚""实"之间的关系?

想驾驭虚实,必须知道何谓"虚",何谓"实",我用公式总结如下。

虚 = 主观 + 意义 + 口号 + 道理 + 思路

实 = 客观 + 任务 + 数据 + 事例 + 措施

"虚"是指主观性较强,讲意义、号召、道理、思路、观点的内容,常见表述如多措并举、精准施策、问题导向、找准发力点、优化举措、以人为本、补足短板、长效治理、靠前服务、积极作为等。

列举词汇后,大家是不是发现实例中的片段全都是"虚"式表述?这就可以理解为什么领导对你写的公文材料不满意了。如果领导拿着实例中的公文材料去向上级汇报工作,一定会碰壁、吃灰,因为讲了一堆,也不知道他到底做了些什么。如此一来,这篇公文材料写了还不如不写,不仅徒劳无功,还有可能被领导责骂。

如果只把"虚"的内容罗列在一起,就会出现通篇车轱辘话的问题,满眼都是口号式、动员式、要求式、抽象式、说理式语言,内容空洞无物,要措施没措施、要成效没成效、要经验没经验,既看不到业务成果,又不接地气。

与"虚"对应,"实"是指数据、事例、任务、措施、方法、形式等可以量化、操作性强的内容,比如以下实例。

本期培训以贴近工作实战为主题,按照战训结合、注重实效的原则,邀请××系统的专家、领导授课。参训人员共计140人,涉及单位28家。通过对政治理论、法律法规、执法程序、突发事件应对与处置等课程的学习,参训人员理想信念更加坚定,党性修养进一步增强,思想政治素质和业务技能得到显著提升。

实例中,"邀请××系统的专家、领导""参训人员共计140人""涉及单位28家"等表述和对科目课程设置的罗列是可以量化的"实","理想信念更加坚定""党性修养进一步增强""思想政治素质和业务技能得到显著提升"是对"实"加以升华的"虚",虚实结合,效果尤佳。

总而言之,如果一段话可以一字不差地挪用至其他公文材料中,依然合适,就意味着这段话过于"虚"了,必须着手向"实"的方向调整。

4.2.2 为啥一写就是"流水账"

当领导在稿件上批阅"太虚,内容要实在,措施要具体"时,职场新人通常会吓得瑟瑟发抖,而且一朝被蛇咬,十年怕井绳,转身陷入另一个极端——既然领导不喜欢"虚",我就只写"实"。于是搜肠刮肚,到处收集素材,把能获取的案例、数据都堆砌上去。

只有"实"是什么结果?会写成"流水账",比如以下实例。

在服务群众工作中,我局共计整合二十个服务热线,市民诉求由信息中心向一百五十个街道派单。截至10月底,受理来电二十万次,办理实事十二万件。其中，有的群众因异地问题无法领取养老金，他拨打热线电话求助后，次月，问题就得到了解决，领到了养老金；有的群众所居小区老旧，无充足停车位，拨打热线电话求助后，相关部门立刻采取措施，在道路两旁增设侧停车位……

这种写法，就是把所有"实"的东西罗列在一起，看起来的确做了很多工作，但是既看不到工作亮点和工作思路，也看不到在这项工作的部署推动进程中，领导发挥了哪些主观能动性，有哪些举措是开创性的、哪些举措是值得推广借鉴的。上级领导看完，会有下属"缺少思考，只会干活"的印象。

所以，写得过于"实"也不行。通篇都是"干货"，数据挨数据、实例摞实例、任务接任务，文字会缺少思想和灵魂。

那么，如何正确处理"虚"与"实"的关系呢？可以总结如下两点。

① "实"为主，"虚"为辅。

② "虚"用于提观点，而非凑字数。

【学姐唠叨】

有的执笔人会问："'实'为主，'虚'为辅是原则，那么，这个比例应该怎么安排呢？"对于这一问题，我想说，如果大家试图用比例来确定"虚""实"内容关系，这篇公文材料一定写不好。

"虚"存在的意义是什么？"虚"的内容只能在开宗明义、过渡段、提炼观点时出现，而不是用来"凑字数"。具体的解决方法，可以参考5.2.2小节中讲的"减法"原理。对于"虚"的句子来说，如果没有服务于观点，果断删除。

4.2.3 如何给"流水账"赋予灵魂

"实"是基础,"虚"是灵魂,如何做到两者有机结合?可以应用以下几个技巧。

1. 收集材料前先设计模板

机关单位执笔人写汇总材料时,第一步通常是汇总所有下属单位报送的数据材料。如果按照以下情境中的方式发通知,收集上来的数据材料大概率会五花八门,删除没法用、不好用的内容,可能留不下多少有效材料供整合。

【情境】

领导安排小白撰写廉政文化建设情况汇报,需要各下属单位提供数据材料,小白拟的通知如下。

请各单位就廉政文化建设开展情况报送材料,字数不超过1500字。

如果这样下发通知,对收发通知的双方来说都很不友好。对各下属单位而言,需要按照通知要求写一篇完整的汇报材料,工作负担不小。对小白而言,由于要求不够具体、明确,收集汇总各下属单位报送的汇报材料后,他很容易发现,并没有得到自己想要的干货。

如果换一种形式发通知,一方面,可以为下属单位减负,另一方面,更容易获取小白想要的"实"的数据材料。比如,通知可以如下所示。

请各单位根据廉政文化建设开展情况填写下表（表 4.1）。

表 4.1　各单位廉政文化建设开展情况

内容	形式	数量	简要做法	创新亮点
宣传动员部署情况	制订方案、召开动员会等			
制度建设情况	纳入考核、建立廉政档案、召开述职述廉会议、制订奖惩激励机制等			
教育宣导情况	组织培训、廉政党课、演讲比赛、知识竞赛、书画摄影大赛、观影比赛等			

【学姐唠叨】

正所谓上面千条线，下面一根针。基层单位每日要为各职能部门提供各种数据材料，同时还要做好主责主业，非常忙碌。因此，机关单位负责汇稿的执笔人在要求各下属单位提供数据材料时，应尽量简化要求和内容，能给予简单表格要求对方填数据、案例的，不要要求对方给成型的材料。从成型的公文材料中提炼数据是一件费时费力的事，而且若写公文材料的站位不同，很多"虚"的内容无法直接用，对双方的精力而言都是损耗。

2. 分类提炼观点

执笔人汇总下属单位报送的数据材料后,第二步是对所有数据、事例进行分类,在"实"的基础上提炼"虚"的观点,这个过程也叫"上价值"。

【情境】

> 小白梳理汇总后发现,各下属单位报送的数据材料五花八门,有的组织参观了廉政展览、有的进行了廉政书画比赛、有的举办了廉政知识竞赛、有的筹备了廉政演讲比赛……

如果直接罗列"实"的内容,很容易出现堆砌感,就好像把一堆毫无关联的事物堆在了一起。

这时,需要用几句"虚"的话来总结提炼精华。

比如,汇总材料可以如下所示。

……

三、突出特色,形成自主创新、多点开花的生动局面

各单位立足业务特点,发挥自身优势,积极探索符合实际的廉政文化建设思路,将廉政建设、内控建设有机融合、一体推进。

……

用"虚"的总结,把"实"的内容提炼出来,可以让汇总材料的组织思路更加清晰,领导能更清楚地看到这项工作是否落实、如何落实,以及落实效果。

【学姐唠叨】

为什么是"三、突出特色……",不是一或者二?因为对各单位所落实的具体举措的介绍,通常会放在汇总材料第三点或者第四点的位置。第一点写加强领导、组织保障类内容,为全文定基调;第二点写制度建设情况;第三点或第四点写各单位的工作落实情况,最后一点写成效、创新或亮点做法。

材料写了无数篇，水平提高太有限

小白工作一段时间后，通过查阅书籍报刊、参加培训、琢磨领导给予的指点，写公文材料的水平上了一个台阶，至少可以写出两页的信息简报、五页的工作总结了。但是写了这么多公文材料，他从来没有在征文比赛中获过奖，所写的公文材料也从来没有得到过上级单位领导的批示，至于调研论文，更是连写的机会都没有……

 为什么量变没有引起质变

都说量变能引起质变，但小白一直没有迎来自己公文写作水平的质变，一开始，他以为是自己写的公文材料数量不够多，于是更加拼命地写——信息简报，领导要求一周写一篇，小白一周写三篇。可是，坚持练习半年后，小白依然毫无长进，这是为什么呢？

经验丰富的"笔杆子"都明白一个道理——好的公文材料是改出来的。这个"改"字，有如下两层含义。

1. 善于求助

工作初期，自己水平不行的时候，需要高手帮忙修改，每被修改一次，职场新人都要及时进行复盘，争取对公文材料的逻辑结构、用词分寸有更深一步的理解，只有这样，才会慢慢知道自己哪里写得不好、为什么不好、应该怎样写。否则，学再多的公文写作技巧，依然不知道自己的站位低，低在了哪里；表述不规范，哪个词用得不规范；逻辑不清晰，哪里的逻辑不清晰等问题，只是在一次一次地强化"不正确"。

2. 自我优化

公文写作能力成熟之后，因为已经建立了正确的逻辑体系和思维方式，具备了较高的分析能力和公文审美，执笔人可以尝试自己给自己改稿了，这也叫"精修"或者"打磨"。

我的工作习惯是，在将稿件送交领导之前，把稿件打印出来，自己用铅笔修订一遍，逐字推敲，看看是否有更合适的结构、更新颖的表述，看看哪些表述不通畅、哪些语句的意思不明确，对于拿不准的地方，最简单的确认方法是复制片段后粘贴在网络上搜索，找到相近意思的规范表述。从头到尾精修后，即便达不到"美文"的标准，也至少不会遗留严重问题。

【情境】

小白接到了写一篇动态信息的任务，写完后校稿时，他发现自己对"一行四人"的表述拿捏不准，应该是"一行人"，还是"一行"，抑或是"一行四人"更好？

这类问题，可以通过自己精修稿件来解决。按照 5.1 节介绍的搜索技巧，在网络上搜"省长一行四人""省长一行人"等不同排列组合，看看介绍省部级领导出行的公文材料是如何表述的,就可以找到较准确的答案。为什么要搜索"省长"?因为领导的行政级别越高,相关公文材料的质量和专业度越强。

看完改稿的两个层次后,有的职场新人可能会问:"我觉得自己处于第一个层次,但如果领导的文字水平有限,工作又忙,没人能帮我改稿怎么办?"

我可以分享一个小故事。

前几日,有一位工作不久的职场新人问了我这样一个问题:"今天,市局的领导来我任职的基层单位调研,大大小小的领导包括局长、办公室主任和随行的工作人员,我负责这个座谈会的会务,需要操心写会谈材料的事吗?"

我问她:"你觉得座谈结束后,会谈材料由谁写?"

她说:"应该由那个随行的工作人员写。"

我说:"是的,正常情况下,办公室主任会带一位'小兵'陪同,方便记录座谈情况、撰写上网信息,但这并不意味着,你完全不用管相关事宜。"

一方面,趁着会谈材料还没有上网,职场新人可以抓紧时间自己写一篇,网上刊登了正式过审的会谈资料后,跟自己的稿件对比一下,看看自己在结构规划和语言表述上有哪些问题,这是快速提高自己公文写作能力的渠道之一。另一方面,再有类似的活动,职场新人甚至可以快速写好初稿后,主动向这个随行的"小兵"请教,对方有了基础资料,可以快速对自己的会议记录进行查漏补缺,心里一定会感谢你,沟通得多了,日后联系工作的渠道也会越来越宽。

4.3.2 领导能力不够，如何实现飞跃

我们无法选择自己的领导，就像无法选择自己的原生家庭一样。如果遇到业务能力强、公文写作水平高的领导，是职场大幸，在这类领导麾下工作，他们所做的每一个批注、每一处修改，我们都要仔细研读，争取飞速提高自己的公文写作能力。不过，如果遇到业务能力较弱、不擅长指导公文写作的领导，我们应该怎么办呢？

1. 建立对口沟通渠道

作为执笔人，工作中千万不要怕麻烦，要抓住每一个和上级单位的资深执笔人接触的机会，无论是对方来基层单位调研，还是自己日常报送公文材料。报送公文材料后，要注意跟踪沟通，自己这篇公文材料写得怎么样？哪里不好？如何修改？始终保持积极谦虚的态度，有利于进步、提高。如果没有这样的机会，最简单的做法是，对于同一件事，资深执笔人写公文材料的时候，你同步写，写完后将自己的稿件与上网公文对比一下，就知道自己哪里存在问题了。

2. 积极参与单位组织的各项活动

体制内单位经常组织活动，征文比赛、演讲比赛、报告会、文艺演出等，对于这类活动，执笔人要积极参与。有些执笔人可能认为参加这类活动和提高公文写作能力没有关系，殊不知参加活动的意义远远大于参加活动本身——多多参加活动，有机会认识其他单位的执笔人，日后可以交流同类公文材料的写作经验；参加活动后，组织活动的部门会对执笔人报送的活动总结材料进行精修，精修打磨的过程有助于提升公文写作能力；多

参加一次活动,能多结识一些活动组织者,这些同事通常是各个单位最优秀的"笔杆子",主持词、领导致辞、活动展厅内容、活动总结报告等公文材料大多出自他们之手,多收集、整理素材,日积月累,会自然而然地了解上级单位对公文水准的要求。

3. 拜师本单位排名第一的"笔杆子"

有的职场新人常抱怨自己所处的平台小、人员少、事务性工作多,会写公文材料的同事少得可怜。但是,作为职场新人,再小的单位里也有比你写得好的老同事。如果你做不到自己就是本单位排名第一的"笔杆子",就向排名第一的同事拜师学艺,他更了解单位的历史沿革、领导的喜好风格,在多年的工作中,一定积攒了很多成型的素材,这些都可以成为你下一次写公文材料的基础资料。

第5章

苦心修炼，终于拥有"葵花宝典"

层层进阶后，小白终于对写公文材料建立了一点感觉。这个感觉的建立，来自反复修改的折磨、踩坑、返工、加班，也来自对写作实践的分析感悟。写好公文材料，不是没有章法，只是这个章法的获得过程非常艰辛。漫漫长征，少走一步路都无法抵达目的地；万丈高楼，少添一块砖都做不到傲视群雄。

5.1 原来，材料高手都有自己的"兵器库"

每年年底，负责公文写作工作的执笔人都压力如山，因为年底的公文写作任务特别重，不仅需要写当年的工作总结、年度述职，还要写次年的工作思路、年度民主生活会发言稿、新年致辞等。同时写几篇公文材料的时候，一定要分清主次。对于一些重要性相对较低的公文材料，比如新春慰问活动的讲话稿，可以通过检索的方式，找一些成型的模板，把本单位的工作融合进去。

那么，问题来了，如何才能检索到优质公文呢？

5.1.1 建立搜索意识

"建立搜索意识"是我在本书写到一半时，跟一位参加工作不久的同事沟通完公文材料的问题后增加的一节内容。在这位同事动笔写公文材料前，我已经跟她讲过常见的搜索素材的方法，但是我看完她写的初稿后，明显感觉素材占有不充分，为了凑篇幅，很多地方都是车轱辘话来回说。

我问她："我之前不是给你讲过搜索素材的方法吗？"她回答道："可是……我发现真正的问题是我连搜索的意识都没有。领导给了我一些基础资料作为参考，我就一直在整合资料，忘记了搜索素材这回事。"

这件事情让我意识到，对于"零基础"的职场新人来说，建立搜索意识才是占有素材的起点。那么，为什么要建立搜索意识？建立搜索意识后，又该如何实操呢？

1. 动笔前先搜索

无论领导给了多少基础资料作为参考，大概率都是过去用过的，照搬照抄很可能会出现数据过时、文风老旧等问题。在这种情况下，职场新人占有的素材是不够的，必须勤于搜索，动笔之前，先找一找有没有最新、最契合主题的可用素材。

2. 用微观搜索取代宏观搜索

计算机这一搜索工具、互联网这一搜索平台，对大家来说都是一样的，为什么有的人能搜索出很好用的素材，有的人却搜索不出来？这是因为很多职场新人的搜索方法是"宏观搜索"。所谓"宏观搜索"，就是领导让写一篇党建工作总结，职场新人就直接在搜索框里输入"党建工作总结"几个字。

真正有效的搜索是"微观搜索"，比如某两个标题对仗不够工整，需要换个词语，可以用已经确定的词语去搜索，找到最契合的同义词、近义词；又如某段内容需要写培训方式的亮点，可以用"培训经验"或"培训亮点"几个字进行搜索，找到最具针对性的素材。

微观搜索，能让每个词、每段话都拥有海量的可参考素材。俗话说，巧妇难为无米之炊，在最大程度占有素材的基础上，我们才有足够多的"米"，来做好吃的"饭"。

5.1.2 用 site 指令、政务号精准搜索

继续 5.1.1 小节的话题,我们来讲一讲具体的搜索技巧。

比如,单位最近的重点工作是"党建文化",领导要求小白写一篇有关党建文化的简报材料,如果小白直接用百度搜索,很可能会搜索出很多新闻报道或者百家号文章,这类文章的写作风格和公文材料的风格要求是截然不同的,很难为我所用。因此,学会使用基础的搜索指令尤为重要,接下来,我介绍两个精准搜索技巧,供大家参考。

1. 使用 site 指令精准搜索

使用计算机进行网络搜索时,site 指令非常好用,可以做到指向明确,精准搜索。

> 【学姐唠叨】
>
> 使用 site 指令精准搜索"党建文化"相关素材,可以通过以下步骤进行。
>
> ①打开百度页面。
>
> ②在搜索框内键入"党建文化 site:gov.cn"。

我们都知道,"gov"是政府网站的缩写,这个简称可以被替换,比如替换为"党建文化 site:people.com.cn"(人民网)、"党建文化 site:xinhuanet.com"(新华网)、"党建文化 site:qstheory.cn"(求是网)、"党建文化 site:dangjian.cn"(党建网)……

这些网站都是学习公文写作的常用网站，精准搜索的效率，比在网络上大范围搜索的效率高得多。

如果记不住 site 指令，还有一个同类技巧：单击百度首页右上角的"单击设置"—"高级搜索"按钮，可以实现同样的搜索效果。

2. 使用微信搜索政务号材料

如果忽略微信的搜索功能，就错失了一个素材宝库。随着微信的广泛使用，各行政部门、企事业单位都运营了自己的政务号，政务号中推送的公文材料，大多是非常完整、好用的成型素材。那么，如何使用微信搜索呢？

【学姐唠叨】

使用微信搜索"党建文化"相关素材，可以通过以下步骤进行。

①打开微信，单击界面右上角的放大镜标志。

②在搜索框中输入关键词"党建文化"。

需要注意的是，目前，很多政务号喜欢用图片的形式发布文章，仅用关键词搜索是搜索不到的，这时，我们可以在搜索框中输入"'一张图'+关键词"完成搜索，往往能搜索到理想的素材。

使用以上方法搜索出的结果基本是各基层党政机关政务号中的公文材料，质量非常高。日常工作中，一定要学会活用这个搜索路径，如果有多个关键词，搜索时可以用空格将多个关键词隔开。

> 【学姐唠叨】
>
> 选取正确的搜索关键词非常重要。
>
> 如果写工作总结,最好不要把"工作总结"四个字作为关键词,因为搜索范围太广,很难找到合适的素材。实际搜索中,可以进行"分段式搜索",比如所写第一段内容的核心要义是"统一思想",那么就搜"统一思想"四个字;第二段内容的核心要义是"培训亮点",那么就搜"培训亮点"四个字,以此类推。

5.1.3 学习上级单位下发的文件

通过各种途径收集的素材再多,也不如自己所属单位的上级单位下发的公文材料切合实际、值得学习。除各部委及公司总部外,各单位通常都有纵向垂直对应的上级单位,在日常工作交流中,执笔人尤其需要注意与上级单位的对接人建立良好的互动关系,对于上级单位下发的通知、讲话及各类文件,要及时领会、学习,其中,尤以第一段内容最为重要。

第一段内容通常如下:

××单位始终以习近平新时代中国特色社会主义思想为指导,深入贯彻党的十九届五中、六中全会精神和"十四五"规划要求,全面落实党中央、国务院的重大决策部署,围绕准确把握新发展阶段、深入贯彻新发展理念、加快构建新发展格局,进一步聚焦服务国家发展大局,按照××

单位中长期战略规划，各方面工作取得重要成效。

这就是我们俗称的公文的帽段。对于本单位工作来说，上级单位下发文件中用的帽段是与本单位最匹配，且最准确的。

这个帽段之所以难写，是因为作为基层单位的公文写作人员，在走向领导岗位之前，很难有机会参加高级别会议，即便直属领导传达了会议精神，通常也只是把最核心的工作部署下去，上级党委重要讲话的全文及重要观点，普通员工很难获取。

为了把帽段写出高度，有的执笔人会从网络上或者《人民日报》等官媒中抄一段内容。但是，《人民日报》是面向全国的，它刊登的文章站位极高，且非常宏观，如果将其中的内容硬套用在一个基层单位的公文材料中，没有与本系统、本单位的业务工作相结合，会显得非常脱离实际。

比如，小白在基层单位工商所工作，那么，单位报送的公文材料中，最贴切的帽段应该来自区工商局下发的文件，因为区级办公室的工作人员会经常跟随领导参加本系统会议，能够掌握最新的指示精神，直接借鉴这一级文件的帽段内容，相对来说是最准确的。

如果没有上级单位下发文件的帽段可借鉴，怎么办？

执笔人可以尝试从宏观上了解从中央到省市的各级重要会议，查阅本系统党委领导最近半年出席了什么活动、参加了哪些会议、提出了哪些新的指示精神和工作部署。广泛浏览内网后，大概率能梳理出一些核心内容，加以总结即可。

千万别小瞧公文材料的帽段，虽然只有短短几行字，想要写得准确且落地到本单位，可能要耗费一整天的时间。

因此,与垂直对应的上级单位对接人保持积极沟通非常重要,你可以由此快速获得最准确的帽段内容,这类素材足以成为你的素材库中最重要的素材。此外,通过与上级单位的对接人沟通,你可以轻松地了解本单位报送的公文材料的质量排名,以及与兄弟单位报送的公文材料相比,有哪些优缺点,如果上级单位的对接人愿意将兄弟单位报送的公文材料(脱敏后)分享给你,你将在写公文材料的过程中更加得心应手。

5.1.4 研读兄弟单位递交的材料

所谓兄弟单位,指的是横向平行关系的同类单位,比如市局下设的各个区县分局。对于执笔人来说,如果你负责 A 区的宣传工作,就可以借助参加工作会议、交流学习的机会,结识 B 区、C 区的同岗位工作人员。这类似于你们是一个班的同学,每天要完成同样的作业,学霸之间加强交流会提高彼此的学习成绩;同窗之间加强沟通,更容易了解自己写的公文材料在"公文材料池"中所处的位置。

比如,上级单位让各局长就 ×× 专题工作做一次座谈交流,作为本单位的"笔杆子",你需要为领导准备一篇座谈交流发言稿。如果此时,你与兄弟单位中负责同样工作的工作人员关系不错,你就有可能及时了解兄弟单位准备到了什么程度。

当然,别人不一定会把本单位的发言稿内容分享给你,但是简单的沟通交流还是有可能的,比如让你知道他们的重视程度、发言稿写了多少页、是否组建了写作专班等。如果你获取的信息是五个兄弟单位都准备了十页发言稿，那么说明各单位的领导都非常重视此次座谈交流，这时，如果你只准备三页发言稿，你的领导就会比较尴尬，可能需要在座谈交流上即兴发挥一部分内容。

这里有一个工作常识，即对于座谈交流发言稿这类公文材料来说，宁长勿短——你可以多为领导准备一些内容，让他从中挑选着用，切忌可丁可卯地准备，毫无富余。因为如果你准备的内容不够详尽，或者没有准备关键数据，领导想现场发挥也无从下手，只能讲一些务虚的话支撑，如果上级领导不满意，领导必然会把怨气发在你身上。

因此，多与兄弟单位的同岗位工作人员交流，既能让你学习到优秀的经验、做法，也能让你及时知道对方对各项工作的重视程度、组织形式，便于你做出正确的决策，并进行合理的工作安排。

5.1.5 深挖本单位的宝藏资料

本单位的内网、单位订阅的报纸杂志同样是公文材料素材的重要来源，接下来我们就聊一聊相关使用技巧。

1. 深度浏览、学习本系统各单位的内网信息

体制内单位通常有自己的内部局域网，简称"内网"。内网上有本单位、本系统各单位上传的海量公文材料，是一个充实"兵器库"的宝藏来源。那么，我们应该如何充分地使用内网信息呢？

建议大家养成每周五整理本单位及上级单位所发信息的习惯，具体做

法如下。

第一步,浏览"领导动态"及"单位要闻"板块,即网站上位置最靠前的两个板块,通常用于发布领导主持会议、出席活动的信息。快速浏览此类信息时,如果看到领导提出了重要的观点和指示,要及时摘录并整理出来。

第二步,浏览与本单位相关的其他板块内容。看到好的公文材料结构、标题、开头、结尾等,分门别类地保存下来。

第三步,浏览上级单位及其他兄弟单位的网页,具体做法同第二步。

每周五按照这三个步骤勤于学习、整理,只需要半年时间,你的"兵器库"就会充盈起来。与此同时,你与领导的想法会更加同频,你写的公文材料会更符合领导及上级单位的需要,这是因为,通过整理内网信息,你对当前单位领导班子的工作思路、工作风格、重点工作内容越来越熟悉。

2. 每天固定时间浏览先进省市的内网信息

我曾经遇到一个非常优秀的年轻领导,他每天中午都不休息,固定做一件事,即浏览平行省市单位的内网。在机关单位工作,想不断地为活动赋予创新点是非常困难的,有一次,单位要开展一个创新活动,领导说,你去看一下××市××区的内网,他们的活动开展得非常好,我们可以学习一下。

当时,我非常惊讶,因为这个区县很不起眼,领导是看了多少省市单位的内网,才能注意到这么小的区县做的一个创新活动呢?后来,我也学会了这个方法,一有空闲,就通过内网的全国导航,浏览全国大小省份、城市、区县相关单位的内网信息,了解更多单位的活动方式、创新经验。

比如，小白是工商税务系统的工作人员，可以锁定行业领先的前十个省市、区县，多多浏览这些省市、区县相关单位的内网。很多全国性工作是同时部署的，看一看其他省市、区县的单位是怎样开展相关活动的，会获得很多非常具有启发意义的点子，在此基础上，结合本单位的实际情况做出方案，进而推广执行，很容易出彩。

3. 整理行业报刊、专业书籍

如果你所在的单位层级较高，那么，你写的公文材料必须要有更高的站位和标准。换言之，普通的"花拳绣腿"，不足以支撑你的公文材料。层级越高的单位，执笔人落笔的每一句话越要经得起推敲。那么，这类"高端兵器库"应该怎样扩充呢？

高端的素材来自专业。

每个单位都会订阅经典报刊，比如《人民日报》《求是》等，此外，还会订阅一些行业报刊。有些执笔人可能会觉得阅读单位订阅的报刊比较枯燥，但如果想把公文材料写精、写专，必须经过长期、持续的打磨和学习。

每天固定时间把这些报刊迅速浏览一遍，将与本单位工作相关的内容、新的观点、惊艳的标题结构整理下来，做成电子文档，接到急、难、重的长篇材料写作任务时，翻一翻"高端兵器库"，很容易搭建公文材料的骨骼。

5.1.6 整理领导的批注意见

前段时间，我的好朋友的孩子被借调到上级单位工作，领导给他布置的第一个工作任务就是整理上级领导在文件上签批的意见。因为上级领导写得比较"草"，小男生实在看不懂，便找我帮忙辨识一下。这孩子一边给我翻文件,一边抱怨:"实在不知道整理这些意见有什么用!"

关于"为什么我写的东西,领导始终不满意?""为什么无论我怎么改,都改不到领导认可的程度?"等问题,有的职场新人始终找不到原因。究其根本,可能是因为他们从来没有试图去理解过领导的工作风格和工作思路。对于刚参加工作的职场新人来说,工作中接触到的,大部分是自己的上一级领导,因为缺少与高级别领导的直接交流,因此,高级别领导在文件上签批的意见,是职场新人获取正确工作思路的直接来源,值得好好揣摩、研究。

1. 理解用词

领导的批注是最好的学习资料。对于职场新人来说,领导一般会在前几次指导过程中,对你常用的稚嫩表述进行删减修改或者圈批,这里要记住,每一次被批注后,不要再犯同样的错误。

【学姐唠叨】

对于"如何开展共青团活动"这一主题来说,校园通讯稿写法和公文写法截然不同,我们通过实例感受一下。

校园通讯稿写法: 成立专门的领导小组,成员包括团总支负责人、活动策划、活动执行人员,从根本上重视活动的开展。

公文写法: 加强组织领导,成立工作专班。总部成立了由××书记担任组长,××、××、×××为小组成员的工作专班,为进一步统筹推进工作提供了有力的组织保障。

职场新人要反复揣摩领导的批注，强化学习各种简单句式的表达特点，逐步找到公文写作中文字的风格和"感觉"。

2. 理解站位

领导看一篇公文材料，最关注的是公文材料的站位是否准确。同样的工作内容，如果汇报材料的高度拔不起来，很难被上级领导关注到。

站位是什么？比如，为小学组织开展社团活动写汇报材料，如果站位是丰富小学生的业余生活，就不够高。开展社团活动，丰富小学生的业余生活是直接意义，更高的意义是落实"双减"政策、关注儿童身心健康。执笔人切记，写公文材料时，站位不应仅体现本单位、本部门的具体工作，更应体现落实上级指示时的执行力度和责任担当。

举个例子，如果小白报送给领导的公文材料中有这样一段文字："做好中小企业服务工作，颁布实施××措施，解决××问题……"领导反馈时给的批注是："要体现贯彻落实《关于促进中小企业健康发展的指导意见》的情况，以及纾困帮扶政策的实施情况。"意味着什么？意味着整篇公文材料的站位低了，没有体现党委班子对此项工作的重视程度，领导不满意。

遇到这样的情况，下次再跟领导"过招"时，就要非常留意同类问题。领导在批注意见中明确提出问题，意味着这个问题很严重，不要再次出现。

3. 理解逻辑

在我写公文材料的生涯中，最害怕的是什么？最害怕的是领导的批注意见反馈回来后，整篇公文材料被画"花"了——这意味着整篇公文材料的逻辑结构有问题，一定要做"大手术"，熬夜加班在所难免。什么时候，领导会对公文材料进行大篇幅地批注调整？有逻辑错误的时候。

举个例子，领导让小白写一篇关于各区文明创建工作开展情况的汇报材料，从字面意思出发，小白的写稿逻辑可能是抓紧时间通知各区的公文材料负责人写各自的汇报材料，报送后再做汇总。汇总时，如果小白按照A区做了××、B区做了××、C区做了××的逻辑去写，写完的汇报材料大概率会被退回。

如果在退回意见中，领导批注："提炼各区优秀做法，对典型经验给予肯定。"小白应该如何理解呢？这句话是在告诉小白，汇报材料的逻辑错了，领导的逻辑是将汇报材料分为四个部分，分别为"部署情况""具体举措""实际成效""亮点经验"，在每个部分的结尾处，最好点缀一两句，比如"A区首创性推出了××举措"。

这就是通过领导的批注意见参透其深层次思路的思考逻辑。

5.2 把材料写好的七个技巧

公文写作到底有没有技巧可言？按照我的理解，所谓"技巧"，是在长期训练过程中形成的工作习惯。很多工作习惯是在偶然中形成的，可能刚好你遇到了好领导、刚好有高手指点了你、刚好你阅读了所需要的书、刚好悟出了某些道理……这些偶然的叠加，帮助每位执笔人形成了自己的写作系统。因此，与其说是"把材料写好的七个技巧"，不如说是我在长期摸索过程中总结的工作经验。能够让零基础的职场新人少走一些弯路，从起步起就明确努力的方向，这些"技巧"就拥有了更大的意义。

5.2.1 美人技巧，鉴别好材料，再学习

古人用来形容女性之美的词句很多，比如"增之一分则太长，减之一分则太短"，或者"多一分则肥，少一分则瘦"，美文同样如此。有职场新人曾经问我："从零开始，应该怎样提高公文写作能力？"我问他："你现在的基础是什么？"他挠挠头，说："我的基础就是我不知道自己写得好不好，也看不出别人写得好不好……"

这个答案刷新了我对"从零开始学公文写作"的认知。这个"零"定

位在哪里？原来不仅是不知道如何设置文档格式、如何使用标点符号，还有更低的起点，即不知道自己写得好与坏、不具备识别美文的能力。

那么，如何识别一篇优质公文，又如何借鉴模仿呢？

1. 收集上级单位下发的各类文件

如果不知道什么样的公文是优秀公文，可以看看上级单位下发的、让各个基层单位组织学习的文件，对于尚不了解本单位业务的职场新人来说，上级单位下发的各类文件是能够学习的最好素材。

如何获取这类优质公文？有两个途径可以参考。

（1）上级单位下发的公开文件

上级单位通过内部办公系统下发的通知、决定、表彰、奖励等篇幅较短的公文材料，是相对基础的学习资料。优点是容易获取，缺点是内容简单。如果作为日常练习素材，非常值得收集、学习；如果想进阶提升，尤其是提升驾驭长篇材料结构和立意的能力，可借鉴的内容并不多。

（2）领导参会带回的会议文件

领导参加上级单位组织的重要会议时，通常会领取一套会议文件，比如当天参会的高级别领导的讲话稿、新一年的工作思路、党委年度总结等。这类会议文件是非常好的学习素材，如果没有设定密级，职场新人可以主动找领导借阅。

这类会议文件的篇幅较长、结构工整、用词严谨，既有形式，又有内容，尤其是年度总结和下一年度的工作思路，通常是上级单位办公厅（室）牵头组建写作专班，几个"笔杆子"联手撰写的，质量非常高。

> 【学姐唠叨】
>
> 　　工作中,职场新人千万不要等着领导主动找你、安排你学习各类文件。领导要参加的会议很多,一般是没有精力把文件逐一安排给新人学习的。作为部门员工,大家可以通过很多渠道了解领导今天参加了什么会议,自己要做个有心人,等领导回来,主动把会议文件借过来学习一下。

2. 遮盖原文,仿写并对比

　　拿到优质的会议文件,比如拿到领导讲话稿后,应该如何加以利用、学习呢?我给大家一个建议:首先,从第一段开始,看完主要意思后,把文件内容遮住,自己写一遍;然后,对照文件原文,看看自己哪里多了一个"的"、哪里多了一个"关于"、哪里表述不清、哪里的表述过于口语化。通过对照,大家会发现,这些会议文件完全符合"多一字则肥,少一字则瘦"的标准——删除一个字,句子会缺少主谓宾等成分,成为病句;增加一个字,会有画蛇添足之感,对意思的表述没有太大意义。**动无可动,改无可改,就是一篇优质的公文。**

5.2.2 减法技巧,删减仍通顺,果断删

　　减法技巧是我在写任何类型的公文材料时都会使用的一个技巧,使用这个技巧,能让句子变得干净、利索。即便是为公众号这类相对自由的自媒体平台写稿,我写完后也会删减一遍。

不过,在撰写本书的过程中,在很多职场新人的建议下,我做了相反操作——尽量写得详细一些。因为公文写作技巧本身是偏"虚"的内容,高度依赖对"感觉"的掌控,如果把书稿用减法做提炼,其中的技巧分析过程会比较晦涩难懂。

因此,如果不是出于"事无巨细"的目的,建议大家学会使用减法技巧。给公文材料做减法,具体分为两个步骤。

1. 给段落做减法

给段落做减法,就是通读全文,看每一段的内容和小标题是否匹配,如果不匹配,马上反查是小标题的问题还是内容的问题。如果小标题无误,结构是正确的,内容纯粹是为了凑字数,那么要果断删除重写。这时候,会有执笔人觉得非常可惜——好不容易把公文材料凑出来了,一下子删除几百字,太舍不得了。没办法,想写好公文材料、打好基本功,就要有这种敢于"壮士断腕"的魄力。

2. 给句子做减法

给句子做减法,就是逐句反查,不断地问自己:"这个内容可不可以删除?"如果删除后,句子依然通顺、意思表述依然清晰,果断删!

有了这一步,才能逐步写出"多一分则肥,少一分则瘦"的优质公文。

接下来,我们以小白的初稿作品为实例,进行分析实操。

【初稿】

2022年,校团委紧密围绕学校的整体规划,根据学生特点而开展自身工作。

在为此实例做减法的过程中，尝试问自己以下几个问题，一点一点地梳理思路。

① "学校的整体规划"这几个字中，哪些字可以删除？删除"学校"后句子就不通顺了，但是"的"字可不可以删除？删除后变为"学校整体规划"，好像还可以。"整体"可不可以删除？删除后变成"校团委紧密围绕学校规划"，"学校规划"感觉像是在做工程建设，意思变了，因此"整体"不可以删。

② "根据学生特点而开展自身工作"这句话里哪些字删除后句子依然通顺？删除"而"字后句子会变成什么样？"根据学生特点开展自身工作"，是通顺完整的。"开展"不可以删，删除"自身"后句子会变成什么样？"根据学生特点开展工作"，通畅完整，且没有改变原意。

按照这个思路删减后，句子会变成什么样呢？

【修改后】

2022年，校团委紧密围绕学校整体规划，根据学生特点开展工作。

这样修改后，句子干净了很多，但是大家读起来是不是感觉差一些力度？这是为什么呢？

因为句子出现了头重脚轻的问题。如果句子的结构是"×××××××××××××，××××"，就会带给读者头重脚轻的感觉，因为尾部没有支撑起来。反之，如果句式是"××××，××××××××××××"，领导读起来就会舒服很多。那么，上面这句话怎样修改为"头轻脚重"的正确结构呢？可以为后半句加内容，使之更充实。

【修改后】

2022年,校团委紧密围绕学校整体规划,结合学生特点,积极探索服务学生的有效途径和手段,推动我校共青团工作不断前进。

这就是长长短短、错落有致的公文语句。

接下来,我们再看一个相对较长的初稿实例,强化分析思路。

【初稿】

为了进一步提高加大打击电信网络诈骗力度,筑牢全局职工反诈"防火墙",守好群众"钱袋子",大美市税务局积极开展"国家反诈中心"APP推广安装注册工作。工作组手把手一对一向每一位干部职工宣传"国家反诈中心"APP的功能模块、安装步骤、注册方式和重要意义。目前,全局全体干部职工132人,已全员下载"国家反诈中心"APP,安装并完成实名注册,全面提高了全局干部职工防范电信网络诈骗的意识,得到不同组织部门领导和同事的一致认可。

按照同样的方法,进行逐字排查、删减,因为初稿实例较长,我们借助表格呈现分析过程,以便更加清晰易读。分析过程及删减结果如表5.1所示。

表 5.1 材料删减分析

原文	分析	删减后
为了	用单字"为"是否通顺？如果通顺，果断删除"了"	为
进一步提高加大打击电信网络诈骗力度	①"提高"和"加大"语义重复，保留一个即可 ②"打击电信网络诈骗"不是税务局的主责工作，可以修改为"防范"	进一步加大电信网络诈骗防范力度
筑牢全局职工反诈"防火墙"，守好群众"钱袋子"	初稿中安装"国家反诈中心"APP属于单位内部工作，和群众的"钱袋子"并无关联，后半句可以删除	筑牢全局职工反诈"防火墙"
大美市税务局积极开展"国家反诈中心"APP推广安装注册工作	"推广安装注册"其实就是推广并安装、注册的过程，三个动词并列，显得冗长啰嗦。如果把步骤写全，甚至需要加上"下载"的动作，即"推广下载安装注册"。其实，"注册"的前提是"下载并安装"，因此只保留前后两个步骤即可	大美市税务局积极开展"国家反诈中心"APP推广注册工作
工作组手把手一对一向每一位干部职工宣传	这句话中连续写了三个"一"，读起来会有重复感。"手把手一对一"过于细节化，删除对主旨意思并无影响，因此可以果断删除	工作专班详细介绍（了）
"国家反诈中心"APP的功能模块、安装步骤、注册方式和重要意义	①前文已经列示APP全称，第二次提及可以使用简称，比如反诈软件 ②"功能模块、安装步骤、注册方式和重要意义"这句话的表述有两个问题：一是过于细碎，功能模块、安装步骤和注册方式都是操作层面的问题，可以用一个词语概括；二是重要意义等"价值类"表述要放在操作使用等"实用类"表述的前面，即"虚"在前，"实"在后	反诈软件的重要意义和使用方法

续表

原文	分析	删减后
目前,全局全体干部职工132人,已全员下载"国家反诈中心"APP,安装并完成实名注册	①一句话中出现了三处"全",删减两处保留一处即可 ②补充数据,进一步提高公文质量	目前,全局132名干部职工均已完成软件注册工作,实现注册率100%的目标
全面提高了全局干部职工防范电信网络诈骗的意识	①再次出现"全面""全局"等表述,前文中已有类似表述,这里可以删减 ②对于活动的意义,可以补充更多的叙述	全面增强了职工的防范意识,提升了防范能力
得到不同组织部门领导和同事的一致认可	①这句话本身表述就比较啰唆,"不同"删除后依然通顺,可以删除;"组织""部门"删除后依然通顺,可以删除,也可以修改为"受到各级领导的一致肯定" ②这段话的落脚点如果放在"得到领导和职工的认可"上,会有"轻飘飘"的感觉,压不住整段内容的气势,那么这句话删除是否影响整段意思的表达?并不影响,因此可以果断删除	—

按照删减法则,逐字分析,做减法,得到以下更加精练的内容。

【修改后】

为进一步加大电信网络诈骗防范力度,筑牢全局职工反诈"防火墙",大美市税务局积极开展"国家反诈中心"APP推广注册工作。工作专班详细介绍了反诈软件的重要意义和使用方法。目前,全局132名干部职工均已完成软件注册工作,实现注册率100%的目标,全面增强了职工的防范意识,提升了防范能力。

5.2.3 复核技巧，切忌"一字毁所有"

按照上述步骤做完减法后，执笔人可以稍稍松一口气，公文材料基本组织完成，烧脑的过程结束了！但这时候，还不能彻底放松，一定不要忘了最后一步——复核。

辛辛苦苦写公文，一个错字毁所有。 如果公文材料中出现错字、别字、漏字这种低级错误，那真的可以说是以一抵百——一个低级错误，会抵消数百个日日夜夜辛苦码字、学习的成果。

但是问题来了，很多执笔人没有领导职务，没有下属可以帮忙复核稿件，同事们各自忙于自己的工作，即便愿意帮忙，也没有时间逐字仔细复核，如何依靠自己的力量发现稿件中的低级错误呢？

介绍正确的复核步骤之前，我强调一个重要原则：切忌对着电脑用眼睛检查稿件，这种方式会"坑"到你。因为用眼睛浏览屏幕存在跳跃性，在频繁跳字的情况下，是很难看出错字、别字、漏字的。

正确的复核步骤是什么？

1. 将稿件打印为纸质文档

千万不要偷懒，一定要打印出纸质文档。将纸质文档拿在手上进行复核，和用眼睛浏览电脑屏幕是两种截然不同的感觉。这也是为什么职场新人对着电脑屏幕检查十遍，不及领导拿着纸质文档看一遍发现的错误多的原因。

2. 拿出铅笔修改

复核稿件时，要养成手不离铅笔的习惯。为什么是铅笔，不是中性笔或者钢笔？因为铅笔的字迹颜色是灰棕色，能够和黑白打印的文字区分开。如果用黑色中性笔或者钢笔做标记，勾画后会有满目凌乱的感觉。此外，铅笔笔迹是可擦的，如果在哪里做了错误的标注，可以随时修改。

3. 出声音、有感情地朗读

为什么一定要出声音、有感情地朗读？因为出声音、有感情地朗读时，眼睛浏览文字的速度会在无形中降低，不会跳字、每个字都能看到的概率更大。此外，出声音朗读的过程，能够帮助执笔人发现文字表述中的拗口之处，如果执笔人读自己写的稿件都会卡壳、结巴，那么领导读起来会更加难受。因此，出声音朗读的目的，一是逐字挑出错误；二是捋顺拗口的句子。

4. 导出 PDF 版本到手机

基本内容定稿后，在遵守内部文件管理规定及保密管理规定的前提下，可以将稿件导出为 PDF 版本的文件，发到手机上再复核一遍，这时，往往会发现很多使用电脑屏幕浏览时发现不了的小错误。这是为什么呢？因为手机的屏幕更小，大多数人的目光可以覆盖整个屏幕，对稿件有整体的驾驭感。为什么在电脑屏幕上很难看出错误？因为目光所及之处只是稿件的一域。

这个方法，强烈推荐经常写错别字的执笔人尝试使用！

5. 隔天再复核

完成前面几个步骤，达到定稿阶段后，第二天上班时要再次复核。经过一晚上的休息，大脑会更加清醒，隔天再次复核，也许会发现一些完稿后立刻复核未能发现的问题。

> 【学姐唠叨】
>
> 为了省事，有一部分执笔人会使用朗读软件，把文字转化成语音，让朗读软件朗读给自己听，看看哪里多字、漏字，或者句子不通。我建议大家慎用这种方法，因为体制内公文均为内部文件或涉密文件，上传至第三方软件后，存在泄密风险。
>
> 只要严格按照前面五个步骤进行复核，基本可以保证稿件中不会有明显的纰漏。

5.2.4 换位技巧，站位高度不难提

很多执笔人在写公文材料的征途中，遇到过所交初稿被领导退回的情况，被退回的稿件上，领导常常会批注一句"要提高站位"，让执笔人苦恼不已。还有一种情况，即领导没有签批意见，但看到稿子就摇头。摇头意味着什么？意味着领导不知道该从哪里下笔改，整篇稿子的感觉都不对。何谓感觉不对？就是领导也说不清楚有什么问题，但就是觉得不像是自己应该去读的讲话稿、去做的报告。出现这种情况的重要原因之一，就是稿件的高度没有拔起来，也就是说，执笔人给局长写的稿件，站位是处长的层面；给处长写的稿件，站位是科长的层面。

有些执笔人看到这里可能会疑惑，作为一名普通的基层公务员，我又没当过领导，怎么会写站位那么高的公文材料呢？想提高公文材料的站位，可以尝试以下两种方法。

1. 尝试角色代入

何谓角色代入？分为两个层次，向上代入和向下代入。

向上代入，就是为哪个领导写稿，就把自己假想成哪个领导。这个假想，不是假装想象，而是把桌面收拾整洁，倒一杯水，坐在办公桌前，端正坐姿——此时此刻，你就是领导本人。在心里进行角色代入有什么好处？能让你敢于下笔，不会怯懦。

小白曾给局长写讲话稿，初稿中有如下一句话。

【初稿】

下面，我就近期的重点工作谈几点建议，供大家参考。

作为读者，读完这句话，大家是不是能够很轻易地发现奇怪之处？但是，作为作者，在写这篇讲话稿时，小白是没有感觉的。

怪在哪里呢？局长是单位"一把手"，需要有威严，做出的部署、指示，各个部门是需要不折不扣地落实的，怎么能出现"建议""供大家参考"这类表述呢？落实情况是要接受严格考核的，若落实不力，是会被追责的，所以没有"参考"的空间。

当小白代入角色，假想自己就是单位的"一把手"时，这句话他会改成什么？

【修改后】

下面，我就近期的重点工作谈几点意见。

这样写，满满的威严感就有了。

除了向上代入，还可以尝试向下代入。所谓向下代入，就是把自己想象成听所写公文材料的对象。比如在写讲话稿的时候，把自己想象成稿中要求的执行者，问问自己能不能听懂、能不能落实、时间是否合理、任务是否过重、考核是否过于严苛、是否考虑了基层单位的实际情况等，代入角色后，才能和稿件的目标受众共情，写出更符合实际需求的公文材料。

2. 明确各级领导的职责

如果问你，能否讲清楚科级、县处级、厅局级领导的职责划分，大多数人能讲出一些内容，比如厅局级领导需要在宏观层面部署工作；县处级领导如果担任职能部门的"一把手"，负责分管更为具体的业务工作；正副科级领导则负责带领本部门做好执行工作……但是，落笔写公文材料时，很多执笔人就把各级领导的职责抛在了脑后。

原因是什么？是思考方向反了。从写公文材料到考虑职级内容，和从考虑职级内容到写公文材料，这是两个不同的思考方向，写出来注定有截然不同的效果。

从写公文材料到考虑职级内容，意味着从公文材料出发，去对应领导的职级——一个工作布置下来，赶紧看看手头有没有现成的素材，如果刚好有，不管合适不合适，立刻拼出来一个差不多的稿件交上去。

从考虑职级内容到写公文材料，意味着先考虑领导的职级，再组织、撰写公文材料，即先思考领导是什么级别、职责定位是什么、手里素材的高度能不能匹配领导的职级，再从职级需求出发组织、撰写公文材料。这样，大概率不会把公文材料写偏。

那么，具体应该如何操作呢？**先明确公文材料的定位，再顺着领导的意思扩句、补句和拔高**是个不错的方法。

（1）明确定位

作为执笔人，要始终明确一点，即所写公文材料要表达的是领导的思想，而不是个人的思想，所以要用领导的话，写领导的事，传达领导的观点，不能掺杂个人的喜好、习惯。这里的底层逻辑是什么？并不是因为领导的级别比执笔人高，而是因为领导才是公文材料所涉工作的责任人。执笔人只需要为写公文材料这件事负责，领导则要为公文材料传达的精神负责。

这样想，就能摆脱"以我为本"的想法了。"我觉得这样写更好""我觉得这一部分更重要""我觉得要强调这个问题"……从"我"出发，没有任何意义。

明确定位，可以解决在执笔人和讲话者主体分离的情况下，如何达成统一的问题。

（2）扩句

如果领导提出党建工作"三转三提"的观点，执笔人只需要负责解释何为"三转"、何为"三提"、如何"三提"，并形成具体的工作方案即可，这就是扩句的过程。

（3）补句

如果领导布置工作时只讲了两点，执笔人最好不要仅仅把这两点呈现在公文材料中，要顺着领导的思路想一想，还有没有第三点、第四点，这就是补句的过程。

(4)拔高

如果领导提出了一个新思路,比如"在互联网时代,要充分运用数据和技术,加强税收监管",执笔人要努力用一个短句、词汇,提炼领导的意思,如"实现数据和技术的'双轮驱动'",这就是顺着领导的意思进行了适当拔高。

【学姐唠叨】

有的执笔人会问:"我也想扩句、补句、拔高,但是空有意识,做不到,怎么办呢?"

我想说:"你要问一问自己,是否认真地按照前面讲解的步骤尝试操作了。尝试操作一下,很可能得到意想不到的收获。"

写公文材料的过程,是磨炼耐心的过程,不要轻易被吓倒,一点点摸索着尝试,进步是在潜移默化中发生的。

5.2.5 整理技巧,及时分类,用时不愁

书到用时方恨少,写公文材料同样如此。作为执笔人,大家一定要有意识地在平时进行素材保存、整理,千万不要等领导布置了任务,才发现手里空空,什么可借鉴的素材都没有。此外,仅仅有量还不够,"序"也很重要,否则,会出现保存了很多金句,但杂乱无章、毫无逻辑,完全不足以撑起一篇公文材料的情况。在5.1节中,我为大家介绍了"兵器库"

中"兵器"的来源,那么,这些"兵器"应该如何归纳整理呢?需要一些高效的方法。

1. 按照不同公文材料的结构整理

平时看到一篇优质公文,很多执笔人会顺手保存下来,但是等到自己要用时,发现素材杂乱,完全找不到能用的内容。我个人的整理习惯是按照公文材料的结构进行整理,如图5.1所示。

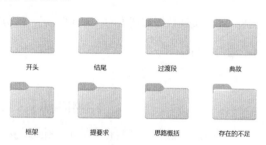

图 5.1 按照文章结构整理

2. 按照不同的文种整理

除了可以按照公文材料的结构进行整理之外,还可以根据不同的文种,把整理标准进一步细化,如图5.2所示。

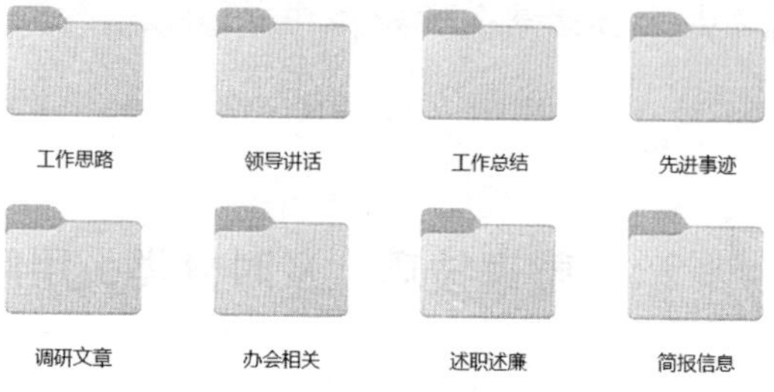

3. 按照不同的来源整理

前两个分类标准是以公文材料本身的内容、特点为分类依据的,这个分类标准则不同,更密切地联系了日常工作流程。在我的工作实践中,这是一个非常好用的分类标准,因为公文材料的来源不同,决定了其站位不同,站位正确,决定了写作方向正确,如图5.3所示。

图 5.2 按照文种类型整理

图 5.3 按照素材来源整理

（1）来自上级

上级单位下发的公文材料。写公文材料的帽段时，如果高度提不上去，可以参考这个文件夹中素材的行文表述。

（2）来自领导

领导提出过学习要求的公文材料。领导会主动要求下属学习参考，说明他是认可这些公文材料的风格的，平时可以多加揣摩、研究。

（3）来自下级

各基层单位报送的基础信息。如果出现数据错误，这个文件夹中的内容会为你提供原始资料，用于复核。

（4）来自同行

兄弟单位相同岗位的执笔人写的公文材料。因为日常工作非常相似，所以可以互相参照、比较。

（5）来自业务部门

如果领导说你写的公文材料有点"虚"，可以从这里面找一些"实"的东西。

（6）来自职能部门

如果把业务工作罗列成了"流水账",可以在这个文件夹中找一些过渡句段,补充提纲挈领的金句。

（7）来自内网

内网的优秀公文参考价值极大,多多研读,一定能飞跃式成长。

（8）来自外网

虽然外网上质量较高且和本职工作贴切的公文材料不多,但是依然可以单独作为一类加以保存、整理,以备不时之需。

4. 杂七杂八的整理

除了定时要写的、常见的公文材料,还有一些较少用,但并非用不到的公文材料,需要分类保存,如图 5.4 所示。

图 5.4　其他文件

（1）致辞慰问演讲

在体制内工作,除了会频繁接触到严肃、规整的公文材料之外,还会时不时接触到一些表达生动、富于感情的公文材料,比如领导的开幕致辞稿、各种节日的慰问信、各种活动的演讲稿等。如果看到质量不错的抒发感情的公文材料,可以保存在这个文件夹中。

(2) 亮点成果

在日常工作中,如果本单位有创新之举、总结了高效工作经验,即便只是短短一句话,也要及时保存在这个文件夹中。这样,年底写工作总结或领导述职稿时,就不需要盯着计算机屏幕努力回想全年的工作成绩了。一边做,一边整理保存,到了年底,你会发现这个文件夹中的素材非常全面。

(3) 他山之石

我在 5.1.5 小节中讲过,在日常工作中,要养成经常浏览全国各地优秀单位的创新活动总结材料的习惯,看到有参考价值的总结材料,就保存在这个文件夹中,目的是日后领导安排开展创新活动时,帮助自己拓宽思路。同时,这个文件夹中的总结材料,可以作为撰写下一年度工作思路与工作计划的优质素材。

(4) 常用工具

这个文件夹用来保存办文办会工作中的常用模板,如桌签模板、车证模板。在这里,我要给大家推荐一个很重要的搜索工具,叫"everything",使用这个搜索工具,可以迅速在计算机存储的海量信息中搜索到自己想要的文件。

【学姐唠叨】

以上整理思路,是我对自己工作经验的提炼、总结,大家可以参考,也可以根据自己的习惯,梳理专属于自己的整理思路。

在整理公文材料时,不要担心不同分类之间有交叉,比如讲话稿既可以放在"领导讲话"文件夹中,又可以放在"来自上级"文件夹中,这一问题很好解决,复制后粘贴一下就可以了。

一篇公文材料可以同时保存在多个文件夹中,便于查找才是最终目的。

另外,我还有一个建议,即按照月份把自己全年的工作文件保存在不同的文件夹中,这样,年底写个人述职材料或评先评优材料时,不会出现想不起来自己做了什么工作的情况——要知道,电子材料比纸质工作日志好用得多。

5.2.6 漏洞技巧,尽善尽美,过犹不及

这个技巧,其实是我在工作中的一个"小心机"。一篇公文材料的最终使命是什么?是领导觉得"好用",而不是充分展示执笔人的才华。对于执笔人来说,要学会从领导的需求出发,而不是从自己的表达欲、展示欲出发,将这一心态摆正,才能够把握好公文写作的分寸感。

那么,领导的需求是什么?一是完成工作;二是展示领导力,这两者缺一不可。

完成工作,在领导的上级眼中,领导才有执行力;展示领导力,在领导的下属眼中,领导才有威严感。

我曾经遇到一任领导,业务能力和文字水平都很有限,他自己知道自己相关的能力较弱,所以经常通过各种方式来树立自己的威严。刚开始和他磨合的时候,我报送的公文材料明明没有问题,他也会无理由地修改稿

件结构。执笔人都知道，修改结构就是大拆大建，工作量极大。几次沟通后，我发现，这位领导之所以修改结构，是因为以他的文字水平，实在看不出内容有什么问题，一点不动，他又觉得自己没有起到审核的作用。换言之，他想批改，但是无处发挥。

为了适应这类领导，我想出了一个办法——完稿后，对稿件中的一个小标题进行微调，在文字表述上留一个不完善但是无伤大雅的"瑕疵"。这样做了之后，领导很容易发现这处"错误"，动笔修改，而不再对结构进行改动。这样一来，既满足了领导树立威严的需求，又降低了自己不得不根据领导的要求调整稿件结构的工作量。

> 【学姐唠叨】
>
> 讲这件事情，并不是想做负面的引导。我想表达的是，在工作中，我们需要不断调整自己，去适应不同的领导。目的只有一个，和领导磨合融洽，才能够"双赢"，而非"双耗"。

5.2.7 参照技巧，可以"借鉴"，拒绝"照抄"

写公文材料的人大多知道，用于参照的素材的质量会影响最终成稿的档次。参照，不是"照抄"或"模仿"，而是在对素材的行文逻辑进行研究的基础上，写出新的、完整的公文材料。很多执笔人提笔写公文材料的第一步是在网上搜索，然后拼接。这样"参照"的结果是什么？是溢出屏幕的"拼凑感"。可能有人会问,你怎么能看出来我报送的公文材料是拼凑出来的呢?

讲一个真实事件。

有一次,我给一位同事为处长拟的讲话稿做批注,其中有一段话,让我感觉站位陡增又陡降,就像坐飞机,起飞和落地时的失重感明显。于是,我把句子复制下来,粘贴到网络上检索,原来是一位区长过往讲话稿里的几句话。此外,讲话稿结尾处有几句类似"祝福新春"的总结语,我给了一条批注:"为什么要这样说?又不是快要过年了。"那位同事看到后,给我反馈说:"哇,你看得太准了!结尾部分,我抄了去年单位领导的新年致辞。"

由此可见,在"拼凑"这个问题上,切不可有侥幸心理。执笔人常以为自己东拼西凑得不留痕迹,但审核人员会从行文节奏的蛛丝马迹中,一眼捕捉到拼接的痕迹。

不过,这意味着完全不能"借鉴"吗?不是的。即便是成熟的执笔人,对素材的充分占有和借鉴也是写好公文材料的前提之一。那么,如何"借鉴"才没有"拼凑感",同时内化为自己的本领呢?

1. 对关键词进行发散

感到用词枯竭的时候,可以使用搜索关键词的方法发散思维。

领导布置了一项工作,让小白写一篇汇报材料,汇报材料中必须包括专项工作的重点、难点,其他点由小白自己发挥。如果小白脑海中只有"亮点""痛点",不足以撑起整篇汇报材料,就可以使用搜索工具,帮自己找到更多相关词,比如"节点""弱点""焦点""要点""示范点"等。

关键词的发散本质是思维逻辑的发散，找到更多的思考角度，才能把不同的内容纳入其中。

因此，对关键词进行发散是动笔前要做的第一项工作，也是"借鉴"的第一类情况。

2. 对结构进行研究

领导安排小白写一篇讲话稿，小白的反应是很多职场新人的翻版——首先，瞪大双眼，脑中循环播放"啊！领导讲点什么好？"；其次，尝试进入写作状态，看看之前的工作总结中都提到了哪些内容；最后，准备动笔，搜搜其他领导的讲话稿里有什么，寻找可借鉴的素材。

这种反应有点像"头痛医头，脚痛医脚"，指哪打哪。其实，如果平时注重对素材的收集、学习、研究，接到任务时，完全可以不这么慌乱。

对素材进行收集、学习、研究，可以参照以下步骤，以讲话稿为例。

（1）补充"兵器库"

按照 5.1 节介绍的搜索方式，搜索至少十篇讲话稿。

（2）分析讲话稿结构

通过广泛浏览，找到最适合借鉴的讲话稿结构。比如，小白领到的任务是写有关"纪律作风教育整顿"的讲话稿，通过搜索，他发现有的讲话稿是按照"意义—问题—原因—措施"这一结构搭建的；有的讲话稿则是按照"前期情况—现状问题—后续工作"这一结构搭建的。这时候，要善于分析：为什么有的讲话稿用第一种结构，有的则用第二种结构？自己这篇讲话稿应该用什么结构？

研究讲话稿素材的结构，进而揣摩执笔人的思路，可以梳理出，原来使用"前期情况—现状问题—后续工作"的结构，是因为对方面临的情况是工作处于中期疲软阶段，开门见山地指出问题，更适合这篇讲话稿的使用背景，便于强调领导想强调的事项。同理，"意义—问题—原因—措施"这一结构，也有其对应的使用环境、适合的发展阶段。

参考优质公文材料的结构，分析为什么用这样的结构，进而确定适合自己的结构，这是第二类"借鉴"。

(3) 模仿行文风格

很多职场新人让我推荐有助于提高公文写作能力的书籍，其实，我本身读的书并不多，只是读得比较精。何谓精？就是如果特别喜欢一本书，我会去研读书中的句子，模仿其用词、节奏和写法，并结合自己的人生经历，形成个性化的写作风格。这样说有些虚，我举例说明。

四百多年里，它一面剥蚀了古殿檐头浮夸的琉璃，淡褪了门壁上炫耀的朱红，坍圮了一段段高墙又散落了玉砌雕栏，祭坛四周的老柏树愈见苍幽，到处的野草荒藤也都茂盛得自在坦荡。

——史铁生《我与地坛》

这是我曾经精读和仿写的段落，看似和公文写作并无关系，但是用词的排比、对仗，行文的节奏等，和公文写作有异曲同工之妙。"剥蚀了""淡褪了""坍圮了"这些词，精准、凝练，值得反复研读。这个思考研究的过程，其实就是公文写作中为小标题选词、用词的过程。

【学姐唠叨】

　　模仿行文风格,不限于对公文类素材进行模仿,各类文学作品的用字用词、下笔力度、行文节奏等,都有相通之处。形成优良的行文风格,确实存在不小的难度,基础薄弱的执笔人可以拉长战线,用时间换空间。

5.3 同一个内容,如何翻出五种花样

刚工作时,前辈对我讲过一句话:"公文虐我百千遍,我待公文如初恋。"意思是让我对写公文材料保持最大的耐心。最开始,我以为有耐心是指能够静下心来,把两页通讯稿写成十页报告;或是指报送公文材料后,领导修改十几遍,自己依然情绪稳定、毫无怨言。但后来,我发现,还有一种更加考验耐心的事情,用做菜比喻,就是同一种食材,你要反复烹饪,清蒸、醋熘、红烧……翻出各种花样。

5.3.1 把要素捋顺,就是最简单的上网信息

这里的上网信息指日常工作中的通讯稿,即出现在单位内网"业务动态"或"基层动态"等板块中的公文材料。这类公文材料的特点是"短""平""快",取得工作成绩或者推出亮点举措的时候,迅速成稿报送,如果成功在内网刊登,本单位的工作成绩就具有了榜样价值、工作举措就具有了首创意义。上网信息的基本要求是速度快、形式规整、语言通畅,做到这几点,基本就可以被采用。

【情境】

小白在党建部门工作,某天,上级领导提出了一个新的工作思路,要求各单位制订"党建工作责任制百分考核方案"。在科长的指导下,小白做出了全套方案,方案通过后,科长让小白迅速写一篇上网信息报送上级单位。

小白整理信息要素后,写出如下主体内容。

为进一步加强党建工作,4月20日,××局推出了《党建工作百分制考核方案》,成为做实党建工作的又一有力抓手。

根据方案,考核内容共分为自身建设、思想宣传、党风廉政、精神文明、拓展项目五部分,二十项具体指标。考核总分为一百分,每个指标对应不同的分值,将二十项指标得分加总后即为考核总分。依据考核结果,分为好、较好、一般、较差四个等次,与年底考核挂钩。

党建工作百分制考核既是一次主动的创新探索,又是一项扎实的工作举措。

作为简单的通讯稿,总体分为三段,将事情介绍清楚就可以了。

①帽段:什么人,在什么地方,开展了什么工作。

②中间:具体的工作举措。

③结尾:取得了什么(初步)成效。

把要素捋顺并做简单加工,内容清楚明白、没有低级错误,一个上网信息就成稿了。

5.3.2 充实内容、提炼标题,升级为工作简报

【情境】

《党建工作百分制考核方案》推行一个月后,小白所任职单位的上级单位认为这是一项非常有益的探索,通知小白的科长把上网信息的内容丰富一下,形成工作简报后报送市委办公厅、组织部、宣传部。科长接到任务后,把这一任务交给了小白。

小白接到任务后开始发愁,这么简短的上网信息,怎么升级成中篇的工作简报呢?

我们逐步拆解,如表5.2所示。

表5.2 上网信息升级为工作简报

上网信息(可扩充部分)	拆解扩充思路
为进一步加强党建工作	因为工作简报要报送市委各部门,因此,"为……"这一段意义要扩充
成为做实党建工作的又一有力抓手	这项举措不仅是一个有力抓手,还有未点明的意义、作用,需要进一步丰富
考核内容共分为自身建设、思想宣传、党风廉政、精神文明、拓展项目五部分	明确考核内容的意义是什么,是为了解决"建什么""怎么建"的问题吗?五大模块设计的依据是什么?分别对应哪些业务工作?分别提炼小标题
二十项具体指标	具体指标是什么?为什么要做得这么细?指标设置的初衷、来源是什么?是否覆盖了所有重点、难点和盲区?提炼小标题

续表

上网信息（可扩充部分）	拆解扩充思路
依据考核结果，分为好、较好、一般、较差四个等次，与年底考核挂钩	考核如何开展？结果如何应用？对成绩优秀的部门如何激励？对排名靠后的部门如何扣分？如何刚性考核才能引起重视？
（未呈现的内容）	通讯稿上网时，方案刚刚通过，无法就落地实施情况进行总结。现在推行一个月了，效果如何？是否促进了业务工作？业务工作取得了哪些亮点成绩？

分析扩充、提炼标题后，一篇翔实的工作简报就有清晰的框架了。

为深入贯彻习近平总书记关于基层党建工作的重要论述，全面落实新时代党的建设总要求，××局围绕基层党建重点任务，创新推出《党建工作百分制考核方案》，推动基层党建工作高质量发展。

一、细化内容、量化标准，构筑科学完整的考核体系

1.考核内容规范化

2.考核标准层次化

3.考核设计创新化

二、分类考核、定期通报，确保考核结果公正合理

三、双向挂钩、用活结果，兑现考核承诺

四、与时俱进、主题鲜明，各项工作取得初步成效

列出工作简报的框架后，再对各级标题进行精修，把充实后的内容填进去，一篇"小而美"的工作简报就成稿了。

5.3.3 提炼简报、压缩内容，升级为工作总结

【情境】

《党建工作百分制考核方案》推行半年后，时间到了年底，科长找到小白，提出该工作作为今年党建工作的亮点，要在工作总结里写上一笔。

小白心里又开始犯嘀咕，写上一笔？"一笔"是多少呢？写在哪个位置？工作简报怎么改写成工作总结呢？

1. 工作简报和工作总结的关系

全年的工作简报是当年工作总结的主要素材来源之一，在内容上，两者高度交叉，但是同一项工作，放在工作简报里可能占三四页的篇幅，放在工作总结里则是科长说的"一笔"。

以推行《党建工作百分制考核方案》这项工作为例，写进工作总结，无非可以分为以下两种情况。

①如果这项工作取得了重大成果，比如作为全省甚至全国的示范经验予以推广，并取得了等级较高的荣誉，可以在工作总结中单独辟出一部分，命名为"亮点工作"，或"品牌工程""亮点经验"，把这项工作用一段话进行叙述。根据我的经验，篇幅占A4纸的三分之二左右就可以了。

②如果这项工作没有取得傲人的反响，那么，在工作总结的"党建工作"部分重点介绍一下就可以了。

无论放在哪个位置、占多少篇幅，既然是一项自主创新的工作，在工作总结中,都值得提炼一个标题,加粗显示。

2. 工作简报改写为工作总结时的风格切换

在 5.3.2 小节中可以看到,工作简报的内容是非常"细"、非常"实"的,从是什么、为什么、有什么成效等几个方面逐层拆解,站位比上网信息高。

与工作总结相比,工作简报的内容相对来说更微观。如果将同样的内容放在工作总结中,需要对工作简报中的内容提高度,视角更加宏观、风格更加严谨,如表 5.3 所示。

表 5.3 工作简报升级为工作总结

工作简报标题	工作总结标题
××局探索创新党建工作百分制考核,激发基层党建工作新活力	打造基层党建考核亮点工程
"小分数"激发"大能量"——××局实施党建工作百分制考核	坚持党建创新引领基层治理

从表 5.3 中可以看出,工作简报的形式风格更加生动、活泼、微观,工作总结的形式风格则更加内敛、严肃、宏观。因此,这个改写其实是从上网信息到工作总结的二次升级。

小白的科长交代:"在工作总结里写上一笔。"那么,这"一笔"应该怎么写呢?

聚焦基层党建,打造基层党建亮点工程。加强党建活动品牌创建,探索实施"百分制考核",以制度化推进规范化,提升基层党建工作水平。

这就是"一笔"。如果需要展开写成"一段",从三四页的工作简报中提炼出主要做法、创新点和工作成效,写四五行就可以了。

【学姐唠叨】

通过对比分析可以看出,从工作简报到工作总结的提升改写是需要一定功底的。如果执笔人提炼不出来,不要着急,慢慢体会工作总结的文字感觉,勤于请教资深同事,一定能慢慢提高。

5.3.4 转换语言、变换风格,升级为领导讲话

【情境】

小白所任职的单位即将开展"庆七一,迎百年"系列主题活动,在活动启动仪式上,上级领导要发表讲话,科长安排小白准备一篇讲话稿,要将推进《党建工作百分制考核方案》的相关内容加进去。

小白手中的素材只有上网信息、工作简报和工作总结,三篇公文材料的本质都是对工作内容的归纳,如何把工作总结的"归纳感"调整为领导讲话稿的"讲话感"呢?在本书的 6.1.3 小节中有详细解析,本小节仅做简要分析呈现,如表 5.4 所示。

表 5.4 将归纳类公文材料升级为领导讲话稿

现有素材	拆解分析	领导讲话稿
细化内容、量化标准,构筑科学完整的考核体系	为什么要细化内容?是以前的内容不够细吗?为什么要量化标准?以前的标准是什么?	过去的基层党建工作,由于缺乏量化考评数据和科学合理的评价机制,长期处于粗放式运作的状态,党建目标不明晰、党建过程不规范、党建成果不透明
党建工作分解归纳为党组织自身建设、宣传思想工作、党风廉政建设、精神文明建设、拓展项目五部分,分块细化为二十项具体指标	明确五部分考核内容,细化为二十项具体指标是为了解决什么问题?有没有解决?	要找准切入点,在基层党建工作上赋能发力。目前推行的"百分制考核"有效解决了"建什么、怎么建"的问题,党组织自身建设、宣传思想工作、党风廉政建设、精神文明建设、拓展项目五部分考核内容及二十项具体指标是基层党建工作的有益探索。各级党组织要紧扣高质量发展的大局,结合业务突破创新,严格对照考核目标,实现党建工作和中心工作的深度融合
《党建工作百分制考核方案》设定了"1+X"评分方式,其中,"1"指常规化、制度化的党建工作,"X"指基层党组织的亮点做法	这个设计突破了哪些传统方式?领导是不是应该在讲话中给予肯定?	"1+X"评分方式的设定开创了基层党建工作的先河,各级党组织要在完成常规化、制度化的共性动作基础上,不断探索独具特色的个性化自选动作

通过表 5.4 展示的拆解过程,可以看出,面对同样的素材,把内容改写成意义、原因、影响、要求,归纳类公文材料就变成了领导讲话稿。

5.3.5 深化推广、调整时态,升级为工作思路

【情境】

写完工作总结后,科长找到小白,说上级领导非常认可这项工作,认为明年可以继续深化推广,因此,要将进一步做好这项工作纳入明年的工作思路。

一个工作内容写了四个文种后,小白的灵感已经接近枯竭,过去的工作实践怎么变成来年的工作思路呢?"继续深化推广",怎么深化、怎么推广呢?

想写深化推广一项工作的工作思路,可以从制度设计层面和落地实施层面问自己几个问题,思考过程如表5.5所示。

表5.5 将工作总结升级为工作思路的思考过程

内容层面	思考要点
制度设计层面	①制度设计存在哪些空白和盲区? ②已有的制度在执行中存在哪些漏洞? ③制度内容是否能覆盖全部工作?能否进一步细化充实? ④制度与现实是否脱节? ⑤制度监督由谁负责?如何做到公开透明?

续表

内容层面	思考要点
落地实施层面	①各基层组织落实过程中有没有发现不科学、不合理之处？ ②是否对基层组织进行帮扶指导？ ③是否涌现出先进单位和先进人物，是如何落实执行的？ ④考核激励是否兑现？如果没有兑现，原因是什么？ ⑤宣传力度是否到位？如何进一步打造为品牌工程？ ⑥各基层组织落实情况存在差距的原因是什么？ ⑦能否结合新的科技手段，比如用大数据、政务号等进行科技赋能？ ⑧在自主拓展方面，有哪些做法可以升级到更高层面进行推广？

按照这个逻辑，把"进一步推广和深化"的相关问题列出来，逐项调研解决，就形成了下一年度的工作思路。

以组织建设为根本，推动"党建工作百分制考核"纵深开展

（一）完善顶层设计

（二）聚焦重点问题

（三）强化考核激励

（四）压实责任传导

写到这里，我们已经把一项工作从上网信息一次升级为工作简报、二次升级为工作总结、三次升级为领导讲话稿、四次升级为工作思路的全过程梳理了一遍。客观来讲，这个逐步升级、发散思维、转换角度、变换风格的过程难度确实较大，我尽最大努力把说起来有些虚的"感觉"拆解成了具体步骤，执笔人可以反复研究、揣摩，随着公文写作功底的提升，驾驭各类公文材料的能力一定会越来越强。

第 6 章

最怕的长篇材料来了

成熟的执笔人怕不怕写公文材料？一般来讲，面对"豆腐块"类简报信息是不怕的，因为篇幅较短，素材简单，不需要写出太深的立意，更不需要"用典"。但是面对长篇材料，再成熟的执笔人也难免有重重的压力和焦虑感。长篇材料，即公文写作中常说的"大稿"。

如果有一天，同事们对你的称谓从"职场新人"变成了"写大稿的"，意味着你向成为"笔杆子"迈出了坚实的一步。大稿篇幅长、撰写周期长、基础材料多、综合性强、业务面广，对领导而言意义重大。写一篇大稿是对发量的严峻考验，但这个过程是能力跃升的最好机会。每一篇大稿的形成，从结构梳理到成文，都贯穿了反复研究讨论、调查核实、征求意见、精雕细琢等各个环节，哪怕只经历过一次写大稿磨炼，一个人的逻辑、耐力、运用文字和驾驭全局的能力都会有明显提高。

第 6 章 | 最怕的长篇材料来了

6.1 领导讲话不贴心，辛苦半天被弃稿

我问过很多或初级，或资深的执笔人："你们认为各类公文材料中，最难写是的哪一类？"得到的答案惊人的一致，那就是领导讲话稿。如果说写其他公文材料考验的只是执笔人的文字功底，那么写领导讲话稿就是对执笔人文字功底、情商、洞察力、领悟力、分寸感的综合考验。写领导讲话稿不同于写工作总结，写工作总结有一整年的数据、事例、日常简报等素材为支撑，只要找到主线，梳理出结构，就可以将框架搭起来，写领导讲话稿则需要真正走进领导内心，写出他想讲的话。

6.1.1 应用场景变化多，文字风格各不同

写领导讲话稿的第一个难点是领导讲话稿的应用场景太多了——工作部署、思想动员、开幕致辞、上级莅临指导、警示教育、廉政教育、表彰大会、联欢致辞、民主生活会、党课等，场合不同，用词的分寸、情感的张力就不同。这就是为什么有的初级执笔人拿着领导刚刚用过的一篇讲话稿，照葫芦画瓢地套写下一篇后，会被领导退回的原因。

如果按照严肃程度、情感张力分类，可以大致把领导讲话稿分为三类：严肃型、平和型、情感型，如表 6.1 所示。

表 6.1　领导讲话稿的分类

类型	严肃型	平和型	情感型
应用场景	警示教育、廉政教育大会等，大多是单位出现了负面事件，领导就此事召开大会，通报事件，形成震慑效应	工作部署、思想动员、座谈会、上级领导莅临指导、党课、民主生活会等日常工作会议	开幕致辞、联欢致辞、表彰大会、周年纪念、节日慰问等较为喜庆的活动
语言风格	风格严肃、用词较重，体现领导对这类事件的零容忍态度	风格类似工作总结，正常行文即可，如果用于动员大会，可以在结尾带一些号召性语言	这类领导讲话稿是公文写作中较少见的需要热情洋溢的公文材料，最好"略带"一些情感。注意，只是"略带"就好，不可以"浓妆艳抹"，写成演讲稿
用词特点	四字词语居多，短促有力，读起来刚性较强，如严肃查处、深入反思、深刻反省、深入查摆、切实整改、严峻形势、全面摸排、刚性问责等	承上启下的用词较多，通常需要简要回顾过去，拔高会议的意义，就下一步工作提出要求	用词要彰显气势、寄予希望，以及对未来的美好展望，如蓝图绘就、任重道远、策马扬鞭、凝心聚力、锐意进取、勤耕不辍、厚积薄发等
写作注意事项	切记把握好下笔的轻重。很多初级执笔人写类似领导讲话稿时把握不好分寸，下笔过重，比如会使用咎由自取、身败名裂等过于口语化及情绪化的词汇。在领导进行警示教育时，违法违规案（事）件通常已经调查完结，处分报告已经出具。如果用词的尺度不符合处分的尺度，容易让受众产生误解。本来是普通的内部违规，渲染为受众以为发生了重大违法犯罪事件，不符合公文的严谨性要求	切忌和工作总结混同。文字风格和工作总结类似，素材也大多来自工作总结，但是不要把领导讲话稿写成工作总结，具体写作方法见 6.1.3 小节	切忌感情过度。很多初级执笔人在写这类领导讲话稿时，容易用力过猛，过于热情洋溢，拉低领导的威严感。在撰写过程中，要避免出现下列词汇：骄傲自豪、无怨无悔、心潮起伏、澎湃万千等

6.1.2 善用"领导的话",写进领导心里

什么是"领导的话"？简言之，如果领导喜欢讲要点，执笔人要习惯于对大段文字进行要点化改写；如果领导喜欢用短句，执笔人要尽量避免使用长句；如果领导喜欢用倒装句，执笔人也要顺应领导的表达习惯。

1. 原汁原味地记录领导讲话

负责单位公文写作工作的执笔人经常要参加各种会议，参会，一方面是为了即时做会议纪要，另一方面是为了避免经过多层级领导转达后，出现理解偏差和错漏。每一次会议旁听，都是熟悉领导风格的机会，对于领导讲话中的重要表述和论断，执笔人要原汁原味地记录下来，并做专题整理。

给领导写讲话稿、讲课稿等偏重于口头表达的公文材料时，执笔人可以把领导习惯的原汁原味的表述穿插进去。比如，有的领导在开会时经常说"要踏实研究工作"，这意味着这位领导非常务实，是希望充分发挥主观能动性、愿意认真研究工作的人。那么，写这位领导的讲话稿时，执笔人可以在他习惯的表述方式上进行发散，首先直接引用原话——**"要踏实研究工作"**，然后引申两句，比如**"俯下身子做事、迈开步子落实"**，或者"踏下心思、扛起担子、迈开步子"等，具体引申方法可以参考本书5.1.1小节至5.1.3小节的内容。

这个过程就是领导抛出一块砖，执笔人引出一堆玉；领导播下一颗种子，执笔人培育一片森林的过程。按照这个思路去配合领导的讲话风格，怎么可能写不到领导心里呢？

> 【学姐唠叨】
>
> 所谓"原汁原味",就是将领导的原话一字不差地记在本子上的意思——不要自己加工创作,不要试图把领导的语言规范化,比如领导说:"这种作风,简直不可原谅!"那么就一字不落地把这几个字记下来。这是为了保留一手的原始素材,日后配合领导风格的时候不至于跑偏。

2. 顺应领导的表达习惯

受学历、性格、成长地域、履历背景影响,不同领导的表达习惯各不相同。比如,有的领导喜欢这样的句式:"我喜欢吃苹果。"有的领导则习惯说:"我比较喜欢吃苹果。"两位领导的区别是什么?后者用词更加严谨,喜欢加限定词。

又如,有的领导习惯说:"我把东西放在了桌子上。"有的领导则会说:"桌子上放了一个东西。"习惯语序截然不同。通过观察领导的日常表达、圈批、修改方式,了解他的特殊表达习惯,努力写出符合他的表达习惯的讲话稿,让领导读起来就像在读自己写的东西一样,他自然会更喜欢用你写的讲话稿。

3. 日常收集领导的观点

无论是在工作场合,还是在聚餐、出行、团建等非工作场合,要做一个"有心人",随时随地收集领导对工作、新闻、生活日常中各种事件的看法,以及零散的思路,在此基础上,比较自己的想法和领导的想法之间的差异,努力让自己的认知水平靠近领导的认知水平。多做这种逻辑思维方面的训练,能极大地提升自己的思考水平,写出的讲话稿会更贴近领导想讲的话。

6.1.3 讲话稿 or 工作总结,可别傻傻分不清

讲话稿素材的主要来源之一是工作总结,但很多初级执笔人喜欢直接在工作总结的基础上改写讲话稿,并不对内容的**来源和站位**进行调整,殊不知这样生硬地复制并粘贴,很容易出现全文系统性错误,即各种事务性材料风格混同,把讲话稿写成了工作总结,或把工作总结写得无限接近于讲话稿。

出现这种问题的主要原因是没有掌握工作总结和讲话稿在所用时态、语言风格和行文结构上的区别,下面,我们来看一个实例。

【初稿】

一年来,我市不断加快推进新型城镇建设,全面构建城乡一体基础设施网络,努力提升城镇建设信息化、工业化水平,大美区企业信息化应用范围覆盖面位居前列。

实例中,文字表述严谨、严肃,每一句都满足高度概括、提炼的要求,具有非常明显的工作总结风格。如何将实例中的表述改写成适用于讲话稿的表述呢?分析拆解过程如表 6.2 所示。

表6.2 分析拆解过程

工作总结风格	讲话稿风格	拆解过程
一年来	刚刚过去的一年	同样的意思,稍作修改就会有扑面而来的"面对面讲话感"
不断加快推进新型城镇建设,全面构建城乡一体基础设施网络	在加快新型城镇建设的同时,致力于基础设施网络的城乡一体化构建（在做A的同时,致力于B）	修改后,呈现出的不再是"提炼感",而是"讲述感"
努力提升城镇建设信息化、工业化水平	走出了一条信息化、工业化融合发展道路	"走出了一条……道路",比工作总结的凝练风格轻松亲切很多
大美区企业信息化应用范围覆盖面位居前列	特别是大美区,企业信息化应用覆盖率达到100%,二十五家企业成为全省示范工程企业	"特别是……"是讲话稿中常用的句式

【修改后】

刚刚过去的一年,我市在加快新型城镇建设的同时,致力于基础设施网络的城乡一体化构建,走出了一条信息化、工业化融合发展道路。特别是大美区,企业信息化应用覆盖率达到100%,二十五家企业成为全省示范工程企业。

除了主体部分的风格变化之外,写领导讲话稿,还有一个要尤为注意的部分,即领导对下一步工作部署提要求的部分。

第6章 | 最怕的长篇材料来了

【情境】

科长要求小白为领导讲话稿撰写最后一部分,对下一步工作部署提几点要求。

小白很快完成了任务,初稿中的一级标题摘录如下。

【初稿】

下面,我对下一步工作开展提几点意见。

(一)强化党建引领,助推业务工作

(二)加强思想教育,强化理想信念教育

(三)狠抓作风建设,落实工作责任制

(四)发展党建文化,打造文件建设阵地

看完这几个一级标题,领导很可能会非常困惑。因为从一级标题来看,这篇公文材料是对前一段时间工作经验的总结归纳,而不是对下一步工作如何部署、推动提出的意见要求。

如果执笔人本身的写作能力还达不到自己从无到有地组织讲话稿,只能在工作总结的基础上拼凑、修改,或者领导交代过要写的这篇讲话稿不用重新组织、大修大改,参考之前的工作总结即可,我们就可以在工作总结的内容基础上,**修改一下角度和思路,将其变成下一步工作要求。**

> 【修改后】
>
> 下面,我对下一步工作开展提几点意见。
>
> 一是要继续加强党建工作,为业务高质量发展注入新动力;
>
> 二是要围绕中心转变观念,推进思想政治工作再上新台阶;
>
> 三是要统筹联动压实责任,推动作风建设不断取得新成效;
>
> 四是要积极探索勇于实践,开创基层党建文化工作新局面。

看到这里,可能有些执笔人会觉得奇怪,这些内容,明明就是初稿中几个一级标题的内容,为什么稍加调整,就从工作总结变成对下一步工作进行部署的讲话稿了呢?而且,经过加工,这几句话明显比初稿中的几个一级标题看起来"高大上"得多,是怎么做到的?接下来,我们就来讲讲如何将工作总结改写成讲话稿。

1. 将工作总结改写成讲话稿的注意事项

我结合自己的实际工作经验,就这一问题,提炼了如下六个关键步骤。

(1) 找出关键词

工作总结里的关键词一般会出现在什么地方?出现在一级标题里。我们可以看到,原来的四个一级标题,其实就讲了四件事,党建、思想、作风、文化等四个方面的建设。既然领导要求执笔人还是从这四个方面写,讲话稿的组织方向就可以确定了。

(2) 回忆语言风格,调整所用时态

通常,领导部署工作时,喜欢用哪些语言呢?快速回忆一下,比如"同志们，下一步我们要××××，一是要××××，二是要××××。"**这个"要"字非常重要，因为这个"要"字就是工作总结变讲话稿的关键——**同样一句话，多了"要"字，句子就从完成时态变成了将来时态。

（3）体现工作开展进程

回忆一下，在备考公务员的时候，度过备考中期后，到了冲刺阶段，大家一般会怎么安排自己的学习进程？我要继续把这些知识点复习一下，然后把那里的漏洞补一下……"继续"二字，**就是将工作从中期引入纵深阶段的关键点。**

在修改后的第一个总结句"一是要继续加强党建工作，为业务高质量发展注入新动力"中，直接使用了"继续"这个词，奠定了整篇讲话稿的基调和方向。

使用"继续"一词后，因为这篇讲话稿中有四个同级总结句，我们还需要再找三个词来做同类匹配。若作为初级执笔人，词汇储备量有限，类似"继续"的词一个也想不出来了，怎么办？

（4）搜索加工

按照本书 5.1 节中讲的方法，通过搜索，找到合适的词。

通过搜索，我们可以发现，类似"继续加强"的词还有"继续推进""继续推动""深入推动""继续强化""继续深入""继续突出""进一步围绕"等，只要能想到这些词中的两三个，就够用了。

先用"继续推进 党建文化"作为关键词进行搜索，会搜出很多有用的相关表述，再把"深入推动 作风建设""进一步围绕 党建引领"等词排列组合，作为关键词重复上述搜索步骤，就可以写出"高大上"的讲话

稿标题了。用一个公式总结这个转换过程，如下所示。

基调关键词 + 内容关键词 + 反复排列组合 = 工作总结变讲话稿

"基调关键词"即通过分析，明确讲话稿的用意——"要怎样""继续怎样"，这确保了方向正确；"内容关键词"则是"党建""思想""作风""文化"等，这确保了内容正确。在两组关键词中间加空格，反复排列组合、搜索并筛选，即可找到大量可参考借鉴的结构。

(5) 润色升华

既然是下一步工作部署，领导一定希望有新成果出现，能想到这里，我们就找到了升华点。**"新成果"，就是润色升华的关键字**。除了"新成果"，还有什么？"新成效""新台阶"……很多初级执笔人想出两三个，就大脑空空了，没关系，有两三个就够用了。

将"进一步 党建文化 新成效""继续围绕 作风建设 新台阶""新台阶 新成效"等用作关键词去搜索，能够搜索出很多"新局面""新格局""新视野""新成就"等近义表述。

(6) 精修标题

搭好讲话稿基本框架后，执笔人还需要做一项工作，即"逐字调整"。逐字调整的目的是让标题更加精致、更贴合具体内容、更能高度凝练主旨。在一篇公文材料的撰写过程中，调整标题可能要占执笔人四分之一左右的时间和精力，一旦标题确定了，填充内容就非常快了。

【学姐唠叨】

讲到这里，很多执笔人会发现，写公文材料本身是一个"资料占有"

> 的过程,但仅仅占有资料是写不好公文材料的,还有一个很关键的点是思考的方向是否正确、逻辑是否正确、是否清楚了解所写公文材料的"前世今生"。完成逻辑梳理,才能找准所谓的"基调关键词",相对而言,找"内容关键词"是比较容易的。"基调关键词"和"内容关键词",这两者正确,公文材料就不会写偏,至少不会在写完后推倒重来。

2. 将过往讲话稿改写成新讲话稿的注意事项

有一些领导讲话场景是周期性、重复性的,比如重要节日讲话、党风廉政建设讲话、民主生活会讲话等,每年都会在固定的时间进行。写在类似场合中使用的讲话稿时,很多执笔人会把往年的讲话稿找出来,改一改,心情忐忑地交上去。事实上,写过公文材料的执笔人都知道,但凡交稿的时候心情忐忑,一定是因为没有下太多功夫去打磨稿件,写作过程可能是:首先,找出去年的讲话稿,其次,改年份、标题,并加今年的工作内容,再次,从网上搜索一些句子复制并粘贴在其中,最后,完稿上交。这样攒出来的讲话稿,报送后不被批评是侥幸。

有些初级执笔人可能会问,作为新手,写全新讲话稿的风险很大,往年的讲话稿,不可以借鉴吗?不是不可以,如果有往年讲话稿的成熟框架、结构,"拿来主义"没有问题,但是,有些内容必须重新思考。

(1) 帽段必须改

梳理本年度的工作思路,以及领导近半年来在重要会议、重要活动上的重要讲话,重新写帽段,紧密结合当下的工作形势。

(2) 讲话背景必须改

同样是教育整顿活动，可能去年的背景是"规范化建设"，今年的背景则是"作风建设"，如果照搬照抄去年的讲话稿内容，领导很容易发现，虽然小标题是新的，但具体内容很奇怪，出现"文不对题"情况的概率很高。

(3) 指示要求必须改

去年的指示是根据当时存在的问题提出的要求，今年有了新问题、新情况，当然要紧密结合当前重点工作的推进情况，给予新的指示。

6.1.4 登高望远，材料站位立起来

领导讲话稿的结构，可以在很多工具书中找到实例，并不难搭建，对于领导讲话稿来说，组织内容比搭建结构难度更大，也更加重要。本小节，我以举例的方式，讲解如何才能把讲话稿写到"既要站位高，又要接地气""既能表扬到实处，又能批评到心里"的程度。

1. 找站位，应该站在哪儿？

小白所在的省份最近要开展一项重点工作，单位层层传达、落实，领导非常重视，准备召开专题会议部署推进。科长让小白给局长写一篇讲话稿，小白立刻按照前文讲解的各种方式，尽最大努力搜索素材，连续加班三天，完成了讲话稿写作。科长审后，很满意，但逐级报送到局长手里后，局长只说了一句话："这篇讲话稿，不够宏观啊！"

这句话意味着什么？意味着小白要返工重写。为什么要重写？因为"不够宏观"说明站位不对，要么是没有站位，要么是站位低了。

小白问:"什么是站位呢?我是一个基层员工,我怎么知道局长的站位是什么?"

举一个通俗的例子,"站位",也就是"高度",站在山脚,你看到的是花草;站在半山腰,你看到的是丘陵和树木;站在山顶,你看到的是白云、群山、森林——很少有人会站在山顶,盯着一棵树做细微的观察。

这,就是小白、科长和局长的不同站位。

【情境】

> 区政府准备召开生态环境保护工作推进会,领导安排小白写一篇区长讲话稿。

小白撰写的讲话稿开头如下。

【初稿】

> 我们今天召开这次会议,主要目的是贯彻落实市环境污染防治工作要求,扎实推进生态环境保护建设。各单位要以重点区域环境治理、新能源推广等专项行动为重点,全力打好生态环境保护攻坚战。下面,我讲几点意见。

为区长撰写讲话稿,如果这样开篇,势必会陷入"没有站位"的怪圈,因为这一开篇完全体现不出区长对这项工作的重视程度、推动力度。区长主持全区工作,不会在开篇点出"重点区域环境治理""新能源推广"这些非常具体的事项,这就是站在山顶时,不会盯着一棵树去看的道理。

领导看到这类稿子,通常会表示"不够宏观""站位不够""高度不够",要求退稿重写。

如何找准站位呢?其实不难。既然确定要以"生态环境保护"为主题,首先查阅一下中央、部委、省市、本系统各级领导近期对这一主题的重要观点论述,整理在帽段,然后逐段降维,最后落实到本区工作就可以了。

【修改后】

我们今天召开这次会议,主要目的是贯彻落实省、市环境污染防治工作要求,扎实推进生态环境保护建设。深入打好污染防治攻坚战、推进生态文明建设,是践行"两个维护"的具体行动,是推动可持续发展的重要举措。各单位要站在践行"两个维护"的政治高度,深入学习贯彻习近平生态文明思想,保持加强生态文明建设的战略定力,统筹污染治理、生态保护、节能减排,解决生态环境领域突出问题,促进生态环境质量持续向好、全面改善。下面,我就如何推动下一步工作提三点意见。

大家发现站位不同对讲话稿写作的重大影响了吗?接下来,我们再看一个实例。

【情境】

科长要求小白给单位"一把手"写一篇关于法治宣传的讲话稿。

【初稿】

　　各部门要按照总部法治文化建设工作部署,积极开展法治宣传教育工作,依托博物馆、展厅、智慧营业厅建设,加快推动法治文化基地建设,在全面普法、专业普法上下足功夫。下面,我就如何推动下一步工作提三点意见。

如果把这段话用在单位"一把手"的讲话稿中,就明显缺少站位,因为高度不够,只看到了博物馆、展厅、智慧营业厅等文化基地相关建设,没看到更宏观的战略和体系建设。

【修改后】

　　各单位要深入学习贯彻习近平法治思想,认真落实党的十九大提出的"加大全民普法力度,建设社会主义法治文化"要求,按照党委"五位一体"法治文化体系建设思路,将法治要求落实在总部发展战略和各个业务环节中。下面,我就如何推动下一步工作提三点意见。

2. 如何让站位恰到好处

　　很多执笔人在基层单位工作,为了赶工写公文材料,经常通过摘抄凑字数。这里需要注意的是,在《人民日报》《求是》等报纸、杂志中抄录高格局段落,从国际、国家的层面支撑背景、分析形势的做法,都是刻意拔高、不合时宜的做法。

站位，可以分为以下五个层次。

①党中央的路线、方针、政策；

②本系统最高机关对各项工作的重要表述、重要观点；

③省级单位的工作部署和要求；

④地市级单位结合区域实际提出的工作意见；

⑤本单位党委的实施方案。

作为基层单位的公务人员，写公文材料时向上援引两到三个层次的表述、观点、意见较为妥当。用公式总结如下。

站位 = 中央、部委、省市、本系统各级党委的重要观点 + 逐层降维 + 结合本单位具体工作

3. 宁可没有站位，也不能站错位

站位高了或者站位低了，对于初级执笔人来说，姑且还有可以被谅解的理由，最可怕的是站错位。一旦站错位，话说出口就覆水难收了。讲话稿站错位通常有以下两种情形。

（1）误给其他部门布置工作

如给领导准备在各职能单位联席会议上要用的讲话稿时，执笔人只能结合本单位的职责定位写稿，不能给平级单位增加责任、部署工作。

【情境】

市政府就中小学开学季召开工作部署会，小白是市教委的公文写作人员，需要给领导准备一篇发言稿。

在给领导准备的发言稿中,小白写了这样一段话。

三、通力配合,做好充分的安全保障工作。为确保开学季中小学生入学工作顺利进行,区教育局制订了多项预案,对开学准备工作进行了全面评估,同时建议区交通局做好安全隐患排查和道路管理预案。

区交通局与区教育局是平级单位,如果区教育局的领导按小白准备的这篇讲话稿发言,表达的意思就是区教育局的领导越位给其他平级单位安排工作,属于典型的站错了位。

(2)没有找准自己的位置

这类错误常见于个人发言稿,如基层员工在座谈会、交流会中的发言。

【情境】

小白是××支行的一名业务骨干,是支行领导的重点培养对象。总行组织青年骨干交流培训会时,支行领导安排小白去参加。

培训第一天晚上的活动安排是总行领导组织来自各个支行的优秀代表进行座谈,小白需要准备一篇简单的发言稿。

小白为自己准备的发言稿内容如下。

【初稿】

各位领导、各位同事,大家上午好!

很高兴能够参加这次座谈会,我叫小白。入职以来,我先后在综合柜员、大堂经理、理财经理等各岗位工作，下面，我结合个人的工作经历，谈三点感悟，不妥之处请大家批评指正。

一是要坚定信念、志存高远，怀抱远大理想。作为一名青年员工，要立足岗位，面对工作的困难与挑战不退却、不退缩，迎难而上。

二是要自觉努力、实学实干，真刀真枪干出一番事业。当前，为了调动和激发广大青年员工工作积极性，总行特别启动了启航计划，为我们青年员工搭建了展示自我的平台，提供了机遇。

三是要专业专注、扬长避短，与单位发展同频共振。

……

大家发现小白所写的发言稿中存在的问题了吗？最大的问题就是站错了位。如果把第一段、第二段遮住，后面三点要求，完全可以由行长来说。简言之，小白站在上级领导的位置，把上级领导要说的话说了。

这类场景是在体制内工作时经常遇到的场景，那么，如何才能找到合适的站位呢？

一定要牢记正确的思考逻辑：不要领导让写什么公文材料，就立刻盯住这篇公文材料本身，要跳出具体任务，先想工作逻辑。 领导让小白作为本单位的优秀代表去参加总行的培训，此行，小白要达到几个目的？

目的一：展示本单位的形象。

目的二：与总行领导、职能部门建立联系。

目的三：让总行领导、职能部门对接人认识自己。

目的四：结识本系统的优秀同行。

只要达到这四个目的，就不虚此行。

明确目的之后，我们来逐项分析如何达到这四个目的，如表 6.3 所示。

表 6.3 从目的出发拆解逻辑

发言目的	发言稿逻辑
展示本单位的形象	可以在总行领导面前对所任职支行的领导加以简要介绍，同时用一两句话把本单位最亮点的工作展示出来
与总行领导、职能部门建立联系	感谢领导、感谢主办方搭建沟通的桥梁
让总行领导、职能部门对接人认识自己	努力通过发言，让总行领导记住自己说的一两句话，如果能够做到总行领导点评的时候说："刚刚大家说得都很好，比如××支行的小白讲到××××"，这次参会就获得了极大的成功
结识本系统的优秀同行	表达互相交流学习的愿望

除了可以从目的出发梳理逻辑，还可以从发言稿受众出发梳理逻辑。小白代表单位参加座谈会，涉及哪几方主体呢？涉及总行领导、主办部门、本单位领导、培训同行、本单位同事等，如表 6.4 所示。

表 6.4 从受众出发拆解逻辑

发言稿受众	发言稿逻辑
总行领导	对提供平台和机会表示感谢
主办部门	对主办部门工作人员表示感谢
本单位领导	感谢本单位领导对自己的信任
培训同行	表达虚心交流学习的意愿
本单位同事	表达把学习经验带回去的意愿

综合以上两个维度，即可写出相对全面且得体的发言稿。

【修改后】

各位领导、各位同事，大家上午好！

我是来自××支行的小白。非常感谢总行党委对我们青年员工的关怀和厚爱，感谢主办部门的精心安排，让我们能够和业内专家、各位业务骨干一起交流经验、碰撞思想、共同进步，同时也感谢支行领导、同事对我的鼓励和信任。

此次座谈之于我，既是一份荣耀，又是一份责任。

一方面，我要做好学生。通过座谈提高能力，解决业务上的难题。比如回到工作岗位后积极参与所任职支行推出的"数字赋能"工程，和专家骨干进一步探讨技术转化和创新。

另一方面，我要做好桥梁。分享所任职支行的经验做法，同时把总行党委最新的工作思路理念带回去，把同行业优秀的经验做法带回去。

通过分析以上几个实例，不难看出，万事万物皆有逻辑。不断提高自己的逻辑思维能力，是写公文材料这一工作对执笔人的馈赠。公文写作是锻炼逻辑思维能力最好的方式之一，发散的思维加上收敛的表述，假以时日，驾驭任何题材的文章都会胸有成竹。

6.1.5 虚实相间，内容高度拔起来

6.1.4 小节讲的是如何在"虚"的层面把站位立起来，需要注意的是，实际工作中，讲话稿里"虚"的句子仅仅在讲话稿帽段、结尾和过渡段中出现，"实"的内容才是讲话稿的主体。单位、部门的工作这么多，如何写才能把内容高度拔起来？

【情境】

> 单位要组织纪律教育作风整顿会议，科长交代小白，会议议程首先是各单位就落实情况逐一汇报，然后是纪委书记发表讲话，最后由局长对前一阶段工作开展情况发表讲话，小白负责为局长拟一篇讲话稿。

小白接到任务后，为"提出以下几点意见"部分列了如下提纲。

一是要监督各部门开展自查自纠；

二是要抓实关键岗位和关键人员监督；

三是要开展专项整治工作。

小白的提纲，就属于典型的"高度不够"，如果局长站在"监督各部门开展自查自纠""抓实关键岗位和关键人员监督""开展专项整治工作"的高度发表讲话，纪委书记应该说什么呢？这样写，其实是把"一把手"的高度降到了分管领导的高度，要求提得太细、太具体、太具有针对性。

那么，具体应该怎么写呢？我们再来看一个情境，并对小白的初稿加以分析、修改。

【情境】

单位"一把手"要在"我为群众办实事"专项工作阶段总结会上发表讲话,科长安排小白撰写讲话稿。

小白撰写的讲话稿初稿内容如下。

【初稿】

今年以来,我局把"我为群众办实事"实践活动作为服务群众的重要抓手,推出了一系列便民利民措施,如线上办理证照、增加道路两侧停车位、统一群众咨询求助电话号码、减少行政审批程序、缩短审批时间并降低审批成本,极大提升了群众的满意度。

这一初稿的问题同样在于讲得太细了。作为单位的"一把手",讲话稿的表述要相对宏观,点到为止,不能过于细碎。

分析以上两个情境,大家可以看出,领导讲话稿的主体内容高度不够的主要原因有两个。

①写了下属的话。造成的结果是让下属无话可说。

②写了过细的话。造成的结果是眉毛胡子一把抓,显得领导没水平、没思路。

撰写领导讲话稿,想把"实"的内容拔出高度,要把握如下两个原则。

1. 抓大放小,忌面面俱到

如果单位的重点工作特别多,领导只讲大工程,不讲子项目。如5.3

节中详细分析过的"党建百分制考核"案例,领导讲话时,讲到党组织自身建设、宣传思想工作、党风廉政建设、精神文明建设和拓展项目等五部分考核内容就可以了,具体每个部分有什么细节内容,不用赘述。

2. 集零为整,提炼模式

如果基层单位没有大的专项工作,都是细碎的工作举措,想将领导讲话稿写出高度,就要对工作举措进行分类整合。比如,"线上办理证照、增加道路两侧停车位、统一群众咨询求助电话号码"这部分内容,实际上讲了三件事:证照的问题、车位的问题、号码的问题,可以换一种方式加以总结:"全面梳理优化行政审批和服务流程。"既是措施,又是成果。

【修改后】

今年以来,我局把"我为群众办实事"实践活动作为服务群众的重要抓手,全面梳理优化行政审批和服务流程。如××单位推出了"一证一位一号"便民举措,实现了减程序、减时限、减成本"三减"目标。

6.1.6 慎用易错字,领导读错你"背锅"

只要严格按照 6.1.1 小节至 6.1.5 小节介绍的注意事项撰写领导讲话稿,就可以写出一篇"不出错"的讲话稿吗?不是的。写领导讲话稿还有一个容易忽略但是影响极大的"坑",就是不小心写了领导不认识的字——领导在台上结巴了、读错了,无论是哪种情况,只要台下有骚动或者参会者控制不住自己的面部表情，执笔人辛辛苦苦写的这篇讲话稿就算是白写了。我结合自己工作实践中的经验，梳理了领导在讲话中经常读错或不会读的字，如表6.5所示，分享给大家，大家可以在此基础上继续丰富、完善。

表6.5 易错字应用场景及错误分析

使用场景	易错字（含易错字的文段）	易错原因
干部任命会	姓氏"单"	"单"（shàn），易错读成"丹"（dān）
鼓舞士气的讲话	踔厉奋发	"踔"（chuō），易错读成"卓"（zhuó）
工作部署会	各部门要通力配合，不能相互掣肘	"掣"（chè），易错读成"制"（zhì）
纪检通报会	沆瀣一气	"沆"（hàng），易错误成"坑"（kēng） "瀣"（xiè），易错读成"桨"（pán）
纪检通报会	身陷囹圄	"囹"（líng），易错读成"令"（lìng） "圄"（yǔ），易错读成"勿"（wù）
纪检通报会	饮鸩止渴	"鸩"（zhèn），易错读成"鸠"（jiū）
民主生活会	特别是领导干部，在大是大非面前，不能态度暧昧	"暧"（ài），易错读成"暖"（nuǎn）
迎接新人	年轻人要有鸿鹄之志	"鹄"（hú），易错读成"浩"（hào）
校庆讲话	莘莘学子	"莘"（shēn），易错读成"辛"（xīn）
青年活动	这是对青年干部的鼓励和鞭笞	"笞"（chī），易错读成"踏"（tà）

续表

使用场景	易错字（含易错字的文段）	易错原因
作风建设会	有的领导习惯越俎代庖	不敢确定"俎"（zǔ）的读音"庖"（páo），易错读成"包"（bāo）
党建工作会	弘扬党的优良传统，始终赓续红色血脉	不敢确定"赓"（gēng）的读音
开幕致辞	让我们碰撞思想、共谋发展，共享思想的饕餮盛宴	不敢确定"饕"（tāo）、"餮"（tiè）的读音

作为执笔人，日常工作中要注意多收集、总结，在参加各类会议时，发现领导在读其他同事写的讲话稿时出了错，下次自己写稿时要记得尽量避免使用同样的字。

那么，如何尽量避免让领导当众出丑呢？

1. 替换词语

尽量避免使用易错字、生僻字、多音字，如果在写领导讲话稿的过程中遇到可能让领导"踩坑"的字，换其他同义字。

2. 审慎注音

如果遇到无法替换的生僻字，比如人名、主题活动的主题、引用上级领导的原话等，可以用铅笔在讲话稿上加标注。

需要注意的是，**标注之前，最好跟领导沟通一下，但不要单独就这件事沟通，可以在定稿前跟领导提一句，这个字的读音有些奇怪，需不需要帮您标注一个同音字？领导同意了再标注。**如果擅自标注，会让领导认为你觉得他没文化，反而引起领导的不满。

工作时，千万要注意工作顺序，经常换位思考！

6.1.7 分步拆解，讲话稿这样撰写

如何做到站位准确、提问题有分寸、提要求可落实？如何让领导拿到符合他身份、职责、习惯的讲话稿？我结合自己的工作经验，努力用最容易理解的方法呈现思考过程。

在动笔之前，要按照事物从无到有的逻辑顺序，问自己如下几个问题。

1. 谁来讲话？讲给谁听？

这是写讲话稿的前提。很多人认为这个问题太简单了，领导会明确告诉执笔人谁来讲话、讲给谁听，殊不知，这里面有一个非常重要的细节。

【情境】

> 科长对小白说："单位准备召开纪律作风教育整顿阶段推进会，'一把手'要发表讲话，你来写一篇讲话稿。"小白领到任务，赶紧回自己的办公室埋头写。

这里有两个"雷区"。

（1）谁来讲话？

小白可能会说，科长交代得很清楚啊，"一把手"讲话，所以我写讲话稿时，站位一定要高。

"雷区"在哪里呢？在于小白对领导进行的"人物刻画"太单一了。**对讲话者进行人物刻画，是写讲话稿的第一个步骤**。拆解过程如表6.6所示。

表6.6 人物形象刻画

角度	分类	人物形象刻画
职务	正职领导	统筹全局，有威严、有力度，从战略意义、决策部署等高度提出宏观层面的要求
	分管具体工作的副职领导	把正职领导的领导作用放在前面，照顾正职领导的感受，表述时相对于正职领导要更加谦和。副职领导通常起承上启下的作用，前面是业务负责人讲话，后面是正职领导讲话，副职领导的讲话稿要注意不能简单重复前面下属汇报的内容，也不能与正职领导讲话重复，要更多地结合分管工作，提供意见建议供领导班子参考
	业务负责人	针对自己负责的工作提要求，不可以给平级部门安排工作、增加责任，站位不可以高于行政职务
学历专业	学者型领导	如果领导本身学历很高，有深厚的理论功底和文化底蕴，那么讲话稿的写作难度较大，文字要讲究精致，甚至需要穿插运用典故
	普通领导	如果领导的学历水平并不突出，讲话稿语言要直白浅显，用朴素的话部署工作、讲清道理即可。此外，随着干部队伍年轻化、专业化，讲话稿有时会涉及跨学科内容，撰写时需要结合领导本身的专业领域，如理工科领导讲话，举例可以用工程原理、建筑结构等；文科类领导讲话，举例可以用文史哲典故
履历背景	文秘出身的领导	用词讲究对仗工整、含蓄委婉，重视讲话稿的逻辑和分析问题的方法，尤其重视业务工作与思想、人才建设的关系
	业务出身的领导	更加写"实"、一针见血，更关注做什么、怎么做、存在什么问题、如何解决问题
性格特点	激进型领导	用词直接，下笔可以更大胆，甚至可以偏口语化
	保守型领导	用词收敛严谨，更注意分寸感，尽量不直接点评、批评，更关注受众感受和单位氛围

续表

角度	分类	人物形象刻画
性格特点	综合比较	激进型和保守型两种性格的领导的讲话稿用词差别非常细微，常见的表述如下。 差距很大/差距较大；存在的问题/存在的隐患；仍存在不足/需要进一步改进；产生负面影响/产生不利影响；具有重大意义/具有深远意义；取得突出成效/取得阶段性进展；不得推诿掣肘/要通力协作、互相补台
偏好风格	—	有的领导偏好诗词典故、名言警句，有的领导喜欢通俗易懂、浅白直接；有的领导偏好长难句、复句、从句，有的领导则喜欢短句。执笔人要顺应领导的风格，让领导读得更加顺畅
常用词组	—	领导通常会有自己常用的词组，如有的领导喜欢用数字提炼总结；有的领导喜欢说"逻辑""模式"；有的领导则喜欢说"亮点""创新"。如果能将领导常用的词组搭配融合在字里行间，领导会感觉执笔人写的讲话稿更符合自己的心意

(2) 讲给谁听？

是讲给全体员工听，还是讲给全体领导干部听？是讲给各部门"一把手"听，还是讲给处级以上领导干部听？明确受众范围非常重要，如果受众范围有误，讲话稿一定会被要求返工重写。如何根据受众确定讲话内容？如表6.7所示。

表6.7 讲话重点分析

受众	侧重点
全体员工	侧重全员视角，逐层讲落实，落脚点在整体队伍应该怎样做
部门"一把手"	侧重讲领导干部如何率先垂范、各部门如何协同配合、平级单位之间的对比情况。讲话稿要强调各级领导的责任，因受众范围小，内容可以更加直白，指出问题可以更加严厉

续表

受众	侧重点
仅有内部人员	关起门来，可以讲得更为深入、批评得更为直接
有外部单位参加	讲本单位经验时要谦虚，点本单位问题时要尽量委婉
有群众代表参加	减少对行业术语的使用，要让受众能听懂，拉近与群众之间的距离，切忌用词传达出居高临下的感觉

因此，小白的正确做法是在接受任务时追问一句："请问科长，这次会议由哪位领导讲话，受众是谁呢？"

【学姐唠叨】

如果还是理解不透，我给大家举一个更为浅显的例子。学生时期，班主任召集班干部开会与班主任给全班同学开班会时，讲话内容完全不同，如果只有班干部，班主任了解的重点是学生日常的真实情况；如果是面向全班同学，班主任会更加照顾全部同学的感受，并关注对班级团结的维护。

2. 会议背景是什么？

会议背景，即会议的"前世今生"。以为局长撰写"纪律教育作风整顿会议"的讲话稿为例，大家可以思考一下，如果接受此项任务的是你，你会如何确定会议背景呢？

【情境】

科长找到小白，说："单位准备召开纪律教育作风整顿阶段总结会，局长要发表讲话，你来写一篇讲话稿。"

小白:"请教科长,这次会议的召开背景是什么?"

科长:"总结前一阶段工作,部署落实下一步工作。"

小白点点头,赶紧回到办公室,埋头写稿。

情境中,小白对科长的提问没有问出任何实质内容,信息获取到这个程度,很难写出符合局长心意的讲话稿。

那么,小白应该怎么做呢?

小白可以继续追问:"请教科长,为什么要突然召开这样一个会呢?作风整顿工作不是推进得挺好的吗?"

科长说:"局长去开会,上级领导点了一下咱们单位,说工作做得没有其他单位好。"

科长讲到这里,作为执笔人,小白就应该明白这次会议的真正背景了。会议召开的背景是局长去上级单位开会,上级领导表扬了其他单位,点了一下自己任职的单位。这个"点了一下",其实就是上级领导对小白所在单位的作风整顿工作推进效果不满意,与兄弟单位相比,他们落后了。

因此,局长对本单位各部门的工作是不满意、不高兴的。如果没有了解到这层背景,写一篇热情洋溢、激情澎湃的讲话稿,到了局长那里,一定会被原路退回,因为他想要的是一篇找问题、找差距、找漏洞、压责任、要成果的讲话稿,讲话稿的整体风格应该是严肃有力的——再落实不力,他就要承担领导责任了。

综上所述,领导为什么要召开会议?出发点是什么?侧重点是什么?是规定动作还是本单位的主动动作?上级领导有没有评价、批示?这些问题,都需要执笔人询问、请教、了解透彻。背景、目的不同,写法自然不同。

【学姐唠叨】

有的执笔人可能会问,如果科长也不知道这一背景怎么办?先不要考虑那么多,你问了吗?做好自己该做的事,这是最基本的。如果科长也不知道,可以请科长就详细的背景情况去问处长。这时,可能又会有人说,我不敢跟科长说。这就是原地转圈的逻辑了。

作为一名负责公文写作的工作人员,科长能放心地把为局长撰写讲话稿的任务交给你,说明他对你是有一定信任的,甚至说,处长、局长,可能都是对你有印象的,那么,出于把工作做好、不做无用功的目的,只要能获取更多的信息,中间环节的困难都是应该想办法克服的。

此外,如果你和上级单位的相关工作人员有良好的沟通关系,甚至可以打电话问一问相关情况,比如,昨天开大会,上级领导讲了些什么?为什么本单位的领导回来时黑着脸?能否把会议资料传阅一份?如果不方便,能否把涉及本单位的内容大致讲解一下?总之,知己知彼,方能把讲话稿写到领导心里。

3. 领导想讲什么?

(1)讲话稿要素拆解

有了前两步铺垫,小白明确了这篇讲话稿的相关要素,如表6.8所示。

表6.8 讲话稿撰写过程拆解

要素	要素分析
主题	纪律教育作风整顿阶段性总结大会
背景	上级领导对本单位的工作不满意,本单位和兄弟单位相比有差距
目的	找问题、找差距、找漏洞、压责任、要成果
思路	要求各部门负责人"动起来",明确目前工作推进到什么阶段了,其他单位是怎么做的,本单位是怎么做的,差距在哪里,问题在哪里,是中层领导不重视,还是业务工作有冲突等
风格	因为局长已被上级领导批评,讲话稿全文基调要严肃庄重、直指问题、不讲"假大空"、实实在在,对履责不力、落实敷衍、工作滞后的部门不留情面
内容	1. 重申纪律教育作风整顿工作开展的背景、意义; 2. 明确本单位与兄弟单位之间存在差距,要求本单位各部门负责人督促工作开展、总结工作成果、学习兄弟单位的工作经验; 3. 要求分析导致落后的原因,是主观原因还是客观原因?是思想不重视还是保障不到位、部门互相掣肘、业务工作冲突?是否存在个别部门压根没开展相关工作的情况?甚至可以点出负面典型; 4. 部署下一步工作

按照以上步骤,结合现有的工作素材撰写讲话稿,至少可以确保讲话稿的总体方向是正确的,不至于辛辛苦苦地写完后,被全盘否定。

(2)讲话稿撰写实操

对讲话稿撰写思路有所了解后,我们跟小白一起实际搭建一篇讲话稿框架,以巩固所学内容。

【情境】

小白在金融局工作,全年工作过半时,局长准备组织辖区企业召开一次座谈会,科长安排小白给局长撰写一篇讲话稿。

撰写这篇局长讲话稿,分析过程如表6.9所示。

表6.9 讲话稿撰写分析

要素	要求	分析
时间/背景	全年工作过半	既然是半年度座谈会,不是专门针对专项工作组的部署会,那么讲话背景周期较长,第一部分要提及半年内的总体政策情况
谁来讲	金融局局长	金融局局长讲话,站位要高
讲给谁	辖区企业	宣导政策、强调底线、服务发展
讲什么	座谈会内容	座谈会,决定了这次讲话不是要批评、部署,而是讲形势、摸情况,或者是讲问题、讲保障、讲趋势、提希望、提要求

通过分析,可以大致梳理这篇讲话稿的框架如下。

一、讲形势

1. 政策层面(半年来,国家出台了哪些利好政策)

2. 落实层面(省市一级分别如何落实,推出了哪些利好举措)

3. 环境层面(受到哪些不利因素的影响)

4. 市场层面(辖区企业融资情况、经营情况)

二、讲问题

1. 治理层面(辖区企业有哪些违法违规情况)

2. 经营层面(辖区企业发展面临哪些瓶颈和困境)

三、讲对策

1. 政府层面(政府在哪些方面提供了更多支持和保障,比如政策、资金、人才、投资环境、营商环境、宜业环境等方面)

2. 治理层面（如何处理发展和合规的关系）

3. 经营层面（面对突发事件，辖区企业应有的常态化应对思路）

四、讲要求

1. 合规发展

2. 产业升级

3. 自主创新

4. 经营管理

【学姐唠叨】

如上所示，这篇局长讲话稿的结构已经搭建完成，大家可以按照6.1.1小节至6.1.6小节中讲述的内容，尝试对其进行丰富、完善，看看自己的公文写作逻辑是否确有进步和提升。

6.1.8 写完领导没念，不必灰心自责

有的执笔人对我抱怨："我的领导很喜欢发散思维，让我写讲话稿，写好了，却不按讲话稿念，害得我白忙活一场。"面对这个问题，大家一定要明确三点。

1. 讲话稿是"必须备用"，而不是"必须要用"的公文材料

很多执笔人存在一个认知方面的误区，即我给领导写了讲话稿，领导就一定会用。这是不对的。

撰写讲话稿，是为了防止领导有不时之需，提前做充分的准备。在什么情况下，领导会念准备好的讲话稿呢？

（1）领导太累了

领导忙完一整天的工作，大脑转不动了，为了避免讲话不到位，可能会用准备好的讲话稿。

（2）讲话场合很重要

领导要在年度联欢会、开幕式等重要场合讲话，因为需要一定的文采和情感，且不能出错，通常会用准备好的讲话稿。

（3）领导没想好讲话内容

领导自己还没有想好要在这个活动、会议上说什么时，会用准备好的讲话稿。

（4）执笔人写得深得领导心意

如果执笔人把讲话稿写得非常对领导的胃口，也就是领导认为这篇讲话稿写得太好了，充分表达了他内心想表达的内容，会用准备好的讲话稿。

被领导使用了讲话稿，对执笔人来讲，是一种极大的肯定。

不过，要明确的是，执笔人准备讲话稿，本质是给出席活动、会议的领导提供一份"安全感"——在他即兴讲话讲不动时，有一篇讲话稿可以作为参考。所以，讲话稿是"必须备用"，而不是"必须要用"的公文材料。说得更直白一些，讲话稿是"备胎"，领导有用或不用的自由。

明确了讲话稿的存在意义，大家就不会因为自己辛辛苦苦地赶稿子，结果领导自己发挥而感到沮丧了。

2. 领导没念讲话稿，不代表执笔人写得不好

有的执笔人经常会陷入自我怀疑，辛辛苦苦地写了讲话稿，领导没念，是不是意味着自己写得太差了？或者说，至少是没有写到领导心里去？这里可以分几种情况看。

（1）领导是务实型领导

如果领导刚好状态不错，且在近期工作中发现了很多重要的问题，有很多需要部署的工作，就很有可能即兴讲话。

（2）领导表达能力强

有的领导即兴表达能力很强，出口成章，为了展示自己的能力、塑造良好的形象，可能会即兴讲话。

（3）领导对讲话稿进行二次创作

有的领导会参考执笔人撰写的讲话稿，进行二次创作及即兴发挥。

因此，领导没有使用讲话稿，要结合以上几种可能的情况，分析具体原因，不要因此陷入自我怀疑，产生懊恼情绪，甚至在私下场合抱怨领导。

3. 写完的讲话稿这次没用，不代表白写了

不仅仅是讲话稿，任何一篇完整的公文材料，领导没有使用，都不算白写了！每年的工作大同小异，流水的领导铁打的兵，这些成型的公文材料，都是非常宝贵的文字素材，很多片段可以用在其他工作场合，甚至可以修改更新后，给下一位领导使用。

写作和做其他事情不同，永远不可能"白写了"，因为每一次输出，都是对自己表达能力和逻辑思维的锻炼。

第6章 | 最怕的长篇材料来了

【学姐唠叨】

对于执笔人来说,写完领导讲话稿,活动或会议当日,应主动申请前往活动或会议现场旁听,旁听的目的有两个。

其一,如果领导原封不动地照着你的讲话稿讲话,意味着你写到了领导心里,一定要复盘这次写作思路,下次写讲话稿时就按照这个感觉写;

其二,如果领导临时改动或者即兴增加了部分讲话内容,一定要认真记下改动了哪里、即兴发挥了什么。改动后的表述方式,是领导更喜欢、更适应的表述方式,下次要按照这个句式来撰写讲话稿;即兴发挥的部分,是领导近期关注的工作重点,记下来后,如果近期有其他重要的公文材料要写,记得把这个点加进去。

工作思路没框架，领导只说你去找

岁末年初，最重要的工作任务就是撰写新一年的工作思路。很多执笔人很害怕写工作思路，因为领导没有明确的思路，自己只能抓耳挠腮、绞尽脑汁地到处拼凑。

 领导风格不同，应对策略各异

根据写作能力、工作风格的不同，可以大致把领导分为以下三类。

①领导文字功底扎实，会给明确的框架。

②领导的想法很多，但是搭不起框架。

③领导随口说两句，剩下的工作全盘交出。

作为公文写作负责人，大家要善于在与领导的日常相处、磨合过程中，观察领导的写作能力、分析领导的工作风格，明确自己的领导属于哪一类型。当然，这三类只是一个大致区分，还有一部分领导，可能连"随口说两句"都做不到，在这里，统一划归第三类。

在实际工作中，根据领导写作能力、工作风格的不同，执笔人可以使用不同的策略应对领导安排的任务。接下来，我们分类详解。

1. 领导文字功底扎实，会给明确的框架

遇到这类领导，对于执笔人来说是非常幸运的。这类领导思路清晰，对于新一年的工作应该如何开展，一般有明确的想法，甚至有的领导会分要点把工作思路列出来，在这种情况下，执笔人只需要按照领导给出的框架，把句子润色一下，将细节内容填进去就可以了。

2. 领导的想法很多，但是搭不起框架

这类领导的特点是想法特别多，但是很零散，可能今天想起来三五点，明天又补充两三点。此外，如果是业务工作出身的领导，驾驭文字的能力可能较弱，有想法、有思路，但搭不起完善的结构框架。遇到这种情况，执笔人需要协助领导对思路、想法进行梳理、分类，调动自己积累的"兵器库"，找到合适的"瓶子"，把内容装进去。

3. 领导随口说两句，剩下的工作全盘交出

遇到这类领导，对执笔人来说压力比较大。大多数情况下，普通员工没有参加高级别领导会议的机会，没有全盘把握各部门工作情况的平台，不知道平级单位的工作进度，更不知道目前单位的整体工作中存在哪些宏观问题，这时，直接被安排写工作思路，有一点"巧妇难为无米之炊"的尴尬。而且，在这种情况下，执笔人不但是一个执行者，还会被迫成为"主导者"，也就是说，工作思路的灵魂、躯干和血液，都需要出自执笔人之手。这种情况对执笔人来说，是机遇，也是挑战。

机遇是什么？领导没有想法，需要执笔人站在单位的高度去提炼想法，这是一个高强度训练，执笔人有难得的自主权和辅助决策权。挑战是什么？是容易撞到思路天花板，没有更高水平的人给予指导，执笔人很难发现自

己在架构、行文方面的问题,也就是说,很可能在一个水平高度上重复训练。

那么,具体应该如何完成写工作思路的任务呢?我们从搭框架、填观点两部分入手进行介绍。

6.2.2 领导未给思路,自行拆解分析

如果领导没给思路,作为执笔人,如何自己找思路呢?我们来看看以下情境。

【情境】

小白在纪检部门工作,年末,领导让小白写新一年的工作思路,但是具体应该写什么、怎么写,领导没有说,只是说看看去年写的工作思路,先写一稿。

领导都没有思路,小白更是丈二和尚摸不着头脑,只能一边整理单位今年的重点工作,一边看去年写的工作思路,苦苦找灵感。

针对情境中的任务,我用表格形式对寻找工作思路的过程进行了拆解,如表 6.10 所示。

表 6.10 寻找工作思路的过程

梳理内容	作用意义
近三年年度工作总结	看看哪些工作是每年必须开展的,这些工作是规定动作,一定要写入新一年工作思路

续表

梳理内容	作用意义
上级单位对本单位的年度考核情况	关注上级单位对本单位的考核评分,看看哪些加分了,哪些扣分了。加分项属于创新动作,要写入新一年工作思路,继续推广做深;对于扣分项,要研究是因为什么扣分,写入新一年工作思路,查漏补缺
研究本系统排名前五的单位的工作内容	看看本系统排名前五的单位分别是哪家,过去一年因为做了哪些工作取得了优异的成绩,这些工作中哪些是本单位没有做的,可以写入新一年工作思路
本年度上级单位领导、本单位"一把手"的讲话稿	汇总讲话稿中所有提到本单位的点,看看是肯定还是批评,对于肯定的部分,新的一年继续发扬光大;对于批评的部分,查找原因,将整改措施写入新一年工作思路
上级工作要点	将上级工作要点降维落地到本单位后,写入新一年工作思路
本单位全年简报信息	挑出亮点工程、品牌项目、经验做法,将可以继续开展的工作写入新一年工作思路
去基层单位或各职能部门调研时发现的问题	分析这些问题的大小、性质,明确哪些是可以立即整改的,哪些是需要长期督促检查的,对需要建章立制、长期解决的问题,写入新一年工作思路
对基层单位进行考核的情况	考核过程中,发现哪些各单位不重视、做得不好的问题,新的一年能否采取效果更好的方式,加以总结后写入新一年工作思路
梳理所有制度文件	哪些制度已经陈旧需要更新,哪些制度不切合实际需要修改,哪些制度落地难需要细化,哪些制度尚属空白需要建立……梳理后写入新一年工作思路
本单位人员全年违法违规情况	如果存在人员违法违规情况,从组织角度,查找思想教育、培训、制度惩戒方面的疏漏,将解决方法写入新一年工作思路

通过表格,可以梳理出几十项工作思路要点,按照制度层面、思想层面、业务层面、党建层面等维度进行分类梳理后,基本的工作思路框架就搭建出来了。

【学姐唠叨】

按照表6.10梳理一遍后,大家会发现,对于新一年的工作思路来说,我们手头已占有的素材非常充实,把这些素材用好,搭建一个优质框架,一篇逻辑清晰、要高度有高度、要接地气就接地气的工作思路便基本成型。

小白按照上述方法整理素材后,发现这一年真的做了不少工作,但工作内容非常凌乱、毫无头绪。到了这一阶段,我们可以借助新的表格,继续进行分析拆解,如表6.11所示。

表6.11 工作思路的拆解过程

工作大类	主要工作内容	问题	新一年的工作思路
制度建设	《进一步加强党风廉政工作的意见》《进一步加强党风廉政教育工作的意见》《纪委委员工作制度》《纪委委员议事制度》《纪委秘书工作制度》	制度比较多,但可以参照细化执行的很少,工作要点类操作指引内容基本没有	进一步细化已有制度为《整改通知单》《廉政建议单》《廉政函告单》《监督提醒书》《月度党风廉政工作情况》等操作手册
监督模式	派驻和巡查相结合,开展监督检查150次,督促解决问题212个,收集案件线索68条,对14起违规事件进行通报问责	工作做了很多,但缺少高度凝练的主线思路	使用派驻和巡查相结合的方式,提炼创新观点
廉政文化	组织廉政书画展、知识竞赛、演讲比赛	没有充分使用互联网手段,科技赋能不足	开辟网络阵地,应用多媒体手段,用科技助力监督

续表

工作大类	主要工作内容	问题	新一年的工作思路
自身建设	领导讲党课25次，理论调研5次，提拔25人，组织培训12期	调研成果未能应用在实际工作中；人才梯队建设不尽合理，存在断档断层问题	推动理论落地，指导业务工作，引进人才、优化人才结构

小白使用表6.11，先列示了四个工作大类，再分类梳理了本年度所有工作，通过分析，思路清晰起来：哪些是规定动作、哪些是自选动作、哪些是加分动作、哪些可以做大成为品牌工程、哪些工作需要提炼方法模式……这样，框架就逐渐明确了。

6.2.3 框架已定，观点提炼不可或缺

能够被领导安排写工作思路的执笔人，通常已经具备了一定的写作经验和写作功底，对于工作思路这类公文材料来说，难度最大的，其实是对"灵魂句"的提炼。

所谓工作思路的"灵魂句"，就是在工作思路开篇，有提纲挈领的作用，需要加粗显示的那几个句子，用于高度概括全年工作的目标和主线。

比如，在使用表6.11进行分析的过程中，小白发现，本单位工作模式的亮点是"派驻和巡查相结合"，也就是说，在以纪委为主体执纪监督的基础上，使用派驻和巡查相结合的方式延伸监督触角。

针对这样的工作方式，可以提炼出什么观点呢？

"'一体两翼'的监督格局"这一表述，就比"派驻和巡查相结合"上了一个高度。

又如，小白发现单位的主要工作内容是主体责任、权力监督、人员管控、廉政教育、人才建设等五项，针对这五项内容，可以做哪些观点提炼呢？

可以构建"五张网"，即构建主体责任网、权力监督网、人员管控网、廉政教育网、人才建设网，也可以用"五轮驱动"等亮眼词汇进行观点提炼。

只要能够将工作内容用形象的语言加以概括，工作思路的整体呈现效果就会再上一个台阶。

完成以上分析后，小白的工作思路的核心段落就出来了，如下所示。

以习近平新时代中国特色社会主义思想为指导，深入贯彻党的十九届六中全会精神，全面落实中央纪委十九届六次全会和市纪委十一届六次全会部署，以"领航党建工程"为引领，构建"一体两翼"大监督工作格局，以高质量党建引领业务工作高质量发展，以优异成绩迎接党的二十大胜利召开。

6.3 工作总结要求高，新颖观点不能少

每年年中和年底，各单位都有一类重要的公文材料要写，即"工作总结"。我曾经问过一些工作了几年的年轻人："你觉得在这类公文材料的写作过程中，最大的痛点是什么？"很多人告诉我，平时写篇幅比较短的简报信息还行，但是根本驾驭不了工作总结这类长篇材料，辛辛苦苦干了一年，写出来的工作总结像流水账一样，感觉什么有意义的工作都没干，自己都看不下去，无法向领导交差。

6.3.1 总结写得好，胜过埋头干一年？

2019 年，新东方年会上，员工唱了一曲改编自"沙漠骆驼"的《释放自我》，火遍全网，其中有一句："干活的累死累活，有成果那又如何，到头来干不过写 PPT 的"，引起了很多职场人的共鸣。

身在职场的人大多有同感——年度工作总结写不好，很大程度上意味着这一年"白干"了。年关将至，如何整合全年的工作内容、呈现全年的工作成果，显得尤为重要。会写工作总结的人，可能只做了一项工作，但是看完工作总结，感觉他像是做了一百项工作，非常辛苦、努力；而不会

写工作总结的人，可能明明干了一百项工作，写的工作总结看起来却像是按部就班地简单劳动了一年，毫无积极主动的作为。

有些职场人可能会感到很委屈，为什么领导会简单地通过文字材料判断一个人或者一个部门全年的付出呢？

这非常好理解。领导要做的是宏观指导和决策，不可能事事亲力亲为，叫不出一些下属的名字都属于正常。尤其是在员工比较多的大单位中，除了日常调研走访，领导只能通过下属呈送的文件掌握各部门工作的开展情况。换言之，**工作总结写不好，领导真的不知道你的、你所在部门的工作成绩有哪些。**对个人来说是如此，对单位来说也是如此，一篇高质量的工作总结，有时候胜过埋头耕耘一整年。

如何判断一篇工作总结写得好不好？有一个特别简单的方法——把写好的工作总结交给其他同事看一下，让对方看后总结一下你都做了哪些工作，如果对方能正确看出核心重点和主体内容，是"树"状的体系，说明这篇工作总结是过关的；如果对方看到的是分散的"点"，东一句西一句，说明这篇工作总结的"归纳提炼"没有做到位——没经验、没亮点，呈现的全是琐碎的工作。

明确了工作总结的重要性后，我想补充一点，如果正好有单位领导阅读这本书，看到这里，我想替执笔人说几句话。年底时，领导想让本单位/部门的工作成绩"被看见"，除了要督促大家低头干活之外，还要帮助大家抬头看路——不仅要拿出十分的精力落实工作，还要拿出十分的精力筹谋工作总结中要体现的内容，以及如何搭建框架、展示哪些重点工作和亮点工作。如果简单地把写工作总结的任务全盘交给执笔人，不给任何要求和指导，受制于年纪、职级和工作视野，可能执笔人有再扎实的写作功底，也写不出面面俱到的工作总结。

6.3.2 搭框架、寻内容，逻辑清晰好处多

1. 框架、标题，助力逻辑梳理

在本书 3.4 节中，我讲过，"美文在骨不在皮"。同理，着手写一篇工作总结的时候，最不可取的就是下笔直接写。第一个要做的动作是什么？是根据全年工作，给这篇工作总结搭一副好的骨架。换言之，先给公文材料找一个好看的"瓶子"，再去装内容。骨架、瓶子，就是公文材料的结构。

长期从事公文写作工作的执笔人，看到好的内容、标题、结构时，通常会保存下来，时间久了，就拥有了一个"兵器库"。动笔写作之前，先在"兵器库"里寻找好用的素材，统一摘录在空白文档中，再结合领导给出的要求、提纲，研究如何把领导的思想和好的句式融合在一起，这是最简单的成文方式。

如果你是工作不久的职场新人，占有素材不足，且无法快速收集到好用的素材，怎么办？两个方法。

方法一：参加公文写作培训，会在培训中获得一些已经经过整理的素材。这种方法快捷、高效，但弊端也很明显，即公开分享的素材质量良莠不齐，且不一定能和需求完美匹配；

方法二：用 5.1 节中讲述的搜索方法，快速搜索可参考的素材。这部分素材的占有，在一定程度上决定了所写公文材料的高度。

找"瓶子",不是让大家原封不动地去抄,而是指导大家借鉴好的结构设计,借鉴已成型文章中一级标题、二级标题、三级标题的设计。

如果写一篇十几页的工作总结需要用一周的时间,我通常会划拨三天用于搭骨架、找"瓶子"。如果一篇工作总结的满分是一百分,好的骨架值七八十分。举一个例子,小白和自己的两位同学分别在同一个单位的不同分局负责宣传工作,三个人的工作内容能有多大的区别呢?没有本质区别;那么,三个人写的工作总结,会有很大的区别吗?可能天差地别,关键就在于三篇工作总结,哪一篇的骨架、结构美。

2. 确定主要内容,让逻辑更加清晰

把工作总结的结构搭起来、各级标题基本确定后,执笔人可以开始尝试往里面填内容了。这时,问题又来了,内容从哪里来?很多执笔人忙了一整年,到年底写工作总结的时候,发现自己早已忘记这一年做过什么事。如何回忆起全年的工作内容呢?

(1) 浏览内网

按照时间顺序,把内网中全年的领导动态、单位要闻、部门通知等浏览一遍,看到有用的内容、数据、讲话后,直接复制并粘贴到工作总结中对应的框架里。这是比较省力的方法,一边看,一边粘贴到对应的位置上,就不需要单独整理第二个、第三个文档了。如果工作内容比较多,可以用不同的颜色为文档做分区标记。

(2) 查阅部门资料

翻阅年初的工作思路,全年的党委决议、会议纪要、会议议程等资料。翻阅年初的工作思路,可以轻松地发现实际执行情况较年初计划存在哪些不同；翻阅各种资料，可以找到全年的工作重点。

（3）翻阅工作笔记

体制内的公务员，一定要养成记工作笔记的习惯。一来，记录每一个阶段的重点工作、领导强调多次的工作要点、领导讲话中的高频词汇，能够帮助你更好地提高自己的业务水平；二来，这也是对自己的保护——凡事留痕、留记录，防止工作出现差错时查无实据。

6.3.3 可量化、有成果，学会提炼亮点

写工作总结时，最容易出现的问题是用"堆砌"的方式写出"流水账"。比如，很多职场新人想总结自己今年学习了诸多上级文件及指示精神，便直接在工作总结的第一部分写认真学习了××理论、××法规、××文件，从来不曾考虑，这样的工作总结在领导看来，只是一篇接一篇的学习资料名称堆叠，交工作总结的人干了什么呢？除了把资料名称整理了一遍之外，什么都没干。

比如，小白负责本单位的教育培训工作，在工作总结中写道：今年×月×日开展了A培训；×月×日开展了B培训；×月×日开展了C培训……对这些培训名称进行罗列，能体现工作成果吗？很难体现。为什么？原因如下。

第一，没有体现培训的量级；

第二，没有体现培训的方式；

第三，没有体现培训的成果；

第四，没有体现培训的亮点。

写业务培训方面的工作总结，必须对两个基本要素加以呈现，其一是培训数据，其二是培训方式。如果对自己的要求高一些，还有第三和第四，即培训成果和培训亮点。

什么是培训数据和培训方式？比如组织一次培训活动，参训人员有多少、覆盖多大比例、采用哪些创新形式、邀请了什么级别的专家、涉及多少学科内容、达到怎样的培训效果……这都是需要在工作总结中呈现的内容。

什么是培训成果和培训亮点？比如哪些成果是本单位独有的、哪些形式是本单位首创的。一定要突出创新性，这意味着领导在组织开展培训时经过了思考、发挥了主观能动性，而不是浮皮潦草、应付差事。

可能有执笔人会问："如果都是常规培训，没有亮点可以挖掘，怎么办？"这和我们评价一个人是同样的道理，我们都说自己是普通人，但只要进行深度挖掘，其实每个人都有自己的独特亮点和长处。确实，日常工作日复一日、年复一年地开展，看上去毫无新意，但这只是大家直观的感受，每一年，培训的背景都不同、参与培训的人员也不同，这本身就是可以挖掘的亮点。

比如，特殊时期的培训和常态化的培训，必然存在不同。2020年至2022年，不少单位组织过居家办公期间的培训，沟通、筹备，很多基层人员可能认为自己做的是最琐碎、普通的工作，但提炼出来，都是亮点。比如，在居家办公期间，为了组织培训，大家克服了什么困难、设计了哪些方案、采用了什么方法应对不可抗力……如果连这些亮点都找不到，还是老办法，用 5.1 节中讲述的搜索方法，看一看兄弟省市和兄弟单位的优秀做法，你会发现，其实对方做的工作，你一个不落地都做了，只是对方提炼了亮点，带来了高度的不同。多看一看、想一想，一定会有所体悟。

反过来说，一篇失败的工作总结是什么样的呢？有些皮，但没有骨。我们在娱乐热搜上经常看到这样的描述：×××演员，乍一看，长得很好看，但是经不起细看，因为骨相不够好。公文材料也是如此，如果一篇公文材料乍一看还行，但是越看越不行，经不起推敲，仔细一读，发现言之无物，问题就在于有皮没有骨。这是执笔人初写公文材料时常犯的错误之一。

6.3.4 提观点、寻创新，画龙点睛见真章

把前两步做好了，优质的工作总结就撰写成功了吗？远远不够。一个人，只有骨和皮，你可以叫他"美人"，也可能会叫他"花瓶"，如何才能把他培养成内外兼修、德才兼备的人呢？要赋予他智慧。对于优质的工作总结来说，同样如此，除去精致的结构和丰富的内容，还要上价值——提炼灵魂。**优质的工作总结，一定要有画龙点睛之笔。**

【情境】

小白负责本单位的信息化建设工作，临近年底，需要对各下属部门的信息化建设完成情况进行考核、打分。小白给 A 处考核时，打了十分；给 B 处考核时，打了二十分；给 C 处考核时，扣了五分……

将小白负责的工作呈现在工作总结中,意识不到工作总结重要性的职场新人会怎样写呢?

【初稿】

今年,共考核十个部门的信息化建设工作。其中,A 处十分,B 处二十分,C 处扣五分……

这呈现出来的是什么?是流水账!如今,小白已不再是当初的职场新人,他自行对写作思路进行了优化,写出如下稿件。

【修改后】

今年,共对十个部门进行了考核,采取了××方式,制订了××计划……

这样写,看起来会稍微好一些,但它足够美吗?依然不够美,依然不够有智慧。

这时,资深执笔人会进行进一步提炼。小白做了很多工作,能不能把亮点抽出来,总结成一句话或几个字?比如,**创新性地使用了"N+1"考核体系**。同样的工作内容,在表述时进行了提炼和拔高,呈现效果会截然不同。当然,如果小白能够在年初制订工作计划时,就把这个考核体系细化并加以推行,年底进行工作总结的时候,一定会有更多翔实的素材可用。

再举一个例子，小白负责本单位的组织人事工作，每年的工作总结都是"今年录用了××人、考察了××人、任命了××人……"年年如此，领导怎么可能会满意？

想把重复的工作做出亮点，需要开动脑筋。比如，能否把录用、考核、任命等工作提炼为一个链条式激励机制，形成"三三制"人事工作手册？这样，回顾全年工作时，一定会让听汇报的领导有耳目一新的感觉。

在写工作总结的过程中，对于每一项工作，都要用这个逻辑去思考。

此外，我建议，协助领导工作时，负责公文写作工作的执笔人最好从年初开始就使用这个方法，这样做有什么好处？年初就给自己的工作找创新点，取几个好听的小标题、划分明确的板块，这样，在工作的过程中持续完善，每个季度都写一写这个创新点的进展和应用情况，定期向领导汇报，不断完善细节，年底需要在工作总结中写相关内容时，会有更多成型的简报可以取用，写起工作总结来会更加迅速且得心应手。

6.3.5 写作过程中，及时与领导沟通

对于工作总结类长篇材料来说，时间紧，任务重，如果作为初级执笔人，没有成熟的驾驭能力，切记要在写作过程中，尤其是遇到写作瓶颈的时候，及时与领导沟通。别怕领导嫌你烦，沟通不可或缺。那么，这是为什么呢？

1. 防止写偏

对于初级执笔人来说，一篇十页的公文材料，在你写到一半，也就是五页左右的时候，最好拿去给领导看一下，跟领导确认这样几件事：我按

照这个思路写下去可以吗？目前已经写出的这些内容有没有表述方面的问题？这时，领导通常会有两种反应。

如果领导比较"粗线条"，或者特别忙，可能看都不看就直接说："你先写，写完再说。"为了避免自己写偏，继续做无用功，你要视情况再做一次努力，比如再次解释："领导，这一部分我不是很清楚该如何写。"然后观察领导的反应，如果领导依然是让你先写，那你只能听从领导的指示。

如果你比较幸运，碰到的是一个耐心型领导，他大概率会拿过你的半成品，看看大概的思路、结构和内容。假如你写得比较空泛，也就是俗称的"太虚了"，领导会指导你加入更多的案例和数据作支撑，把内容写实；假如领导认为你遗漏了一项重点工作，会及时帮你调整文章布局，指导你把所需要的内容加进去。在成文的过程中及时进行调整，可以有效避免成稿后不合格带来的全篇返工。

在实际工作中，很多职场新人对领导有恐惧心理，连回答领导的问题都瞻前顾后、支支吾吾，更不要说主动跟领导沟通。为了进步得更快，也为了让自己工作得更有效率，一定要克服这种恐惧心理，站在巨人的肩膀上，才能看得更广、更远。

2. 防止全面返工

如果在写公文材料时，执笔人一开始就发现自己写起来非常不顺手，不仅不知道该如何下笔，对反复思考、调整过的框架结构也没有信心，除了使用"流水账"式的表述汇总内容，完全不知道还有哪些方法可以辅助呈现……更要及时与领导沟通，千万不要不敢、怕麻烦。因为与被"麻烦"

相比，领导更不愿意看到的是已经临近截止日期，安排下去的工作还没有"影"。

在截止日期已到时，收到完全不能用的公文材料，对领导来说才是最大的麻烦！

想想看，你费尽心思加班写了一个月，领导还得亲自上阵熬三宿……这就能解释为什么你工作得很辛苦，却始终得不到领导的认可了。无效加班并不值得提倡，出力不出活儿是最大的内耗。

6.4 述职报告责任大，集零为整逻辑清

述职报告和工作总结通常是相伴而至的，两者的内容高度趋同，从本质上讲，述职报告其实是变换角度后的工作总结。每到年底，大部分执笔人除了要写领导的年度述职报告外，还要写个人的年度述职报告——同一个人，既要把领导的宏观指导写出内容，又要把自己的普通工作写出高度，非常考验文字功底和能力。

6.4.1 述职报告和工作总结有何区别

领导的述职报告和工作总结讲的都是单位的全年工作，有什么区别呢？如表6.12所示。

表6.12 领导述职报告和工作总结的区别

区别	述职报告	工作总结
目的	上级领导和人事部门考察、培养干部，以及群众进行评议、监督的重要依据。目的在于展示成绩，查找不足，进一步明确方向、改进工作	对过去一年的工作进行的分析研究和梳理总结。目的在于总结工作举措、提炼经验做法，展示成果，发现问题，指导和改进新一年的工作

续表

区别	述职报告	工作总结
内容	围绕"人"展开，突出人的主观能动性。如：本人做了哪些工作，如何履职尽责；做了哪些创新探索，如何廉洁自律；下一步准备做哪些工作，如何进一步提高	围绕"事"展开，突出工作的全面呈现。如：工作是如何开展的，推出了哪些举措，解决了哪些问题，取得了哪些成效，形成了哪些经验做法
视角	领导的第一人称视角，以"本人"为中心	以单位为第一视角，以"工作"为中心
全文侧重	突出领导的牵头带动作用	突出单位的成果和经验
写法	展示：展示自己德、能、勤、绩、廉等各个方面，展示自己的理念、思路、能力	归纳：对全年各个部门的工作进行归纳提炼，集零为整的过程
特别注意	①圈定范围：述职报告的关注点，在于广度准确； ②注意分寸：述职报告中只能写领导职责范围内的事，不可以大包大揽，将不分管的工作也纳入其中； ③重述轻论：述职重在陈述，而不是说理。要陈述做了哪些工作，而不是论证做这些工作的重要意义	①上提高度：工作总结的关注点，在于高度到位； ②提炼观点：一年间，全体员工辛苦工作，领导要站在更高的角度提炼观点，用观点贯穿全文； ③用论引事：汇总数据、事例不可直接罗列堆砌在工作总结中，要先"论"两句，再用归纳提炼的两句话引出后面的数据和事例

续表

区别	述职报告	工作总结
结构	（帽段） 一、工作措施（分管工作＋廉政情况） （一）分管工作之一 …… （四）分管工作之四 （五）围绕中心工作，在更高的起点上加强党风廉政建设 （六）坚持廉洁从政，切实加强个人自律和廉政建设 二、反思问题 回顾一年来思想、工作和廉政情况，虽然取得了一定成绩，但仍存在一些问题。一是对新时期思想政治工作规律、特点还需要继续深入研究探索；二是深入基层调查研究有待进一步加强…… （尾段）述职述廉至此。根据工作情况，本人自评申报考核档次为称职，请领导、同志们审查评议我的述职述廉报告，谢谢大家	（帽段） 一、工作措施 …… （过渡段）一年来，全局××工作在继承中发展，在创新中跨越，充分发挥了对业务工作的服务、推动和保障作用。 二、工作成效 工作成效主要体现在以下四个方面： …… （尾段）上述成绩的取得，是市委、市政府领导的结果，是全局上下努力的结果，是社会各界支持的结果。新的一年，将……（简要介绍下一步工作重点。因为不是工作思路，在全文所占篇幅不必太大）

【学姐唠叨】

虽然述职报告和工作总结之间存在诸多不同，但有一点是相同的：基础资料相同。通常情况下，先写工作总结，再以工作总结为蓝本，调整角度、增加内容后撰写述职报告。

同样的内容，如何写出两种不同的文种呢？我以帽段为例，用两种风格，写出述职报告和工作总结，如表6.13所示。

表 6.13　述职报告与工作总结的风格比较

述职报告	工作总结
各位领导，同志们： 　　我于××年×月起任××职务，主管思想政治和队伍建设工作。今年以来，在区委、区政府的领导下，我认真履行××职责，协助局长，与其他党委成员一起，积极探索思想建设与业务工作相互促进的先进经验，确保队伍建设与业务工作保持同步协调发展。根据要求，现将一年来本人德、能、勤、绩、廉等履职尽责情况报告如下。 　　……	2022年，是深入推进××重点工作的开局之年，是××工作承前启后、继往开来之年。市局新一届党委深入贯彻市委、市政府决策部署，着眼建设"智慧城市"战略目标，坚决落实"创造经验，作出表率"的新要求，积极破解思想政治建设难题，初步形成了系统配套的长效工作机制，为加快智慧城市建设，助力经济社会发展提供了有力的人才保障。 　　……

在表6.13中可以看到，述职报告和工作总结都是围绕思想政治建设、人才队伍建设展开的，其中，述职报告以领导的第一人称来写，注重与局长的配合、与其他党委成员的协作；工作总结的帽段站位相对更高，首先用一句话概括本年度在五年规划中的重要地位，概括本年度市委、市政府提出的主要工作，如"着眼建设'智慧城市'战略目标……"，然后用一句话提炼本年度最重要的经验成果，如"积极破解思想政治建设难题，初步形成了系统配套的长效工作机制"，最后用一句话总结提供了××保障、取得了××成效。

【学姐唠叨】

对于执笔人来说，对文字不敏感、分辨不出述职报告和工作总结在风格上的差异时，可以这样通俗地理解：述职报告是报告体公文，用于向他人介绍自己的工作情况，因为使用第一人称，总体文风会稍显轻松；工作总结是对工作成果的总结汇报，站位更高，文风更加内敛、严谨、庄重。

6.4.2 个人述职,怎么写才"以小见大"

年底,协助领导撰写述职报告的同时,大多数执笔人还需要撰写个人述职报告。按照惯例,领导干部的述职报告通常要加入廉洁自律的内容,因此常常合并称为"述职述廉报告",而对于基层员工来说,只写简单的"个人述职报告"即可。

撰写个人述职报告时,最大的难点是什么?是"以小见大"。

很多基层员工辛苦工作一年后,面对个人述职报告,常常发愁:工作基础又琐碎,领导让干什么就干什么,昨天填表格、今天报信息、明天哪个业务条线缺人手便立刻要赶去支援……忙忙碌碌一整年,要亮点没亮点,要创新没创新,想写出条理清晰的个人述职报告,太难了!针对这一问题,我通过举例说明的方式逐步拆解。

【情境】

年底,小白需要撰写个人述职报告。撰写个人述职报告的第一步,是把帽段写得亮眼。

小白个人述职报告的帽段初稿如下。

【初稿】

2022年转瞬即逝,我进入局综合处工作已经半年有余,现阶段的工

> 作岗位是综合内勤，回顾2022年，在处领导的关心指导下，我自觉遵守各项规章制度，着力完成各项工作任务，践行社会主义核心价值观，始终不忘初心，以实际行动坚守使命，现将2022年工作情况汇报如下。
> ……

这一帽段存在哪些问题？

①感情词汇乱入。"转瞬即逝""半年有余"这类词汇，不应该出现在公文材料中。

②句逗不分。整段只有一个句号，逗号过多，句子过长，没有逻辑与层次。

③逻辑错误。帽段的撰写逻辑，应该是层层降维的，由高到低、由大到小、逐步落地。小白的初稿逻辑是遵守制度—完成工作—践行价值观—不忘初心—坚守使命，这样会给受众越写越大、越飞越高的感觉。

④拼凑嫌疑严重。作为参加工作不久的基层员工，写个人述职报告的时候，**不需要站位特别高，实实在在地讲述本职工作就好**。前半部分的"遵守各项规章制度""完成各项工作任务"，很符合小白的岗位职责，但后半部分，他笔锋一转，转到了"社会主义核心价值观""不忘初心""坚守使命"上，读起来会有"因为只写了两行，感觉太少了，再凑两行"的拼凑感。

经过上述分析，小白的个人述职报告帽段可修改如下。

【修改后】

2022年5月,我从局宣传处转调局综合处工作。在处领导的关心指导、同事的帮助支持下,我尽快完成角色转变,立足自身岗位,踏实工作,锐意进取,不断提升专业技能,增强工作本领,圆满完成了各项工作。现将本年度工作情况汇报如下。

……

如果想写得更出众,可以在帽段中大致总结一下全年的重要工作数据。

【修改后】

2022年5月,我从局宣传处转调局综合处工作。回顾过去一年的工作,在处领导的关心指导、同事的帮助支持下,我始终秉持我局"迅速反应,务实求真"的工作理念,在内勤工作上下真功夫、苦功夫、细工夫,思想素质明显增强,工作能力迅速提升,完成会务准备工作二十项、文件撰写工作十五项、群众服务工作十二项。现将本年度工作情况汇报如下。

……

6.4.3 述职结构,怎么搭才"一目了然"

与领导讲话稿不同,个人述职报告的结构相对稳定、统一,按部就班地搭建即可,不需要有太多的创新和设计。

【情境】

完成个人述职报告的帽段撰写后,小白回顾自己的具体工作成果,开始为个人述职报告搭结构。

小白个人述职报告的结构初稿搭建如下。

【初稿】

一、不忘初心担使命,夯实政治理论基础

二、紧盯目标做实事,全力以赴积极履职

三、总结不足找差距,刀刃向内自查自纠

初稿中展示了小白个人述职报告的一级标题,通过一级标题,可以看出哪些问题呢?

①根据一级标题可以预测,这篇个人述职报告的内容不充实。对于个人述职报告、工作总结这类汇报材料来说,只有套话式一级标题是明显不够的。如第一个一级标题"一、不忘初心担使命,夯实政治理论基础",没有后续内容的支撑,无论怎么写,都会给受众"一写一大片"或者"满

目皆虚的感觉。解决方法有两个,一是完善一级标题,补充实质性内容,二是添加二级标题。

②在各级标题中,应避免会带来负面画面感的表述。"刀刃向内""刀把子"等类似表述,尽量不要出现在正式的汇报场合,容易引起受众不适。

【修改后】

一、不忘初心担使命,在理论学习中提高认识

二、紧盯目标做实事,在工作实践中增强本领

三、转变作风求创新,在服务群众中提质增效

四、遵规守纪强党性,在廉洁自律中筑牢防线

如果想把个人述职报告写得更全面,可以在表6.14所示结构的基础上进行调整。

表6.14 个人述职报告的常用结构

简版	详版
个人介绍	①我是谁? ②何时来到本岗位,工作多长时间 ③负责什么工作
工作情况	①理想信念情况 ②履职尽责情况:本年度重点工作、难点工作、亮点工作 ③廉洁自律情况 ④个人进步情况:简要概括较之去年在哪些方面有突出进步和成果
存在问题	①理论学习:主动性、专业性、系统性 ②日常工作:创新性等
努力方向	①下一年度工作目标 ②具体的工作计划

6.4.4 普通的工作，怎么述职才"言之有物"

提起最难撰写个人述职报告的岗位，首数综合内勤，因为内勤岗位的职能是服务保障，不参与单位的核心业务，很难做出"惊天动地"的大事。

【情境】

小白的工作岗位是行政内勤，临近年终，需要撰写个人述职报告，对自己一年的工作进行总结。

通过梳理，小白将自己全年所做的工作总结如下。

参与集中学习二十次，其中线下学习十四次，线上学习六次。通过网络平台完成四个项目，对二十八个业务课程进行了学习，共计八十个学时。深入研读《习近平新时代中国特色社会主义思想纲要》《习近平谈治国理政》等经典书目。

全年完成六十篇公文的录入、校对、印制工作，完成文件的收发、收集、整理工作。全年撰写政务信息三十篇，起草工作总结八篇，撰写调研信息一篇，完成党委中心组学习记录十六篇。全年组织会议三十次，参与征文活动一次。

主动承担职工的生活服务工作，参与为期五个月的食堂分餐行动，共计完成分餐一百五十次，参与物资分发十八次。参与国家卫生城市、智慧城市创建活动，与同事一起完成为期三天的爱国卫生值守专项活动。参与"防范金融诈骗"宣传日活动，向群众发放宣传单千余份，并现场解答群众问题。

通过小白的工作总结可以看出，小白这一年做了很多工作，不仅要线上学习、线下学习、录入校对、撰写公文信息、服务职工，还要参与卫生城市、智慧城市创建。面对这么多平凡、琐碎的工作，如何提炼亮点，形成言之有物的个人述职报告呢？

小白的个人述职报告一级标题如下。

【一级标题】

一、不忘初心担使命，在理论学习中提高认识

二、紧盯目标做实事，在工作实践中增强本领

三、转变作风求创新，在服务群众中提质增效

四、遵规守纪强党性，在廉洁自律中筑牢防线

一级标题总结得不错，但仅看这些内容，你能想象到小白实际上做了那么多琐碎的事情吗？

撰写个人述职报告时，要善于梳理常规工作、重复性工作，分类提炼关键词。 接下来，我们以小白的工作内容为例，逐一加以分析。

小白全年的工作主要分为理论学习、办文办会、服务职工、服务群众、领导交办的其他工作等几个部分。工作总结第一段罗列的理论学习工作，大致可以分为三个层次，如表 6.15 所示。

表6.15 理论学习工作拆解

素材	提炼标题
学习了最新的政治理论、经典书目	紧跟形势学,提高政治意识
学习了业务知识,如对二十八个业务课程进行了学习	结合业务学,提升专业技能
学习形式为线上线下相结合	线上线下学,丰富学习形式

【学姐唠叨】

根据第一段素材提炼二级标题,能提炼出如表6.15所示的三个二级标题,不过,大家很容易发现,第三个二级标题"线上线下学,丰富学习形式"和前两个二级标题并不并列。如果想精益求精,可以站在全文的角度,根据前两个二级标题,将第三个二级标题替换为"立足实践学,增强服务本领"——素材中确有服务职工、服务群众的内容,这一改动不算无中生有。如此一来,三个二级标题,从立意到格式,都整齐划一了。

工作总结第二段罗列的办文办会工作,也可以大致分为三个层次,如表6.16所示。

表6.16 办文办会工作拆解

素材	提炼标题
全年完成六十篇公文的录入、校对、印制工作,撰写政务信息三十篇,起草工作总结八篇,撰写调研信息一篇,全年组织会议三十次	办文办会,综合服务规范高效
完成党委中心组学习记录十六篇	服务党委,周密细致精益求精

续表

素材	提炼标题
参与征文活动一次	积极拓展，发挥特长向内挖潜

【学姐唠叨】

因为小白的素材展示不足，提炼这三个二级标题存在一定的难度。比如，在"完成党委中心组学习记录"时，为了精益求精，总结了哪些经验？在"参与征文活动"时，征文背景是什么？征文内容写了什么？是否在活动中取得奖项？这些，都需要在个人述职报告的正文部分展开论述。

小白的工作总结的第三段内容讲的是服务职工、服务群众方面的工作，为了保持结构的工整，也可以按三个层次切分，如表6.17所示。

表6.17 服务职工、服务群众工作拆解

素材	提炼标题
主动承担职工的生活服务工作，参与为期五个月的食堂分餐行动，共计完成分餐一百五十次，参与物资分发十八次	做好服务工作，助力职工后勤保障
参与国家卫生城市、智慧城市创建活动，与同事一起完成为期三天的爱国卫生值守专项活动	值守专项活动，助力创建卫生城市
参与"防范金融诈骗"宣传日活动，向群众发放宣传单千余份，并现场解答群众问题	深入社区一线，助力防范诈骗宣传

根据小白的工作总结提炼二级标题后，小白的个人述职报告结构发生如下变化。

【完善至二级标题】

一、不忘初心担使命，在理论学习中提高认识

（一）紧跟形势学，提高政治意识

（二）结合业务学，提升专业技能

（三）线上线下学，丰富学习形式（或"立足实践学，增强服务本领"）

二、紧盯目标做实事，在工作实践中增强本领

（一）办文办会，综合服务规范高效

（二）服务党委，周密细致精益求精

（三）积极拓展，发挥特长向内挖潜

三、转变作风求创新，在服务群众中提质增效

（一）做好服务工作，助力职工后勤保障

（二）值守专项活动，助力创建卫生城市

（三）深入社区一线，助力防范诈骗宣传

四、遵规守纪强党性，在廉洁自律中筑牢防线

（略）

【学姐唠叨】

有的单位在员工撰写个人述职报告时，要求增加遵规守纪、廉洁从业相关内容，因此，我在小白的个人述职报告实例中补充了第四点"四、遵规守纪强党性，在廉洁自律中筑牢防线"。如果所任职单位没有提相应要

求,大家仅保留前三点即可。

按照以上逻辑,大部分在基层单位工作的公务员都可以写出一篇相对规整、有高度的个人述职报告。如果想在个人述职中更加出彩,我建议从全年工作中选出一两个重点工作,深入分析这项工作的背景、难点,以及为了克服困难,应用了什么创新做法、总结了什么亮点经验、解决了什么问题、取得了什么重大成果等,这会成为全年工作的加分项。

6.4.5 琐碎的工作,怎么述职才"集零为整"

【情境】

小白是一名街道工作人员,工作岗位最大的特点就是琐碎,每天的工作内容千头万绪,每年年终写个人述职报告时都很发愁——这么琐碎的工作,根本无法成稿,因为没有一件小事能撑得起一个段落,简单罗列的话,既零散,又啰唆。

不过,写个人述职报告是躲不掉的,小白愁得头发都快掉光了……

怎样写个人述职报告才能把琐碎的工作集零为整呢?我们一起来看看小白的做法。

写个人述职报告前,小白对自己一年来所做的工作进行了罗列。

①冬奥会保障工作，对重点安全隐患进行排查。

②老旧小区改造一直是"老大难"问题，在居民思想疏导方面做了大量工作。

③社区图书馆建设是全年重点工作之一，负责协调图书采买、征求意见、公示等各个环节，完成推进工作。

④化解邻里矛盾，努力调解邻里纠纷。

⑤垃圾分类宣传效果明显，所任职社区被评为"最美社区"；普法效果明显，所任职社区被评为"文明社区"。

⑥辖区流动人口多，人口信息登记工作薄弱，主动使用计算机软件系统对辖区人口进行全面梳理。

⑦其他未罗列的工作。

按照写其他类公文材料的经验，将工作内容罗列出来后，小白第一个想到的就是取几个亮眼的一级标题，对自己全年的个人工作进行升华，于是，小白写了如下五个一级标题，搭起了个人述职报告的框架。

一、隐患排查大走访，为冬奥安全护航

二、因地制宜定政策，促老旧小区改造

三、场馆建设任务紧，人财物协调各方

四、社区服务解民忧，各类宣传显成效

五、人口登记再提升，科技赋能效果好

大家发现问题了吗？如果工作内容非常琐碎，搭框架时一定要注意，**做了什么，就不要把什么写在标题上**。只要把琐碎的工作列在标题上，就会发现框架搭起来没完没了，篇幅特别长，而且每个标题下面只有两三句话，撑不起一个段落，呈现出来的不像是个人述职报告，更像是工作要点梳理。

那么，怎样展示这些琐碎的工作才能集零为整呢？**用分类法**。

举个例子，如果你向一位营养师求教："家里有小朋友，在日常生活中，应该多给他吃哪些食物呢？"如果营养师回答："可以多吃苹果、香蕉、鸡腿、米饭……"一直罗列下去，说上两三个小时，会怎么样？营养师会说得口干舌燥，你会听得、记得头昏脑胀。那么，换一个方式，如果营养师将不同食物归入不同大类，回答："可以多吃富含膳食纤维、蛋白质、维生素等营养物质的食物。"你是不是感觉清爽了很多？

作为街道工作人员，小白的工作最大的特点就是琐碎，碎之又碎。素材中只列举了六七项工作，实际工作可能是六七十项，比如发展党员、反诈宣传、消防宣传等。那么，怎么对这些彼此间没有明确逻辑关系的工作进行分类呢？

根据素材，我们可以找到这样几个关键词："保障工作""'老大难'问题""效果明显""登记工作薄弱"，用公文语言进行表述，可以分为**重点工作""难点工作""亮点工作""弱点工作**"四大类，将全年所有琐碎工作归入这四个"筐"，多碎都不怕，而且，琐碎工作越多，标题下的内容越充实。

如果这四大类不够用，可以使用本书 5.1 节中介绍的搜索技巧，再搜索一些"点"，比如"找准结点""抓住重点""解决难点""创新亮点""聚力焦点"等。或者使用其他逻辑，比如"对内的""对外的""对上的""对下的"四大类；"规定动作""自主动作"两大类；"牵头的""负责的""协调的""参与的""配合的"五大类等。

总之,为琐碎的工作写个人述职报告,第一步是按照逻辑分大类,切忌把琐碎的小事写进标题。

调研材料多又长,小切口写大文章

调研材料通常分为两类,一类是上级单位组织的征文,执笔人为署名作者;另一类是领导到达一定级别后,每年需要发表1~2篇调研论文,由领导出思路,执笔人撰写。无论是哪种情况,每年至少一篇专业的调研材料,这是作为公文写作负责人逃不掉的。

 写调研材料,压力如山

如果说写领导讲话稿最累脑,那么,写调研材料最累心——从篇幅、专业角度来看,相对于其他公文类型,调研材料要求更高。

但是,就我自身体会而言,写调研材料的难度略低于写领导讲话稿。

所谓调研,即调查研究,最贴近学生时代的论文。因此,对于执笔人来说,在文风上最好把握——只要写过本科或者研究生毕业论文,具备基本的论文写作能力,写调研材料时的风格就不会太过偏离。此外,相对于写讲话稿这类主要针对"人"的工作,写调研材料主要针对"事",需要撰稿前熟悉业务、了解情况、占有充足的素材,更加考验执笔人的思考能力,而非情商。

那么，为什么很多执笔人一听要写调研材料，马上心理压力陡增？就我自身体会而言，主要有以下几方面原因。

1. 没有时间去调研

有的通知层层下达后，留给执笔人的时间并不多，如果就调研材料的主题去调查走访、收集数据，可能素材还没有备妥，已经到了交稿时间。在这种情况下，只能先把手头的工作总结一下，再把从网络上搜索到的论文整合一下，用"不调不研"的方式闭门造车，写出一篇调研材料。因为缺少对实际情况的了解和数据支撑，只能大篇幅说理，这样的调研材料会非常"虚"。

2. 难以获得真实数据

即便预留的时间充分，执笔人去基层走访调研的时候，受制于职级、角色和立场，也难以获取真实的情况和数据。如果对方知道执笔人是带着问题来的，涉及关键信息时，通常会谨言慎行，仅提供一些通过网络搜索也可以获取的无实质意义的数据，或者掺杂水分、进行加工后没有参考价值的素材，调研的意义大幅下降。对于执笔人来说，仅仅走马观花，无法拿出一段专门的时间"沉浸式"参与、感受，是难以接触到各单位在执行政策、落实工作中的各种"对策"和"灵活变通"的。

3. 梳理难度大，撰写周期长

很多执笔人长期写简报信息，对于三页以内的短篇材料，基本能够轻松驾驭，但是对于调研类长篇材料，驾驭能力不足。收集素材后，面对庞杂繁复的内容，不知道该如何下手是常见的问题。而且，日常工作中，领导大多不会单独安排一段时间让执笔人专心写调研材料，一天中，会穿插几篇不同的公文材料要写，甚至还有不少会议要参加，调研材料写得断断续续，好不容易理出头绪，又被不断地暂停和重启，严重影响撰稿效率。

6.5.2 备选题目多，如何切入

对撰写调研材料的难点有所了解后，接下来，我们从接到任务开始，实际感受一下撰写调研材料的过程。

【情境】

小白在基层审计机关工作，收到了一个关于征集调研材料的通知，通知要求如下。

要围绕乡村振兴、人才建设、理论创新等内容，紧密联系工作实际，从小切口切入，从不同角度撰写；要结合各部门工作实际开展研究，内容具体、深入、针对性强，避免空泛论述。调研材料报送时间为×月××日（下发通知的次周）。

小白看完通知后，脑子里立刻弹出一堆问号。什么是小切口？怎么切？什么样的论述算空泛论述？怎么论述才不空泛？

小白左思右想，想起上个月写过一篇关于单位作风建设的工作简报，便决定从作风建设切入，动手写下了调研材料的题目。

【初稿】

《审计机关加强作风建设的几点思考》

【学姐唠叨】

很多执笔人在做选题时,考虑的只有自己手头有什么、哪方面的素材较多。这个思路本身没有问题,但是按照我的经验,选择通知里明确列举的主题,而非后面那个"等"字中包含的主题,更加稳妥。比如,情境中的通知明确列举了"乡村振兴""人才建设""理论创新"三项内容,建议大家优先选择三者之一。因为被明确列举,说明这类调研材料是更加被鼓励撰写、更加被需要的。写一篇调研材料不容易,根据需求写内容,更容易被选用、发表,或者参评、获奖。

为了不做无用功,小白按照上述思路调整选题,决定"乡村振兴""人才建设""理论创新"三选一。这时,应该怎么选呢?

小白第一个排除了"理论创新",因为纯写理论内容,需要非常扎实、专业的功底,在不具备多年审计工作经验的情况下,容易写不对、写不好、写不实,万一写到中间发现写不下去,转头去做基础研究,来不及;继续写,折磨自己。

第二个排除的是"乡村振兴"。小白发现,通知中说下周就要交稿,意味着他没有太多时间到乡镇进行实地考察。没有基础数据和实际情况作支撑，这个角度很难写出"实"的内容。

如此一来，只剩下"人才建设"方向了，于是，小白写下了第二个题目。

【修改后】
《审计机关加强人才建设的几点思考》

写过毕业论文的大学生都知道，导师经常强调要以小见大，不要写自己驾驭不了的"大题"。小白的这个题目，对于自己所在单位的行政层级、自己的岗位身份而言，过于宏大了。那么，如何对高度进行降维处理呢？可以参考以下三个步骤。

①对"审计机关"进行降维。小白在基层审计机关工作，因此，最好把"审计机关"降维至"基层审计机关"，大大缩减主体范围。小白熟悉基层工作，写出来的内容会更符合实际。

②对"人才"进行降维。"人才"的范围过于宽泛，对于不同年纪、职级的人员来说，有不同的人才界定方式和培养方式，很难在一篇小小的调研材料中写透、写全。小白是参加工作不久的年轻人，把"人才"降维至"青年人才"，自己就成了被调研对象，更有话说，也更能透彻地理解主题。

③对"建设"进行降维。"建设"一词过于宏观，比如制度建设、体系建设、环境建设等，驾驭难度太大。把"建设"降维至"培养"，内容会更加具体。

通过对题目进行拆解和降维，小白写下第三个题目。

【修改后】

《基层审计机关对青年人才培养的几点思考》

这就是把切口逐步缩小，缩小至自己可以驾驭的程度，使之符合自身实际的过程。

【学姐唠叨】

对于基层单位公务员来说，避免所写内容过于宏观、空泛的最好方法，就是从主题出发，逐层拆解。想一想，如果把主题缩到最小的维度，会变成什么？如果和自己的工作密切结合，会变成什么？逐步降维后，一是更好写，二是更能写出领导想要的"以小见大"。

6.5.3 现场调研难，怎么获取资料

高中的政治课本告诉我们，认识来自直接经验和间接经验。同理，调研材料的素材也来自两个方面，即实地考察和网络搜索。在工作过程中，我经常听到执笔人抱怨"我根本没有时间去实地考察，调研材料怎么写？"接下来，我给大家分享几个自己在工作中常用的方法。

1. 电话访谈

我写过一篇专业性非常强的调研材料，因为我并未具体从事过相关业务工作，所以，很多执行过程中的技术问题，我完全不懂。如果仅仅依托

网络资料，是写不深、写不透的。在这种情况下，我会先搭好调研材料的框架，因为有一些内容，即便没有从事过相关业务工作，也可以写一部分，比如历史沿革、现状趋势、战略定位等。搭好框架，写到分析问题的部分时，我分别打了电话给三个层级的工作人员、领导，进行电话访谈。

（1）一线工作人员

这些同事是业务操作的一线人员，最了解业务操作过程中的难点和痛点。多找几位一线同事沟通，会获取大量一手信息。这类信息的优点是最前沿、最鲜活，且数据最新，缺点是一位一线工作人员通常只负责一套体系中的一个分支或一个点，也就是所谓的"螺丝钉"，站位决定了其只能从"点"的角度理解制度设计。对于这类访谈反馈，执笔人要进行去粗取精，尤其是对"吐槽"类内容，要仔细甄别，分辨一下是真的制度不合理，还是视角单一带来的误解。

（2）业务分支领导

这些同事是一线工作人员的直接领导，因为级别上升了一个层次，从这些同事口中，能得到进一步的信息——他们会经常参加业务讨论会，对一项工作的整体安排有更深刻、全面的认识，对工作如何分工、各环节的配合要求及制约因素更了解。通过对他们进行访谈，可以对一线工作人员的"吐槽"内容加以核实，了解更深层次的工作统筹计划。

（3）业务部门"一把手"

完成前两步后，调研材料的主要问题和对策部分的框架已经基本可以搭建出来了，但是不建议这时候直接落笔写调研材料，最好继续执行第三步访谈，即向业务部门"一把手"请教，因为这个人可以帮执笔人确定落笔的分寸和尺度。比如，有的问题确实存在，但短期内解决不了；有的问题眼前存在，但是上级单位已经在力推解决；有的问题事关一项重要工作的前期布局，基层员工了解不到……总之，这一步是为整个调研材料框定写作范围，以免写出来过不了"政治关"和"政策关"。

2. 当面拜访

如果通过电话访谈，获取的素材不够，或者有的事情不便在电话中说，可以尝试把前文提到的几类人约出来当面谈，并在见面之前提醒对方："如果可以，麻烦帮我带一些内部文件或资料刻盘。"当面拜访比电话访谈深入很多，本质是一个现场调研的过程。

3. 调查问卷

在时间非常紧迫、实在来不及的情况下，可以采用调查问卷的方式完成调研。制作问卷后当日下发、次日收集，能够快速获取关键基础数据。

以 6.5.2 小节中小白的选题为例，因为是对"青年人才培养"的几点思考，撰写调研材料的前提是了解青年人才的现状，我简要列示部分问卷内容，如表 6.18 所示。

表 6.18 问卷内容设计

内容设计	选项
你选择审计这个职业的动机	A. 喜欢审计这个职业 B. 收入稳定，有一定的社会地位 C. 就业形势严峻 D. 权宜之计，职业发展过程中的跳板
在工作岗位安排上，你最关心哪方面因素	A. 专业是否对口 B. 工作环境与条件 C. 是否贴近实战，富于挑战 D. 其他 _____

续表

内容设计	选项
你认为目前自己最欠缺哪些方面的能力	A. 人际交往能力 B. 一线业务能力 C. 公文写作能力 D. 其他 _____
你认为做到哪一点才算实现了人生价值	A. 家庭幸福、事业成功 B. 学有所用,服务社会 C. 人生在世,快乐至上 D. 主观为自己,客观为他人
你认为努力工作是为了什么	A. 得到他人和社会的认可 B. 获得升迁和进步 C. 实现理想,服务社会 D. 对得起自己的工资和良心
相较于其他青年同事,你的个人优势是什么	答案:_____ _____

4. 线上讨论

在时间紧、任务重的情况下,组织与所调研选题相关的部门人员开线上会议,也可以获取部分贴近一线的素材。不过,需要注意的是,受制于参会人员的职级、身份、角色,在类似线上会议上发言时,很多人会有所顾忌、"点到为止",执笔人很难获取深层次的真实信息。

5. 综合搜索

完成基础调研工作后,要按照 5.1 节中介绍的搜索方法,最大程度地占有素材。调研材料不同于其他公文,更具专业性和研究性,因此在搜索途径方面,需要增加知网、万方等专业数据库。

以 6.5.2 小节中小白的选题为例,使用 5.1 节中介绍的搜索方式对关键词进行不同的排列组合，如表 6.19 所示。

表 6.19 关键词的排列组合方式

关键词组合	关键词发散
"审计"和"人才"组合	"审计青年""审计青年人才""审计人才建设""审计人才培养"等
"审计"和"问题"组合	"审计现状""审计瓶颈""审计难题""审计痛点""审计难点""审计困境""审计形势""审计压力""审计挑战"等
"审计"和"措施"组合	"审计举措""审计应对""审计趋势""审计机遇"等
"青年人才"和相关关键词排列组合	"青年人才困境""青年人才培养""青年人才建设"等
"基层审计"和相关关键词排列组合	"基层审计现状""基层审计人才""基层审计青年人才"等

【学姐唠叨】

很多执笔人搜索不到想要的素材，是因为所选的进行排列组合的关键词不够充分。比如，搜索"问题"相关素材，不能只搜索"问题"，与"问题"相关的词都要纳入搜索范围，如"困境""痛点""难点""瓶颈""压力"等。

6.5.4 三个注意事项，规避返工

写过论文的执笔人，大多具备写调研材料的基本逻辑，即围绕主题谈

意义、现状、问题、应对方法、未来发展方向。为了帮助大家更好地撰写调研材料，我从工作实际出发，谈几点经验。

1. 谈意义时控制篇幅

以 6.5.2 小节中小白的调研材料选题为例，撰写《基层审计机关对青年人才培养的几点思考》调研材料。按照逻辑，第一部分要写青年人才培养对基层审计机关的重要意义，为了保持调研材料的完整性，这一部分必须要有，但是我建议篇幅尽量短，理由有两个。

第一，意义是纯说理的内容。如果理论研究不深、驾驭能力不足，极容易将这一部分写得枯燥且陈旧。对于总篇幅十页左右的调研材料来说，用两页的篇幅说理，很难吸引领导看后面的内容。

第二，这个意义尽人皆知。人才培养对于业务工作、行业发展的重要意义，几乎所有人都了解，因此，在调研材料中谈太多意义会有累赘感。对于领导来说，他更想看大家发现了什么新问题、有什么新的应对举措。

在这种情况下，如果写不好意义，可以换一个角度，尝试分析现状和形势，比如本单位审计人才的数量、结构、缺口、专业度等，从这些角度切入，比单纯写说理的内容深入得多。

2. 普适性问题不是真正的问题

通过搜索分析，小白列出了基层审计机关在青年人才培养工作中存在的问题。

问题一：队伍结构老龄化严重，人才出现断层。

问题二：工作任务繁重，人才培养力量较薄弱。

问题三：激励机制不完善，人才流失现象严重。

这三个问题，乍一看，的确是基层审计机关在青年人才培养工作中存在的问题，但太具普适性了，也就是说，这是"万能"问题，将"审计工作青年人才"换成"税务工作青年人才""纪检工作青年人才"等，同样适用。所以，这个问题找的不具针对性。回到选题本身，是"基层审计机关"的"青年人才培养工作"存在哪些问题，那么，思考的逻辑应该是：审计行业相对于其他行业来说，有什么特殊性？青年人才相对于中老年人才来说，有什么特殊性？将这两点结合，能找到更符合实际的问题。

3. 结合业务分析问题，调研材料不是学术论文

很多执笔人撰写调研材料时，会下载很多学士论文、硕士论文，甚至博士论文作为参考。但是，调研材料不是学术论文，为了避免调研材料充满浓浓的校园学术风，执笔人最好在写作过程中勤问自己这样几个问题。

问题一：调研材料中有多少内容来自参考文献？

问题二：调研材料中有多少内容是本单位的实际情况？

问题三：高校在校生能不能写出这篇调研材料？

在写作过程中，每写一个章节，都要问自己一遍，保证自己写出来的调研材料贴合工作实际，而不是学术论文的翻版。

6.5.5 掌握经典标题框架，不再重写

1. 常用的标题结构

从标题来看，常用的结构有以下几种，以 6.5.2 小节中小白的选题为例。

（1）简单陈述型标题

《基层审计机关对青年人才培养的几点思考》

《基层审计机关青年人才培养的调研报告》

《建立基层审计机关青年人才信息库的思考》

（2）展示框架型标题

《基层审计机关青年人才培养的现状、问题及对策》

（3）突出亮点型标题

《"一体两翼"模式助力基层审计机关青年人才培养》

（4）复式标题

《以审代培、以建助审——浅析基层审计机关青年人才培养模式》

2. 常用的调研材料框架

确定标题后，执笔人需要结合前期占有的素材，梳理调研材料的框架。依然以6.5.2小节中小白的选题为例，可以写出以下三个类型的调研材料。

（1）研究问题型调研材料框架

标题：《基层审计机关青年人才培养的现状、问题及对策》

一、当前青年人才培养现状

二、存在的问题

三、产生问题的原因

四、对策建议

（2）总结经验型调研材料框架

标题：《"一体两翼"模式助力基层审计机关青年人才培养》

一、"一体两翼"是什么（创立背景、特点、创新之处等）

二、取得了哪些成效

三、实施过程中有哪些启示和不足

四、下一步如何完善并引入纵深

（3）研究探讨型调研材料框架

标题：《建立基层审计机关青年人才信息库的思考》

一、目前基层审计机关青年人才的发展现状

二、建立人才信息库的研究背景

三、建立人才信息库的实施意义

四、建立人才信息库的具体策略

【学姐唠叨】

从同主题调研材料框架的细微差别中可以看出，切入角度不同，结构内容会随之变化。

总体而言，调研材料的结构类似于学术论文，逻辑性强、变化少。因此，较其他事务性公文材料而言，虽然调研材料的篇幅较长，但是写作规律很容易掌握。

先进事迹易出彩，尺度分寸要注意

前几日，我接到了一位朋友的来电："学姐，我今年的工作做得特别出色，年底了，领导让我写一篇先进事迹材料，申请奖项，我认认真真地写完，没想到被领导说太平淡无奇了，交上去肯定落选。怎样写才能写出一篇好的先进事迹材料呢？你教教我吧！"先进事迹材料同样是事务性公文材料中对集体和个人而言都至关重要的一类公文材料，如果说工作总结写不好，失去的是领导的肯定，那么，先进事迹材料写不好，失去的就是实实在在的荣誉了。

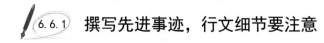
6.6.1 撰写先进事迹，行文细节要注意

先进事迹材料是最容易写出彩的公文材料，但是正因为容易出彩，也是最为"敏感"的公文材料。道理很简单：奖项给你，凭什么给你？这类公文材料天然微妙，切不可为了得奖，过度夸大自己的能力，撰写时要注意以下几个细节。

1. 把握尺度分寸

写先进事迹材料的尺度分寸是什么？举个通俗易懂的例子，就像日常化妆，带上妆容后，更加端庄、精致，给人眼前一亮，甚至略有惊艳的感觉是可以的，但是要掌握尺度分寸，不可以化妆过度，近似于"整形"，也就是将明明没有的东西生造出来。在撰写先进事迹材料的过程中，一定要注意三个"不可以"。

（1）不可以把没有做过的事情写进去

如果一项工作并非你的主责主业，或者根本就不是你做的，写出来就是无中生有。

（2）不可以夸大角色

在一项工作中，你参与了哪些环节、承担了什么责任，要实事求是。是"负责""牵头""统筹"，还是"参与""配合""协助"？要把定位找准确。

（3）不可以做一分写十分

有的执笔人可能会疑惑，很多先进事迹材料都是这样写的啊，明明他什么工作都没做，看完好像什么工作都是他做的。我想说，我们要用长远的眼光看待职业发展，任何一篇公文材料，都要经得起事实和时间的检验，没有必要为了一份荣誉弄虚作假，给自己的职业生涯埋下隐患。

2. 掌握常用结构

常用的先进事迹材料结构如下。

第一部分：简要介绍候选人，包括姓名、性别、民族、政治面貌、工作单位、现任职务、历次荣誉等。

第二部分：梳理候选人的全部事迹内容，分出类别，并为每个类别提炼价值，单独拟制小标题。事迹不可虚，需要有事例和数据作支撑。

第三部分：结尾，用三至五行内容概括全文事迹，上价值、拔高度。

3. 提前确定人称

体制内单位的荣誉申报以组织申报居多，因此建议用第三人称写相关先进事迹材料，如××同志、该同志。

6.6.2 申报阶段，如何打磨材料

对先进事迹材料的撰写细节有所了解后，接下来，我们从接到任务开始，实际感受一下撰写先进事迹材料的过程。

【情境】

> 年底，小白收到上级单位下发的文件：《关于评选先进工作者的通知》。按照通知要求，符合条件的工作人员可以作为候选人申报先进工作者，需要附2000字以上的先进事迹材料。

这个阶段属于申报阶段，如果候选人不做详细的自我介绍，上级单位的领导很可能是不认识候选人的。因此，这时所写先进事迹材料的内容通常是：个人简介 + 事迹内容 + 总结，写作风格要相对严肃，而且，开头部分的内容会定下先进事迹材料的基调。

××先进事迹

××，男，生于××年××月××日，汉族，硕士研究生。××年××月参加××工作，现任××。

参加工作以来，××始终践行社会主义核心价值观，聚焦群众"急难愁盼"的问题，积极履职、主动作为，创新推广"四行四效"工作方法，用心用情为群众办实事、办好事，先后获得××、××、××等荣誉称号。

具体工作成绩如下。

一、敬业奉献，守护公平正义

……

二、全面履职，推进社会治理

……

三、主动作为，提升工作实效

……

写到这个程度，满分100分，大概能得60分。也就是说，可以交差，但是想脱颖而出是比较困难的。

那么，这篇先进事迹材料中规中矩、不出彩的原因是什么？应该如何优化呢？

1. 个人简介应力求出新

第一段（个人简介），按照实例中的方式撰写是可以的，但属于模板式写作，如果想精益求精，可以在"先后获得××、××、××等荣誉称号"后补充一些内容，如下。

充分彰显了对党忠诚、为国奉献、淡泊名利的崇高精神，生动诠释了一名共产党员不忘初心、不改本色的政治品格。

2. 叙述先进事迹应有一定的高度

实例中,第二段的高度没有拔起来。"××始终践行社会主义核心价值观"这句话是试图拔高的,但是刚起头就结束了。在这一部分中,需要践行的更多思想从哪里来?需要整合本系统、上级党委、本单位这一年的工作思路和核心观点进行阐述。

如何写出先进事迹材料的高度呢?大家可以参考"时代楷模"陈立群前辈的先进事迹。

陈立群是贵州省黔东南苗族侗族自治州台江县民族中学校长、原浙江省杭州学军中学校长。他从教近40年,始终全面贯彻党的教育方针,致力于培养德智体美劳全面发展的社会主义建设者和接班人。他倡导宏志教育,将爱国情、报国志、强国行融入教学和管理,引导学生立德成人、立志成才。他退休后婉拒民办学校高薪聘请,远赴黔东南贫困地区义务支教,始终把帮助贫困家庭孩子求学成长作为己任,支教期间翻山越岭、走寨访户,家访并资助100多户苗族贫困家庭,足迹遍布台江县所有乡镇。陈立群曾荣获首届全国教育改革创新杰出校长奖、2018年中国教育十大人物等称号。

这段先进事迹材料非常凝练地概括了陈立群前辈在教育领域做出的杰出贡献。接下来,我们逐层分析其高超之处。

(1) 奠定全文基调

第一个层次:"始终全面贯彻党的教育方针,致力于培养德智体美劳全面发展的社会主义建设者和接班人。"奠定了全文的规格基调。

(2)细化到具体行业

第二个层次:"他倡导宏志教育,将爱国情、报国志、强国行融入教学和管理,引导学生立德成人、立志成才。"细化到具体的教育行业。

(3)落脚点为实事

第三个层次:"他退休后……足迹遍布台江县所有乡镇。"落脚点在具体的实事上。

回到实例中,我们可以进行如下细节分析。

① "聚焦群众'急难愁盼'的问题"这一表述略显粗糙。"急难愁盼"可以写入先进事迹材料,但最好不要放在篇首——"急难愁盼"四个字太过具体,放在篇首,会压低整篇先进事迹材料的高度。

② "创新推广'四行四效'工作方法"这句话是必要且贴切的,用一句话,给候选人所负责的核心工作上了价值。

③ "用心用情为群众办实事、办好事"这一表述略显陈旧,可以放在后文中,放在篇首,气势压不住整篇材料,会导致整篇先进事迹材料的格局立不起来。

3. 选用框架应具有针对性

实例中,三个一级标题没有和候选人的实际工作相结合,很像在直接套用模板,会让评审人员产生"万人通用"的感觉——换一个先进工作者,这套框架依然适用。

对于评审人员来说,审阅到一篇敷衍的先进事迹材料,很容易产生"候选人自己对此事都如此敷衍,凭什么要求他人认真对待这件事?"的感觉。因此,如果对评选势在必得,必须反复打磨自己的先进事迹材料,看有没有更好的表述方式。

6.6.3 宣导阶段,如何润色升华

把先进事迹材料报送上级单位后,先进事迹材料可能会经过乡镇—区县—地市—省部逐层评选。通常情况下,被单位推选的候选人,不管能不能获得奖励、获得哪一级奖励,在结果出来之前,都要开始进行第二轮准备工作——即便没有成为地市级、省部级等高级别先进工作者,也大概率会成为本单位的先进工作者。因此,候选人需要提前着手把先进事迹材料改写为简报信息、政务号推文、先进事迹报告等各种类型的公文材料。

这时,候选人需要做的最重要工作是把严肃版本的先进事迹材料加以润色升华。上级单位收到先进事迹材料后,如果认为候选人有极大可能入选,会要求候选人对先进事迹材料进行进一步完善修改,这就成为候选人所在单位的一项重要工作了,而不仅仅是个人工作。

这一轮修改过后,先进事迹材料最大的变化是上高度、上情感、上价值。候选人获奖是集体荣誉,无论是继续参加评选,还是为宣导做准备,都可以在先进事迹材料中加一些带感情的词汇,语言风格可以借鉴感动中国的颁奖词,从候选人的名字入手,把名字和主要工作进行融合,用一句话提炼先进事迹材料的灵魂,比如以下几个实例。

税务系统候选人——秦奋。先进事迹材料标题:《业精于勤耀税月,唯有奋斗最动人》

政务系统候选人——张巧巧。先进事迹材料标题:《巧用大数据,云

上解民忧》

纪检系统候选人——李大海。先进事迹材料标题：《壁立千仞海纳百川，无微不"治"清风自来》

法制系统候选人——钱小刚。先进事迹材料标题：《刚正不阿守正义，十年砺剑始成锋》

【学姐唠叨】

把候选人名字和其负责的主要工作进行融合，这种写法是存在一定难度的，我给大家介绍一个小窍门——善于搜索，开拓思路。以纪检系统候选人"李大海"为例，我在想标题时，首先想到的是"海纳百川"，便以"海纳百川"为关键字进行搜索，找到完美对应的词"壁立千仞"，然后，再结合候选人所负责的主要工作，提炼标题的后半句内容。

基础较好的执笔人，可以尝试使用这种方法。

6.6.4 叙述日常工作，如何为平凡赋光环

很多职场新人写个人先进事迹材料时，最大的痛点是感觉自己做的都是最琐碎、普通的小事，没有做任何惊天动地的大事，也没有取得过称得上成就的成绩，所以非常苦恼——日常工作有什么好写的？能否成功地为平凡赋光环，成为先进事迹材料能否出彩的关键要素。根据工作经验，我总结了几个把平凡小事写出光环的技巧，接下来用举例的方式进行分析。

1. 个人始终属于集体

在人口信息登记工作中,×××一步一个脚印,以求真务实、积极探索的精神,与团队一起攻坚克难,研究人口普查的优化措施和技术手段,为提高人口普查的数据效率和数据质量做出了突出贡献。

这个实例中最值得借鉴的表述是"与团队一起攻坚克难",只要带上这几个字,就可以把自己的平凡工作放大,因为一个水滴的作用微乎其微,但汇入大海,就可以用波澜壮阔来形容。这个表述的第二点意义,是能够体现大局观,因为候选人把个人的姿态放低、把集体的作用抬高了。工作成果是集体智慧的结晶,虽然以个人为主体申报荣誉,但是候选人要记得强调团队的作用,不能揽功诿过。

2. 对工作成果的概括要准确

这几年,×××见证了××制度从推行到全面落地的过程,负责了××省人口信息登记系统建设、参与了××省人口信息管理平台建设等不同时期的人口信息化建设工作,参建的平台、系统先后获得"省级电子政务优秀案例""省级政务服务创新案例"等奖项。

这个实例有两个值得借鉴的地方。

(1)用一段话概括候选人工作多年的重要成果

如果候选人是纪检系统的工作人员,可以借鉴实例中的结构来概括工作成果,如:几年来,他见证了案件线索整合系统的优化全过程、负责了××监督办案系统的信息化建设工作、参与了××重大案件的侦破工作。

(2)对在每项重要工作中承担的职责进行描述时,用词准确

先进事迹是润色后的工作日常,不等于虚假拔高。实例中使用"见证

了""负责了""参与了"几个词,非常准确地描述出候选人在不同工作中的角色定位,不偏不倚、不夸大其词。

3. 描写平凡工作的难点、痛点

群众办事存在多头跑、跑远路、跑多趟的难题,为解决政务服务事项权限制约,×××深入一线办事窗口,了解各项证照办理业务流程,推敲每个细节,明确群众办理证照过程中遇到的难点、痛点,先后收集意见建议三百余条,涉及户政、不动产、社保等共计八类15项,完成调研后,及时使用信息化手段,为基层业务办理提供有力的技术支撑。

每项琐碎的工作都存在难点、痛点,**平凡工作的难点、痛点,就是做好工作的闪光点。**这个实例中,有两点值得大家学习借鉴。

（1）提炼工作难点、痛点

实例中,用九个字提炼出了群众办事的难点、痛点。"多头跑、跑远路、跑多趟"难点、痛点的解决过程,就是先进事迹的展现过程。**通过分析难点、痛点,能更好地写出工作细节。**

（2）有数据支撑

琐碎工作最大的特点是"重复",容易写成流水账。把工作量化,更能够凸显候选人的辛苦。比如,实例中"先后收集意见建议三百余条,涉及户政、不动产、社保等共计八类15项"就是一个量化工作的过程。如果只写"收集意见建议",无法让评审对候选人工作的辛苦程度建立直观感受。

4. 合理呈现工作细节

专项工作时间紧、任务重,×× 积极发挥党员先锋模范作用,带领团队日夜奋战，加快建设步伐。为不影响试点单位的日常工作，高效率高质量出成果，项目组开启24小时两班倒工作模式，将团队成员分为两组，昼夜工作。白天开展基础数据采集等需要群众配合的工作，晚上针对梳理汇总的问题进行深入研讨，制订解决方案。

这个实例中值得学习借鉴的是什么呢？是对工作细节的呈现。如果仅用"昼夜工作"来形容工作的辛苦，是撑不起一个段落的，而且没有画面感。"昼夜工作"，白天做什么？晚上做什么？如何衔接？如何排班？昼夜赶工的目的是什么？把这几个点交代清楚，细节就呈现出来了。

5. 搭建逻辑清晰的工作框架

在负责党建工作期间，××起草制订党建规章制度十余项，搭建了机关党建制度框架，为机关党建制度规范化打下坚实基础。此外，他务实进取，组织开展"扎根基层担使命 红色党史润初心"品牌创建活动，从理论武装、政治引领、思想发动、作风建设四个方面，组织评选出四个模范党支部，充分发挥了先进典型的表率示范作用，激励基层党组织和广大党员改革创新、奋发有为。

在职能部门工作的基层公务员，本身不负责具体的业务工作，更多的是起到宣传发动、教育培训、服务保障和执纪监督的作用，撰写先进事迹材料的难度更大，因为很难有具体的事例和数据作支持。那么，这些基层公务员应该如何发掘自己工作中的亮点呢？其实，职能部门的职责定位已经把先进事迹材料的内容框架搭了出来。

①宣传发动：比如，实例中的"扎根基层担使命 红色党史润初心"品牌创建活动，相较于签署承诺书、开会宣导部署更加亮眼。

②教育培训：比如，党建工作是如何开展培训的？是否形成了机制，被固定下来并推广出去？

③服务保障：比如，制度保障、人力保障、人才保障、技术保障、跨部门协作保障等，都克服了哪些困难，推出了哪些举措？

④执纪监督：比如，从反面入手，阐述发现了哪些风险隐患、有效避免了什么负面影响、挽回了多少损失等。

6.6.5 以普通接线员为例，写出大事迹

本小节，我以最普通的政务接线员先进事迹材料为例，展示如何围绕"接电话"三个字，写出市级荣誉光环。

【情境】

小白的妹妹是一个接线员，主要工作是解答群众问题，比如社保缴费问题、优惠政策问题、汇算清缴问题等——每天没有其他工作，就是接电话。

今年，小白的妹妹拟申报市级先进工作者，需要写一篇先进事迹材料。

小白的妹妹得知这一消息后，第一反应是：接线员这个工作，哪有什么先进事迹可言？日复一日，回答的是类似的问题，先进事迹用三个字就写完了——接电话。

真的如此吗？我们按照 6.6.4 小节介绍的方法，分析一下接线员工作的难点、痛点，尝试挖掘闪光点，如表 6.20 所示。

表 6.20 接线员工作的痛难点分析

站在自己角度的痛点	站在群众角度的难点
每天电话数量多，信息狂轰滥炸，耳朵会耳鸣	因为查不到相关政策，才打电话咨询
群众态度不一，有的情绪激动，会谩骂接线员	咨询电话经常占线
每天面对大量重复性问题，相似的答案要反复说很多遍	解答内容过多，年纪大的群众记不住，导致反复咨询
工作节奏紧张，甚至没时间喝水、去洗手间	电话回复的答案没能成功解决群众的问题，导致反复咨询

根据表 6.20 中的内容，展开痛点的细节，呈现候选人的辛苦；展开难点的解决过程，呈现候选人的能力，先进事迹材料就写出来了。

下面，逐步展示撰写过程。

1. 标题怎么写

"女生""接线员"，抓住这两个关键词后，很多执笔人的第一反应是，标题用"最美接线员，急群众之所急"就可以！前半句确实可以，但后半句稍显陈旧。使用 5.1 节中介绍的搜索方法，我们可以轻松搜索出如下标题。

① 《最美接线员，用声音守护"最后一公里"》。

② 《努力值好每一岗，成就最美接线员》。

③ 《从"大学生"到"金牌接线员"》。

搜索到这几个标题后，如果感觉不是特别满意，可以加以优化。举个例子，第一个标题《最美接线员，用声音守护"最后一公里"》这个结构相对新颖，我们可以使用这个结构，结合具体的业务工作，开始优化标题。

比如，优化为《用心倾听群众声音，用情解决群众诉求——最美接线员××》。

感觉冗长？继续优化，修改为《最美接线员，用声音打通服务群众的"最后一公里"》。

感觉这个更好一些，但还能更新颖一些吗？

优化为《最美接线员，用声音为"群众满意率"奏出"上扬曲线"》怎么样？或者《最美接线员，服务群众"声"入人心》等。

按照这个思路，可以持续优化，直到写出让自己满意的标题。

2. 怎么对"痛点"进行延展？

回顾一下表 6.20 中罗列的四个痛点。

（1）每天电话数量多，信息狂轰滥炸，耳朵会耳鸣

我们可以从以下几个方面进行延展——每天的电话数量大概是多少？全年要接多少数量级的电话？如何在重复性工作中保持耐心和微笑？克服过怎样的困难？每天要写多少条电话记录（合计多少字）？全年汇总后，数字呈现何种量级？节假日期间是否需要值班？最多曾连续停休多少天？特殊时期，如何"三班倒"，妥善处理应接不暇的群众求助电话？

（2）群众态度不一，有的情绪激动，会谩骂接线员

我们可以从以下几个方面进行延展——在接电话的过程中，发生过哪些令人印象深刻的事？曾经迅速解决了哪些群众的燃眉之急？群众不理解的时候，用过什么方法疏解对方的情绪、取得对方的理解？心情不好的时候，用过什么方法和自己的情绪和解？

（3）每天面对大量重复性问题，相似的答案要反复说很多遍

我们可以从以下几个方面进行延展——用数量呈现，重复性问题的重复度有多少？出现重复性问题的原因是什么？面对群众反复咨询同一事项，用过什么方法保持耐心？平时是怎样和群众共情的？是否有过想放弃的时候？如何克服想放弃的心理？

（4）工作节奏紧张，甚至没时间喝水、去洗手间

我们可以从以下几个方面进行延展——平均每小时要接多少个电话？高峰期，工作紧张到什么程度？是否存在人手少、热线多的问题？人均工作量是多大？除了接电话，还要处理哪些事务性工作？

把以上问题逐一罗列在纸面，写出答案，候选人的"辛苦"就可以非常生动、直观地呈现出来了。

3. 怎样为日常工作整理"闪光点"？

回顾一下表 6.20 中罗列的群众难点。

（1）因为查不到相关政策，才打电话咨询

可以通过回答以下几个问题，让"闪光点"清晰可见——如何让政务信息覆盖更多群体，尤其是上网困难的老年群体？在解决这个问题的过程中，动了哪些脑筋？是否形成过简报信息？

（2）咨询电话经常占线

可以通过回答以下几个问题，让"闪光点"清晰可见——如何合理安排值班节奏？需要长时间值班时，克服过哪些生理困难、家庭困难？为了增加群众来电的畅通性，实施过哪些保障措施？

（3）解答内容过多，年纪大的群众记不住，导致反复咨询

可以通过回答以下几个问题，让"闪光点"清晰可见——遇到办理一个证照需要带很多文件的情况时，为了让老年人记住，做过哪些努力？是否尝试过把要带的文件编成一句顺口溜？是否建议过领导增设短信回复功能，把需要准备的文件用短信发送至群众手机？如果推行困难，还做过哪些有益的尝试？是否会定期对群众提问进行分类整理，在政务公众号上发布？

（4）电话回复的答案没能成功解决群众的问题，导致反复咨询

可以通过进行以下尝试，让"闪光点"清晰可见——对于这类问题，作为普通员工，很难联动各个部门，但是可以尝试在自己的工作岗位上进行流程改良。比如，将问题登记在册，定期汇报；又如，制作"重点问题本""反复问题本""疑难杂症本""迁延难治本"，用四个本子，积极推动问题的解决。

通过分析痛难点，平凡工作很容易上升到更高的价值层面。接线员和群众之间的联系是小小的线，这根线连接着什么？连接着两位陌生人。还连接着什么？连接着责任、连接着爱心、连接着社会、连接着民生，如此一来，正文内容的四个小标题就写好了。

【学姐唠叨】

分析问题，是对综合思维能力的极大考验，如果执笔人想不出这么多点，平时可以多看看同行业其他先进人物的报道材料，给自己一些"要点"启发。大脑越用越灵，越不用则越不想用，多加练习，每个人都能把相关内容写好！

第 7 章

基层写手到机关,花拳绣腿失灵了

靠"套路"写公文,必定难担大任。使用"套路"只能应对"短""平""快"的简单公文,越是高质量的公文材料,写作时越没有固定套路,发挥作用的,只有个人在写作实战中积累的经验和方法。

第 7 章 | 基层写手到机关，花拳绣腿失灵了

已完稿的材料，为呈现负责

我刚参加工作时，听领导说过这样一句话："在工作中，要做到'文出我手不出错，事交我办您放心'。"这句话说起来简单，做起来难，如何才能不出错呢？工作技巧千千万，最关键的是记住一条原则：谁都不可靠，自己最可靠。

7.1.1　谁跟领导出行，谁为材料负责

执笔人要为自己所写的公文材料负责，这一点没有任何争议，但是如果一篇公文材料不是你写的，是否会出现需要你承担责任的情况？

【情境】

几天前，领导交代小白的同事撰写一篇汇报材料，但是会议召开当日，同事有其他工作冲突，领导中午临时通知小白，下午两点带上汇报材料一起参加会议。于是，小白带上同事的稿件陪同出发。没想到，领导做汇报时发现小白所带的汇报材料不是自己最终修改后的定稿，为此批评了小白。小白心里特别委屈：人在单位坐，锅从天上来，同事写的、给的稿子，和

> 我有什么关系呢?

这个委屈能不能避免？如何避免？这里我要提醒执笔人一句话：谁跟随领导出行，谁对稿件质量负责。收到陪同参会通知后，不仅要第一时间联系撰稿的同事，获取最终稿，还要同时向同事确认一件事情、提一个要求。

确认："这是最终稿吗？"意思是不要给错稿件版本。

要求："把稿件电子版发给我。"这样，一旦在浏览时发现稿件中有小错，可以随时修改。

以上工作做到位后，基本可以避免背上情境中的"大锅"。但是仅做好以上工作，依然不够。正所谓"文出我手不出错，事交我办您放心"，既然是你跟随领导参会，那么，这项工作的"最后一公里接力"就由你负责，对于领导要用的公文材料的质量，你只能靠自己把控。如果时间充裕，你需要对公文材料进行复核，检查有无实质性错误、有无低级错误，确认无误后才可以放心出发。

7.1.2 三个技巧，有效避免版本错乱

除了写作过程中的"坑"，在写完公文材料后的流转过程中，同样容易出现各种问题。那么，如何最大程度地规避问题呢？我给大家两个建议。

1. 命名时，将"稿×"前置

公文材料的标题字数通常比较多，如《××单位关于落实党风廉政建设党组主体责任和纪检组监督责任的意见》《××单位关于开展"不忘

初心、牢记使命”主题教育的实施方案》等。因为文件名较长，电子文档显示在电脑屏幕上时，通常只显示前几个字，如图 7.1 所示。

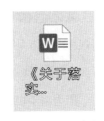

图 7.1　文件名在电脑屏幕上的显示状态

这意味着，如果执笔人将第一稿文件命名为《关于落实党风廉政建设党组主体责任和纪检组监督责任的意见【稿 1】》，修改了第二稿、第三稿后，再看自己及领导电脑屏幕上的文件，文件名的前几个字都一样，很容易造成版本混乱。

因此，养成写完公文材料后合理命名的习惯，是有效“避雷”的必备法宝之一——把【稿 ×】两个字前置，可以有效避免在错误的稿件版本上修改，越改越错的问题。

2. 导出一个 PDF 版文件

曾经有一位同事给我发公文材料，我用手机打开后，只瞟了一眼，就没了细看的兴致。我用手机打开公文材料后看到的格式、内容如图 7.2 所示。

的执行力。

1、干部队伍中存在的主要问题。

提高执行力要处理好集体与个人、正职与副职、上级与下级的关系。我们的干部要通过处理好这三个方面的关系，明确职责、形成合力、推动工作。

（一）部分干部思想观念转变还没完全到位

少部分基层领导干部对于理论的理解程度不够平衡，致使思想观念固步自封，没能跟上形势发展的需要，工作上不

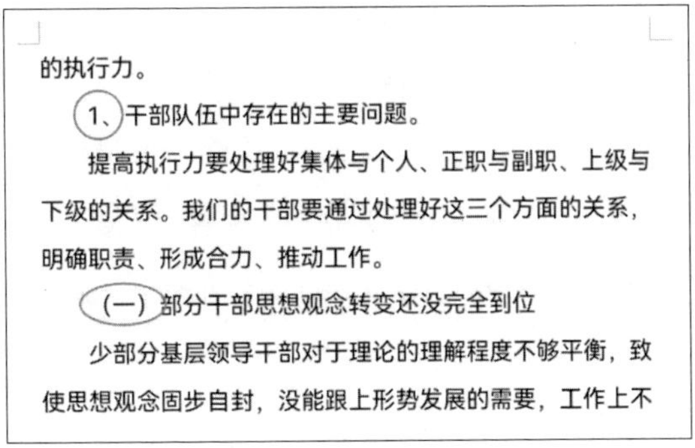

图 7.2　格式错误严重的公文材料

我讲过很多次，发出的公文材料中，一定不要有低级错误，比如格式错误、序号错误等。被我训了一顿后，这位同事说："咦，我明明在电脑上调整过格式啊，为什么会在手机上显示成这样呢？"

因为用手机收取Word/WPS文件后，如果没有提前指定打开方式，会默认用手机浏览器打开文件，极易出现格式错乱问题，也就是"乱码"。

好不容易写完一篇公文材料，严格按照公文格式调整了字体、字号、页面设置，结果领导用手机打开Word/WPS文件后，满眼错乱的格式，根本不想看，你冤不冤？为了避免发生类似的情况，执笔人可以多导出几个版本的公文材料，随机应变，做到"体贴入微"。

领导经常需要外出调研、开会，如果发文件时，领导不在办公室，记得同时发送两个版本的文件：Word/WPS版本+PDF版本。PDF版本不可编辑，但方便使用手机进行浏览；Word/WPS版本方便编辑，供领导忙完后用电脑修改、批注。

【学姐唠叨】

①发送两个版本的文件时，最好跟一句解释说明，以免年长的领导不理解这样做的原因，以为发给他的是两篇不同的公文材料。

②使用手机上的即时通信软件发送内部文件时，要严格遵守本单位的文件管理规定、互联网使用规定及涉密文件管理规定，切不可因一时心急，违规操作。

③为文件中有改动的内容添加颜色，方便领导一目了然地审阅。

为什么要在【学姐唠叨】中特别添加第③点提示？看了下面的情境大家就明白了。

【情境】

小白辛辛苦苦地写了一篇讲话稿，领导看完后，批注了五处问题，结果小白修改了四处，漏了一处。第二天，领导使用这篇讲话稿时，刚好发现了这处忘记修改的地方，散会后，小白毫无意外地受到了批评。

出现这种情况的原因是什么？是没有养成一个特别重要的工作习惯——领导批注后，只要不是大面积修改，每次给领导反馈时，要在电子文档中用非黑色字体颜色或底色对所修改的内容进行标注。比如，领导在稿件中批注了五处问题，那么改完发回给领导时，修改后的五处内容最好用红色或者黄色进行高亮标注，并告诉领导："您批注的五处问题，本次已全部修改，改动处已用××颜色突出显示，请领导审阅。"领导确认无误后，再使用清洁版本打印文件。

增加这样一个环节，有两个好处。

①方便领导确认已修改的地方是否准确无误；

②标注颜色时，会自然而然地核对一共修改了几处，有效避免出现情境中的问题。

7.1.3 投屏、打印的乱码，注意规避

如今，小白已经习惯了在写公文材料前先设置文档格式，按理说，不会再因为这些低级错误影响公文材料的质量，但没想到，小白依然在一次需要投屏展示公文材料的重要会议上捅了娄子，因为他不知道，在有些情况下，即便设置了正确格式，依然会出现错误显示！那么，在什么情况下容易出现乱码，又该如何规避呢？

1. 需要进行电脑投屏时

实际工作中，有一些重要公文材料，领导使用时需要在会议室投屏展示，便于更多人观看。为了避免文件流转及投屏时出差错，执笔人要注意以下几个细节。

（1）导出 PDF 版本的文件

会议不一定由公文材料执笔人组织，如果办会同事所用电脑的型号、软件版本和执笔人所用电脑的型号、软件版本不同，非常容易出现正常字体无法显示、文档格式错乱等问题。对此，执笔人可以选择提前使用办会同事的电脑预演，也可以选择将 PDF 版本的公文材料发给办会同事。第二种做法更保险，这样，即使办会同事突然换了电脑、换了展示方式，也不会出问题。

> 【学姐唠叨】
>
> 将 Word 文档转为 PDF 格式的文件并导出的操作路径：单击"文件"选项卡，选择"导出"选项，创建 PDF 格式的文件。

(2) 将 Word 文档设为不可编辑模式

经过数十次修改，公文材料终于定稿。为了避免版本复制错误，或在流转过程中，工作人员不小心碰触键盘修改原始稿件，使用 Word/WPS 文档编辑的重要文件，最好设置为不可编辑模式。

【学姐唠叨】

将 Word/WPS 文档设置为不可编辑模式的操作步骤：单击"审阅"选项卡，选择"限制格式和编辑"选项。

2. 换了操作电脑时

如果执笔人是为领导参加党课、演讲、竞职演说、汇报等场合准备 PPT，有 PPT 演示需求，准备过程中还需要注意更多细节，这些看似微小的事情，会影响 PPT 呈现。

（1）关注屏幕尺寸

关注制作 PPT 的电脑尺寸和展示 PPT 的电脑尺寸是否一致（如果需要投屏展示 PPT，还应该关注展示 PPT 的电脑尺寸和用于投屏的屏幕尺寸的比例是否一致）。同样一个 PPT，在制作与展示的电脑尺寸不同、电脑尺寸和投屏屏幕尺寸的比例不同时，展示效果会大打折扣，比如 PPT 发生严重变形。

（2）关注 PPT 中的超链接有效性

如果执笔人在 PPT 中插入了音视频超链接或其他超链接，换他人电脑演示时，若软件版本不同，部分超链接和动画会失效。

> 【学姐唠叨】
>
> 针对PPT变形和超链接失效问题，有两个解决方法。
>
> 方法一：把PPT导出为PDF版本、图片版本，可以锁定PPT格式。
>
> 方法二：导出PPT时选择"将演示文稿打包成CD"选项，如此操作后，音视频超链接便不会因为更换电脑而失效。

3. 打印机、扫描仪出问题时

公文材料写好了，并不等于万事大吉了，除了投屏展示容易出问题之外，打印、扫描的过程中，也可能有隐藏的"坑"出现。

有的打印机打印文件时，会出现吞页、重复打印某页等情况；有的扫描仪扫描文件时，电子页面中会莫名其妙地出现一道红线……在工作中，我经常见到领导因为收到的公文材料打印件或扫描件有问题，而对公文材料的印象大打折扣。因此，将公文材料递交领导或报送上级单位前，执笔人要逐页检查，及时处理空白页、重复页、模糊页、扫描异常、打印乱码等问题，确保"文出我手不出错"。

7.2 反复改的材料,在过程中用心

小白说,写公文材料难,改公文材料更难,领导改了七稿八稿,最后不如随便搞搞。为什么领导都喜欢不厌其烦地改稿呢?根据我的经验,可能有这样几个原因:一是执笔人能力不够;二是领导能力不够;三是领导还没有确定思路;四是领导的能力确实强过执笔人太多;五是领导在有意彰显自己的领导水平,即"刷存在感"。

7.2.1 戒掉情绪,七稿八稿都是历练

职场中,最应该戒掉的就是情绪。经常有朋友对我抱怨,说自己的领导要求改稿时,一改就是七八遍,简直是世间少有。其实,我也经历过这个过程,一篇稿子少则改三五遍,多则改几十遍。时间久了,磨出了耐心,时间更久后,我发现,自己深深受益于这个过程。

写这本书时,我打开旧电脑,发现每个文件夹中都整整齐齐地排列着"稿1""稿2""稿3"等诸多版本的文件,最多的,甚至到三十几稿。

改稿的过程,是字斟句酌地打磨文字的过程。让我印象最深刻的一次改稿,发生在为一个大型活动写开幕致辞时。当时,领导要求我把这个开

幕致辞写得气势恢宏、大气磅礴。接到任务后，我的内心压力很大，好在第一稿就以比较高的水准成了稿。领导很满意，我以为这个任务就算完成了，没想到，领导精益求精，发通知请各单位"一把手"带着本单位的"笔杆子"来开会，逐字修改我的开幕致辞。开会时，领导用投影仪把开幕致辞投到会议室大屏幕上，大家一句一句讨论、一句一句过。修改过程漫长且痛苦，我甚至感觉有些无奈。不过，多年以后，我发现，经过这样的锤炼后，我落笔每一个字都会更加谨慎，这个习惯让我受益无穷。

没有经历过心理"折磨"，何来能力"飞升"呢？

我理解，有的执笔人面临的是更为艰难的处境，比如领导经常做无意义的修改、把正确的表述改成错误的表述、把顺畅的思路改成拧巴的思路，甚至把更高级别领导的意思曲解后传达下来……这些情况，需要大家拿出更大的勇气、技巧、智慧来应对。

我非常了解这个过程对心力的消耗，人在极耗心力时，心真的会感觉到生理性的痛。但是，我依然想说，职场中，要忍常人所不能忍、做常人所不能做，最终你会发现，你的思维习惯、逻辑基础、思考问题的深度，都得益于反复"折磨"的过程。每一次折磨，都是用鞭子在心上抽一下，出血，结茧，再抽，茧掉了，再结茧……久而久之，你会变得坚强、勇敢、无所畏惧！所以，不要怕痛，和痛相比，更可怕的是脆弱。

欲戴皇冠，必承其重；欲握玫瑰，必承其伤。

7.2.2 过程留痕，一步一步清晰可见

有的执笔人说，知道好的公文材料是改出来的，但不怕领导千遍改，就怕领导往回改，既然写来写去又回到原点，那中间反复的过程不就是无意义的内耗了吗？这一小节，我们来聊聊这个问题。

1. 为什么会出现"往回改"的情况？

为什么会出现改了很多次后，又回到原始稿的情况？可能有如下四个方面的原因。

（1）领导的写作能力不够

领导对文字的驾驭能力不够，就像一位新手化妆师，一笔画不出一条完美流畅的眼线，总是东补补、西补补，补来补去的结果是什么？妆花了。写毛笔字、写文章也是同样的道理，越改越不好，还不如回到开始时的状态。

（2）领导的写作能力足够，但是想法不确定

一开始，领导只有一个框架思路，为了赶进度，让执笔人先着手写。在执笔人写作的过程中，领导有了新的思路，于是要求修改，修改到五稿、六稿的时候，领导参加了一个重要会议，发现这篇公文材料改后的思路和部分观点不符合最新的指示要求，于是让改回之前的版本。

（3）直接领导的领悟能力较弱

直接领导领悟不了更高级别领导的话，按照错误的个人理解在执笔人的稿件版本上大修大改，交给更高级别的领导后，更高级别的领导又改回

执笔人的版本。

（4）明明写对了，领导改错了

对于某些词句的细节用法，执笔人写对了，但被领导改错了，这种情况在实际工作中也时有出现。比如，曾有执笔人问我，自己在撰写新闻通稿时，小心翼翼地表述领导的职务和姓名，但是直接领导不懂得"同志"的用法，改稿时，在职务、姓名后加上了"同志"，遇到这种情况，要不要给领导指出来？在下一个问题中，我会分情况进行解答。

看到这里，大家会发现，被领导反复改稿并不是个例，不是因为你运气差，遇到了爱反复"折腾"的领导，而是因为工作本身就是波浪式前进、螺旋式上升的过程。

2. 如何保证"改千遍"也不出错？

有了适应环境的心态，再寻找有效的应对技巧。结合自己的工作经验，我为大家分享以下四个领导"改千遍"也不出错的方法。

（1）对公文材料撰写全过程进行跟踪记录

曾经有一位同事请我帮忙看一篇公文材料，看完后，我提了几点意见，但这位同事按照意见修改后再发给我时，我发现他并没有理解我的意思，删除了很多非常实在、有用的内容。于是，我对他说："你再把上一稿发给我一次。"他一愣，说："啊？我直接在上一稿上修改的，没有另存！"

我原以为，随时随地"另存为"这个工作习惯是大多数人都有的，通过这件事才知道，对于刚刚参加工作的职场新人来说，很多"惯例"需要事无巨细地提示到位。

所谓"随时随地'另存为'"，是指在写作过程中，如果写完一段话，觉得这段话有点多余，但直接删除会很可惜，因为可能会在别的公文材料中用到，可以将写有这段话的文档"另存为"，这样，就保留了不同版本的文档。我进行公文写作时，常备三个文件夹，"过程稿""定稿""素材"，如图7.3所示，写每一篇公文材料都是如此。这样，检索时非常清晰，如果有的段落被领导删除，或者因为其他原因没有在这篇公文材料中用上，可以修改后用在下一篇公文材料中。

图 7.3　每写一篇公文材料都要建三个文件夹

（2）正确处理意见冲突

如果遇到直接领导错误领悟更高级别领导的意图，导致反复修改的情况，或者遇到自己写对了，但被领导改错了的情况，可以参考以下三种处理方法。

①减少沟通的中间环节。尝试跟直接领导沟通，为了更好地提高工作效率和质量，能否减少层层转达的环节，由他带着自己直接跟更高级别的领导沟通公文材料的写作方向。作为执笔人，如果可以直接听更高级别的领导指示，减少中间环节的转述误差，写稿效率和稿件质量会更符合更高级别领导的心意。

②准备两个版本的稿件。有时候，直接领导会有各种顾虑，坚决不允许执笔人直接跟更高级别的领导沟通。遇到这种情况，处理起来会比较棘手。可以尝试的方法是不但将按直接领导的修改意见修改过的版本存好，

同时将自己的初稿备存，两个版本的稿件各打印一份，如果更高级别的领导对修改过的版本不满意，马上拿出初稿请更高级别的领导审阅。这时的关系比较微妙，需要执笔人根据实际情况，随机应变，妥善处理。

③**领导改错时，委婉提出**。如果自己写对了，领导改错了，要分情况讨论。对于不是原则性问题的错误，按照领导的意见处理。对于原则性错误，比如对"高质量发展"等重要观点的表述、对"同志"等重要称谓的使用等，如果报送上级单位后有可能给本单位领导带来负面影响，要委婉地提出。所谓"委婉"，即不要直接显示自己更专业，比如可以找一篇相关的公文材料拿给领导看，说最近自己学习了一下这篇公文材料，不知道哪种写法、用法对，请领导帮忙斟酌。

（3）将文件按序号清晰排列

领导将公文材料撰写工作布置下来后，第一次为它新建 Word 文档时，就要合理命名，比如，准备写一篇关于队伍建设的公文材料时，第一个文档可以命名为《【稿1】加强队伍建设，为业务保驾护航》。如果领导修改反馈，顺次按照【稿2】【稿3】的顺序排列下去。中间遇到有两种写法的情况，也另存后按照顺序排列，如图 7.4 所示。这样，写一篇成型的公文材料，大概会保存到【稿8】，甚至更多，整个过程清晰明了。如果领导改到第九稿，突然需要执笔人复原，

名称
- 【稿1】王胜利主任在2022年人事工作座谈会上的讲话
- 【稿2】王胜利主任在2022年人事工作座谈会上的讲话
- 【稿3】王胜利主任在2022年人事工作座谈会上的讲话
- 【稿4】王胜利主任在2022年人事工作座谈会上的讲话
- 【稿5】王胜利主任在2022年人事工作座谈会上的讲话
- 【稿6】王胜利主任在2022年人事工作座谈会上的讲话
- 【稿7】王胜利主任在2022年人事工作座谈会上的讲话
- 【稿8】王胜利主任在2022年人事工作座谈会上的讲话

图 7.4　按序号排列文档

第 7 章 | 基层写手到机关，花拳绣腿失灵了

执笔人可以随时找到前面的稿件，避免循环往复地做重复工作。

为了确保不会将各个版本的稿件弄混，还可以在改稿过程中对各个文件进行分文件夹保存、合理设置文件名中的关键词等处理，我的文件整理习惯如图 7.5 所示。

> 【定稿】王胜利主任在2022年人事工作座谈会上的讲话
>
> 【套红头转发通知】王胜利主任在2022年人事工作座谈会上的讲话

图 7.5　定稿文件夹中的文件列示

（4）善用修订模式

对于所写公文材料篇幅较长，可以预见领导会多次修改的情况，要学会使用修订模式，即根据领导批注的意见，在 Word 文档中，切换到"审阅"选项卡，选择"修订"选项，用修订模式逐一修改。修改后，另存为一个文件，选择"接受所有修订"选项，如图 7.6 所示，得到清洁版本。

这样做，可以解决领导突然想要你某一稿中某一句

图 7.6　"接受所有修订"选项的位置

话，你已经改了很多稿，混杂其中，很难找到的问题。

不过，如果你之前没有这个工作习惯，现在需要找出两个版本的稿件之间的不同之处，也不要用肉眼对比两个文件。在 Word 文档的工具栏中，选择"审阅"—"比较"选项，如图 7.7 所示，可以快速对比两个版本的

341

稿件的差异，并用修订模式呈现出来。

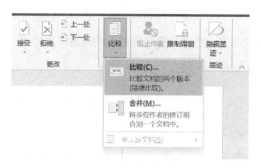

图 7.7　"比较"选项的位置

反复磨合，层层递进找准风格

曾有执笔人对我抱怨："为什么我给前任领导写公文材料，领导屡屡夸赞、非常认可，换了新领导，却总是挑三拣四，觉得我写得不好？"同样的公文材料，同样的执笔人，为什么换了领导后，差异这么大？

这一点非常好理解，每个人的吃饭口味不同，审美也不同，即便是相同的个体，今年的你很可能不会再喜欢去年的衣服。新领导上任，对于负责公文写作工作的执笔人来说，最重要的事就是摸清新领导的行文风格和说话方式（统称为表达习惯），把准新领导的"脉"，快速与新领导磨合，避免用配合前任领导工作的方法配合新领导工作，带来各种不兼容与不适应。磨合的过程，可以按照以下几个步骤进行。

1. 复述领导的要求

和新领导磨合初始，领导给你布置工作，比如安排你写一篇讲话稿，领导说完大致思路后,如果你对自己的领悟能力没有信心,不要害怕进一步追问,一定要及时主动地提出来,比如:"领导,我复述一下您的意思,您看我理解的是否到位?讲话分三个部分,需要把××内容写进去,重点强调××内容……"这样做,可以初步保证你理解的意思和领导表达的意思是一致的,防止发生动笔就写偏的情况。

2. 用四平八稳的风格来试验

新领导上任,第一次给领导写公文材料时要非常谨慎,因为你不知道新领导的文字喜好,是喜欢短句,还是喜欢长难句;是喜欢在字里行间旁征博引,还是喜欢干脆利落地讲干货;是喜欢将短文写长,还是喜欢将长文写短……第一次和新领导合作是一个试错的过程,如何让这个试错的成本更低,尽量将公文材料写得更靠近领导内心的真实想法?有两个方法。

方法一:在本行业网站上搜索领导在上一个单位任职时的全部新闻资讯、讲话报告。在这些素材里,通常能找到一些领导在过去的岗位任职时提过的指示和要求,通过零散的片段,感受新领导的表达风格。

方法二:第一篇公文材料,使用四平八稳的经典风格撰写。作为单位的"笔杆子",交给新领导的第一篇公文材料不要试图标新立异、展示自我。从结构段落到标题正文,最好选择最常用的范式,安全有效。就像在商场橱窗里陈列服装,要陈列最常见的中号,相对保守但最安全。

3. 根据领导的批注进行调整

第一稿交上去后,领导通常会给批注意见,甚至会叫执笔人过去当面聊如何修改。对于领导写的批注,要及时做专门的整理,认真揣摩他常用的词汇和风格。比如,批注里多次出现"时间节点""多策并举"等词汇,在配合这一任领导工作时,可以尝试把领导批注中常见的这些词汇融入自己所写的公文材料中,以便领导读你写的公文材料,有一种读自己写的公文材料的亲切感。

7.2.4 把握节奏,又快又稳堪当大任

为了避免领导反复修改,确保公文材料中不存在"低级错误""中级错误"和"刚性错误",我总结了一篇公文材料从落笔到出手的全流程。按照以下问题,交稿之前自问自答,复盘一遍,如果答案都为"是",那么,这篇公文材料就基本可以达到交稿水平了。问题如表7.1所示。

表7.1 复盘自检清单

序号	问题	关注细节
1	有没有低级错误?	页面设置、页码设置、字体字号设置是否无误,有无错别字、标点符号误用、打印漏页、装订倒页等问题
2	有没有文种错误?	领导要求写方案、总结、汇报、简报还是其他文种
3	有没有刚性错误?	标题全部检查一遍是否无误;领导职务、姓名、排名是否正确;单位名称、时间、地点、数据数值、数据单位是否无误
4	领导交代的内容是否都有体现?	领导交代了哪几点,是否全部覆盖
5	稿件结构外观是否有明显瑕疵?	多页面显示,看各段落详略是否得当,标题之间有无过渡段

续表

序号	问题	关注细节
6	文件后有没有附通知？	领导事务繁忙，收到执笔人所写的公文材料时，他可能已经忘记了文件背景和要求，可以在公文材料后面附上当时的通知要求
7	文件上有没有附便签？	如果送交公文材料时领导不在办公室，建议执笔人用便利贴写一下提醒事项，附在文件左上角，如提示领导这是什么公文材料，要求什么时候交，是否为急件，然后写上姓名和联系方式

复盘之后就可以立刻交稿了吗？当然不是，我们看下面的情境。

【情境】

经过不懈努力，小白终于从刚工作时的"又快又错"修炼到了"又快又好"，被调到机关单位工作。为了展现积极的工作态度，领导周一布置了一项工作，要求周五交稿，小白及时又认真地写完后，周二就交送领导，想在领导面前博一个好印象。没想到，领导说小白敷衍、不重视，拼凑一稿就交过来，不停地要求改动，一直改到周五下班前的最后一刻。而且，因为小白周二就写完了这篇公文材料的初稿，领导认为他的工作不饱和，又交给了他其他两项工作任务，导致小白同时有三篇公文材料要写，手忙脚乱，不断出错。

第一篇公文材料没改好，后两篇公文材料没完成，这是为什么呢？

机关单位的文字工作任务重、时间紧、压力大，写完一篇公文材料后，还会有源源不断的公文材料写作任务涌过来，因此，把握工作节奏，同样会影响最终稿件的质量。

那么，公文材料写完了，什么时候上交最好呢？

【情境】

小白吃一堑长一智，再次遇到周一布置任务，要求周五交的情况时，小白拖到周五上午才把公文材料初稿交给领导。没想到，这一次，领导看完后认为这篇公文材料的结构有问题，需要做大的调整。距离最终交稿时间只有半天，来不及了，小白和领导都非常被动，因为以小白的能力，做不到用半天的时间把一篇大稿大修出来，如果领导临时将工作任务转交其他同事负责，又会给其他人带来极大的压力。

我建议，不要到截止日才交稿，一方面，要给领导留出批注、修改的时间，另一方面，要给自己留出万一需要全面返工，再次撰写的时间。卡着点交稿，不管是对领导来说，还是对自己来说，都有害无益。

【情境】

小白天天加班，想凸显自己任劳任怨、甘于付出的工作形象，完成任务后，经常在半夜十二点把公文材料发到领导的内部邮箱。

如果不是情况紧急，领导在焦急地等待着你的稿件，我建议不要耍这种"小聪明"，原因有三个。

原因一：如果不是着急的工作，对于结果来讲，半夜交稿和第二天早上八九点交稿没有任何区别。

原因二：领导是"过来人"，对于这种小把戏，能一眼看穿。工作的态度和口碑是日复一日，在每一件大事小事的办理过程中体现和积累的，使用半夜发邮件这种偏招，立不起人设。

原因三：如果领导没有给内部办公系统或手机应用设置静音，半夜发邮件，手机铃声很可能吵醒领导，那么，即使公文材料写得再好，也很容易被怪罪。

【学姐唠叨】

按照我的工作经验，在"中间偏后"的时间交稿最好。如果领导给了五天时间，可以在第三天下午交；如果领导给了七天时间，可以在第四天或者第五天交。

7.3 得全新的任务，建大局思维

从基层单位到机关单位，需要面对的公文材料数量和质量都会有一个质的飞跃。从短篇材料到长篇材料、从结构到文字，要求和标准都存在着很大的差异。简言之，想"蒙混过关"越来越难。

7.3.1 落笔有根据，模棱两可难以过关

给高级别领导写公文材料，最重要的原则是"落笔有依据，不要'差不多'"。

何谓落笔有依据？就是每一句话都要有出处，每一个数据都要真实、准确、完整，每一个小标题下的内容都要逻辑清晰，切忌模棱两可。

对于执笔人来说，第一次获得给高级别领导写公文材料的机会时，写公文材料这项工作的意义是超越写作本身的。你作为个体的第一次交稿、汇报，将成为高级别领导对你建立第一印象的依据。

【情境】

小白被安排给单位"一把手"写一篇情况汇报材料，主题是谈一谈单

位最近的作风建设情况。

这是小白第一次被安排给单位"一把手"写情况汇报材料,他认真又及时地完成了任务。在他交给领导的情况汇报材料中,有如下一段话。

总部要求各级领导干部严格落实逐级谈心制度和分析摸排制度,对去年考核较差的八位中层领导逐个开展提醒谈话。切实落实职工及家属慰问工作,对患重大疾病的职工及家属,原则上由党委领导亲自走访慰问。今年以来,作风建设活动取得阶段性成效,总部签约落地项目八个,在谈项目二十个,完成投资五十二亿元,开工项目五十七个。

小白写好情况汇报材料后,交给领导审核,领导提出了如下几个问题。

①去年考核较差的八个人,分别是谁?有多差?是不称职还是刚到及格线?

②对患重大疾病的职工及家属,原则上由党委领导亲自走访慰问,例外情形是什么?

③作风建设活动取得阶段性成效和总部签约项目、投资有什么关系?

④落地项目八个,落地是指立项、签约,还是启动、完成?

⑤完成投资五十二亿元,哪个投资方向占比最多?

小白发现,虽然情况汇报材料已经写完了,但是领导提出的问题,他一个也答不出来。因为在写情况汇报材料时,他根本没有对基础信息做过细致核实和深入思考,只是为了赶工而赶工。虽然拼尽全力完成了任务,但是领导问时,一问三不知,反而会给自己带来负面影响。实例中的情况汇报材料,是领导要用作汇报稿的情况汇报材料,小白作为执笔人都对其中的要点解释不清，领导怎么能放心使用呢？去汇报时，内心会非常没有安全感，责怪小白做事"稀里糊涂"。

为什么会出现这种情况呢？常见的原因有以下几个。

原因一：急于赶工，偷懒了，没有对基础材料进行仔细阅读和分析。小白的情况就属于这一种。

原因二：对于想回避的事项，特意模糊处理。这属于"小聪明"，不但起不到模糊处理的效果，反而会被领导从字里行间"拎出来"。工作久了，大家会发现，越是想弱化的地方，越是领导容易发现问题的地方。

原因三：刻意追求结构规整，做了拼接删减，让渡了内容的逻辑性。

无论哪一种原因，都是需要避免的。在撰写重要领导的重要公文材料时，特别要关注以下几个问题。

①数据来源是什么？是否准确？是否已核实？

②列举事例的背景是什么？细节是否了然于心？目前进展到哪一步了？

③原始信息是否存在逻辑不通之处，是否核实调查？

④避免使用"原则上""尽可能""一般情况下""特殊情况""理论上"等类似表述。

⑤如果撰写的是领导汇报稿，在稿件数据比较多的情况下，除了汇报稿本身，还可以制作两个附件，在附件中把重要数据的详细内容整理出来，便于领导汇报时查看。

7.3.2 多技巧结合，驾驭长文不慌不忙

最难啃的骨头，才是最有营养的。从写短篇材料过渡到写长篇材料，尽快拥有强大的驾驭能力是最关键的。如何迅速提高驾驭能力？这个命题太大了，文字运用能力、逻辑思维能力、全局思考能力等，都是驾驭能力的基石。对于基础薄弱的执笔人来说，即便能力达不到"驾驭"的程度，依然可以使用一些"驾驭"技巧，辅助自己优化所写的公文材料。

1. 将纸质材料缩小打印

正所谓"不知全局者，不足以谋一域"，为了对整篇公文材料建立整体观，实际工作中，我会在检查阶段对公文材料进行缩小设置，如设置页边距为最窄边，设置字号为五号字，同时双栏显示。这样调整后，一篇原本十多页的公文材料，五六张 A4 纸就可以全部装下，执笔人面对长篇材料时的焦虑感会减轻很多。而且，缩小排版后，执笔人能够很清楚地看到各类素材在整篇公文材料中的位置和篇幅，提高对公文材料外观的"驾驭感"。

2. 对电子材料进行颜色分类

写长篇材料时，因为各部门提供的基础素材太多了，把所有素材复制并粘贴进同一个文档后，文档会撑至几十页，导致执笔人经常看了后面的内容，忘了前面的内容。为了驾驭所有素材，我有一个经验，即用颜色对这些素材进行取舍和分类。

（1）对于不同类素材，用不同颜色标识

比如，宣传类素材用一种颜色、业务类素材用一种颜色、党建类素材用一种颜色……标识后，再快速滑动页面，对同色素材进行合并。

选择颜色时,最好不要任意选,可以根据内容难度进行区分,比如写作难度较小的素材,使用明快的颜色标识;写作难度较大的素材,使用深色标识。

(2)红灯停,绿灯行

绿色代表"通过",意思是这一段写得不错,暂时不用修改。随着整篇公文材料的绿色区域越来越多,执笔人的心理压力会逐步降低。

红色意味着这部分内容还没有找到特别好的写作思路,随后再处理。

总之,在初稿写作时,整个文档是五颜六色的状态,随着写作进度的推进,颜色逐步减少,最后全部绿色,完稿。

7.3.3 经得起推敲,好材料在骨又在皮

了解了机关单位公文写作的要点后,接下来,我们跟小白一起,实际写一写吧!

【情境】

小白从基层单位调到机关单位,领导为了测试一下他的公文写作水平,要求他就近期工作写一篇简报。

小白在基层单位工作时最擅长写简报,因为掌握了基本结构后,只要句子简洁、标题明了、没有低级错误,采稿率非常高。面对这一任务,小白自信满满,用了半天时间就写好了。

打好税宣组合拳 助力社会新发展

为落实2022年"便民办税春风行动"要求，巩固去年普法宣传成果，××市税务局于四月份在全市范围内开展了"新时代，新税法"税法宣传一揽子活动。其中，举办税法大讲堂共计三十次，税法进企业二十次，"一站到底"税法知识竞赛十五次，税法下乡十二次，收获了纳税人的一致好评，进一步增强了群众的守法意识，有利于促进纳税遵从，保障税收安全。

一、线上与线下结合，扩大宣传广度

为提高宣传效率，本次税法普及采用线上为主、线下为辅的宣传模式。前期通过车载广播、官微转发、短信告知等方式，邀请全城市民积极参与线上税法讲堂，累计参与1180万人次，在线提问210万人次，后台留言180万人次，有效地扩大了宣传范围，普及了税法最新内容，促进全民守法。

二、分类与概括结合，提高宣传精度

为精准宣传税法，××市税务局对不同人群进行分类，送上不同的税法"大礼包"。针对企业，印制偷漏税危害、税收优惠政策宣传手册；针对个体工商户，录制税款缴纳、合规经营宣传短视频；针对在外务工人员，分发个税政策、依法缴税重要性宣传单页；针对在校大学生，推送就业创业税收优惠公众号文章。通过精准推送税法知识，提高了税法宣传的实用性和针对性。

三、严谨与趣味结合，增强宣传力度

为保证活动效果，提升参与热情，××市税务局组织了多项趣味活动，社会反响较好。其中，线上"一站到底"有奖答题知识竞赛最受群众欢迎，累计吸引800万人参与。通过以赛促学，极大地激发了群众学习税法的积极性，加强了税法宣传的力度。

××市税务局将总结前期税法宣传的成功经验，结合群众的盲点和痛点，进一步宣传税收法律知识，在全市范围内形成知法守法护法的良好氛围。

乍一看，这篇简报符合"第一眼美女"特征，结构清晰、文字干净、形式规整，但是逐句推敲后，会发现内在逻辑还有提升的空间，如表7.2所示。

表7.2 分析拆解过程

原始材料（部分）	分析	修改后
为落实2022年"便民办税春风行动"要求	"落实"用词不准确。"落实"后面通常跟"方针政策""文件精神""会议精神""上级要求""整改措施""会议决议"等词组，"便民办税春风行动"是一项专项工作，不是"精神"，因此，将"为落实"改为"按照"，将"要求"改为"工作部署"更为妥帖	按照2022年"便民办税春风行动"工作部署
巩固去年普法宣传成果	①"去年"使用不当，在简报材料中提及这一时间节点时，可以说"上一年度""2021年"等，还可以修改为"进一步"。 ②这句话是目标类表述，可以前置，改为第一句话。但是，如果第一句"为……"直接落到巩固宣传效果，就会显得站位低了，不符合小白所在机关单位的位置。帽段这里要先拔高，再逐步降维到本单位的部署，降维要平缓、不能陡升和陡降	为全面落实"八五"普法规划，切实把普法宣传教育工作引入纵深

第 7 章 | 基层写手到机关,花拳绣腿失灵了

续表

原始材料（部分）	分析	修改后
××市税务局于四月份在全市范围内开展了"新时代,新税法"税法宣传一揽子活动	①"四月份"位置和表述不妥。 在正式行文中,时间短语,通常前置在句子开头。比如,一季度,我局开展了××工作;本月,我局开展了××工作。 此外,在时间表述方面,尽量减少"四月""五月"等类似表述,通常使用"×季度""×年×月(至×月)"等表述。 ②写本单位简报时,可以使用第一人称,比如用"我局"代指"××市税务局"	2022年4月,我局在全市范围内开展了"新时代,新税法"税法宣传一揽子活动
税法下乡十二次,收获了纳税人的一致好评,进一步增强了群众的守法意识,有利于促进纳税遵从,保障税收安全	表述严谨性忽上忽下。 ①"守法意识、纳税遵从、税收安全"几个字非常严谨、内敛、规范,但是"收获好评"非常不正式。 ②在正式公文中,"收获"一词的正确表述是"获得","收获了纳税人的一致好评"换一种表述是"提升了纳税人的满意度",高度就拔起来了。 ③对于效果的展开表述,要从小到大,逐层升级	税法下乡十二次,进一步增强了群众的守法意识,提升了纳税人的满意度,有利于促进纳税遵从,保障税收安全
一、线上与线下结合,扩大宣传广度 二、分类与概括结合,提高宣传精度 三、严谨与趣味结合,增强宣传力度	三个一级标题的逻辑不清晰,第二个一级标题和第三个一级标题可以明显看出是为了和第一个一级标题中的"线上与线下结合"强行匹配提炼出来的。 第二个一级标题下的内容,本质是针对不同群体的个性化宣传方式,用"共性与个性"更为妥帖。 第三个一级标题,作为一级标题而言不够精致。此外,把宣传形式趣味化,后面跟增强宣传力度,逻辑有误。力度的增强需要思想重视、推进有力。提高宣传形式的趣味性,本质上是为了提高群众参与的热情,让法条变得更有温度,因此,修改为提升宣传温度更为妥帖	一、线上与线下结合,扩大宣传广度 二、共性与个性结合,提高宣传精度 三、传统与创新结合,提升宣传温度

通过这个实例,我展示了从基层单位到机关单位、从下级单位到上级单位,不同单位对文字精细度要求的差异。在本书主讲结构搭建的3.4节中,学姐讲解了"美文在骨不在皮"的原理,但是随着写作层级的提升,一篇好的材料,是需要在"骨"的基础上打磨"皮"的,也就是说,无论是"骨相"还是"皮相",都得经得起推敲。

7.3.4 不糊弄领导,敷衍了事一眼识别

在机关单位工作,公文材料撰写任务重,有时候,手里还有两个总结材料没完稿,又来了新的讲话稿任务。在我的实际工作中,领导安排工作时,我通常会跟问一句:"什么时候交?"和领导熟悉后,还会再跟问一句:"用几成的力气写?"其实这就是把公文材料排出轻重缓急的过程。

其实领导也知道,所有公文材料都写成精品,一是不可能,二是无必要。因此,领导经常会用以下几句话回复我。

① "有个东西就行。"这句话的意思是这篇公文材料需要形式规范、完整,但内容的逻辑咬合和文字雕琢不必太在意。

② "差不多就行。"这句话的意思是可以用五成的精力来应对,拿出去时,不需要是最好的,但也不能是最差的。

③ "这个要非常重视。"这句话的意思是这篇公文材料事关重大,要尽全力写好。

需要强调的一点是,对于领导交代"有个东西就行"的公文材料,初级执笔人也不要产生误解、过于懈怠。就算是"有个东西就行",也要在表面上过得去。

第7章 | 基层写手到机关，花拳绣腿失灵了

在机关单位工作，切记不要糊弄领导。领导每天的主要工作之一就是参会、批阅文件，文件看到一定数量级，对公文质量的判断具备天然的敏锐度，是不是糊弄敷衍，领导通常一眼就可以识别。

【情境】

金融局局长张小利到丰盛养殖有限公司调研，科长叫小白随行，调研结束后写一篇"领导动态"。在调研过程中，局长和企业负责人有这样一段对话。

局长："今年经营得怎么样？有没有困难？"

企业负责人："今年还行，下一步准备往上市方向走，但是目前缺技术和资金。"

局长："现在养殖主要靠什么技术？"

企业负责人："我们公司是'种养结合循环模式'，一方面，把粪污作为肥源；另一方面，让种植业为养殖业提供饲料。"

局长："卫生防疫怎么做？"

企业负责人："我们有养殖卫生防疫制度，定期抽检，目前没有发生过问题。"

局长："不错不错，你们这个'种养结合循环模式'大有可为，我看可以继续发散思路，把养殖经济附加值搞上来。"

调研结束后，小白匆忙赶回单位，因为晚上有聚会，他想抓紧时间写完动态信息，便写下了这么一段。

【初稿】

张小利对丰盛养殖有限公司的经营情况、生产技术、面临的困难、卫生防疫情况及下一步发展规划进行了深入了解,并对丰盛养殖有限公司"种养结合循环模式"给予了肯定。

张小利指出,丰盛养殖有限公司是我市的优质龙头企业,希望在今后的经营中,能够坚持创新性发展思维,将发展经济与环境保护两手抓,深入推进"种养结合循环模式",实现可持续发展,为我市经济发展贡献力量。

通过几年的培养,科长知道小白写公文材料的大致水平。这篇公文材料看上去"像那么回事",但科长一读,就知道小白没有用心。

小白的敷衍点有哪些呢?

(1)简单罗列事实

局长和企业负责人的谈话,从前到后,聊到了"经营情况""生产技术""面临的困难""卫生防疫情况""下步发展规划",小白没有加工提炼,原封不动地直接罗列,显然是"偷懒"的表现。

(2)为了凑句子,曲解局长的意思

局长并没有说过"丰盛养殖有限公司是我市的优质龙头企业"这样的话,作为行政主管部门的"一把手",对辖区企业做这样"盖棺定论"、具有导向性的评价,会给人遐想的空间,不符合客观、中立、严谨的评价原则。与此同时,局长强调过"增加养殖的经济附加值",但这一点并没有在公文材料中体现出来。

撰写这类"领导动态",难度并不大,小白在有能力写准确的情况下如此敷衍,很容易上升到工作态度问题。

科长对小白的公文材料进行了简单修改,如下所示。

【修改后】

张小利详细询问了丰盛养殖有限公司的经营现状、发展思路和瓶颈问题,认真了解了养殖技术和卫生防疫情况。张小利对丰盛养殖有限公司"种养结合循环模式"给予了高度评价,并鼓励企业进一步拓宽发展思路、提高科学技术含量,增加养殖的经济附加值。

看过科长修改后返回的公文材料,小白暗暗提醒自己,下次一定注意。

第 8 章

法定文种使用中的常见误区

根据《党政机关公文处理工作条例》(中办发〔2012〕14号)第八条,公文种类主要有十五种,分别为决议、决定、命令(令)、公报、公告、通告、意见、通知、通报、报告、请示、批复、议案、函和纪要。

在工作实践中,牢记这十五个文种的模板,就能做到万无一失吗?不一定。即便是按照文种模板来写,依然可能出现各种意想不到的问题!

标题明明很正式，文种竟是自创的

在工作中，常用的公文文种有两大类：法定公文和事务性公文。法定公文是党政机关用以表达意志、发布号令、传递重要信息的主要载体和工具，有规范格式和较强的效力，即我们常说的十五种公文：决议、决定、命令（令）、公报、公告、通告、意见、通知、通报、报告、请示、批复、议案、函和纪要。

事务性公文属于广义的公文范畴，是机关单位、团体、企事业单位在处理日常事务时用于沟通信息、安排工作、总结得失、研究问题的实用性材料，比如工作总结、工作思路、工作计划、工作简报、讲话稿、调研论文、会议记录等。

用浅白的话解释，法定公文是上下级、平级单位之间的正式行文往来，是需要套用红头格式的；事务性公文则主要在单位内部使用。

工作中常见的"自创"法定文种主要有以下几种。

1. 工作汇报

工作汇报是常见的事务性公文，用于基层员工向直属领导汇报工作问题，换一个情境使用，可能会出大问题。

【情境】

　　××分局向市局报告下半年工作情况。

该分局报送的公文材料标题如下。

【初稿】

　　××分局关于2022年下半年工作情况的汇报

这个标题读起来很规范，但既然是向上级单位报送的正式公文材料，应该套用法定公文文种的表述方式。

【修改后】

　　××分局关于2022年下半年工作情况的报告

2.回复

回复也是常见的事务性公文，同样不能用于单位间的正式行文往来。遇到类似的情况，执笔人易犯哪些错误，又该如何处理呢？

【情境】

　　××省生态环境厅收到部分群众举报，A企业存在违法排污行为。省厅要求企业所在地的市生态环境局进行调查。调查工作完成后，市生态环境局需要向省厅进行汇报。

市生态环境局汇报文件标题如下。

【初稿】

××市生态环境局关于A企业涉嫌违法排污调查情况的回复

"回复"不是十五个法定文种之一，因其从字面上看和"批复"近似，故经常出现"创造文种"的现象。对于这类回复，应该套用"报告"文种。

【修改后】

××市生态环境局关于A企业涉嫌违法排污调查情况的报告

3. 其他

在工作实践中，还有一些文种（从命名上看）超出了法定公文的范围，如"申请""公示""建议""办法""要点""计划""安排""总结""工作细则"等，都不可套用红头格式作为公文制发。

文种就像多胞胎,杂糅错用是常态

法定公文文种这么多,如果工作经验不足、实践运用少,如何避免出现文种混同的错误?下面使用表格进行展示分析。

1. 通知、通报和通告的区别

在基层单位的日常工作中,按照使用频率由高到低排序,依次为通知、通报、通告,它们的区别如表 8.1 所示。

表 8.1 通知、通报和通告的区别

特点	通知	通报	通告
使用频率	发文数量最多,使用频率最高	使用频率居中	使用频率最低
适用范围	发布、传达要求下级单位执行和有关单位周知或者执行的事项,批转、转发公文	表彰先进、批评错误、传达重要精神、告知重要情况	在一定范围内公布应当遵守或者周知的事项
实例	《工业和信息化部办公厅关于做好2022年工业质量提升和品牌建设工作的通知》	《××市生态环境局关于2021年全市大气污染防治工作情况的通报》	《××市公安局关于城区部分道路实施临时交通管制的通告》
对象范围	单位内部+对象明确	单位内部+内部知晓	社会公众+广泛告知
目的	知晓+执行	知晓+教育	知晓+遵守

2. 决议、决定和通报的区别

决议、决定和通报的主要区别如表 8.2 所示。

表 8.2 决议、决定和通报的区别

特点	决议	决定	通报
适用范围	会议讨论通过的重大决策事项	对重要事项作出决策和部署、奖惩有关单位和人员、变更或者撤销下级单位不适当的决定事项	表彰先进、批评错误、传达重要精神、告知重要情况
产生基础	只能是会议的产物，且会议规格通常较高	①会议的产物，会议规格无要求 ②未经会议也可直接发布	—
目的	安排执行	知晓/执行	知晓＋教育
其他差异	—	二者均有奖惩类内容，但是决定的层次规格远高于通报，比如《中共中央宣传部关于授予肖文儒同志"时代楷模"称号的决定》《××县政府关于表彰2021年度先进集体和先进工作者的通报》	

3. 意见、请示和报告的区别

意见、请示和报告都属于上行文，很容易混用，三者的主要区别如表 8.3 所示。

图 8.3 上行的意见、请示和报告的区别

特点	意见	请示	报告
适用范围	对重要问题提出见解，请上级机关单位给予处理意见	请求上级单位指示、批准	向上级单位汇报工作、反映情况，回复上级单位的询问
目的	为了让上级单位知晓，并获取处理意见	为了让上级单位批复	为了让上级单位知晓

续表

特点	意见	请示	报告
行文时间	对工作中遇到的重要问题进行分析,可以是事前、事中、事后	事前请示,不可以先斩后奏	让上级单位及时了解工作动态,行文时间可以为事前、事中、事后
内容要求	综合性内容	一文一事:每次只能请示一件事	综合性内容,可以涵盖一段时间内的多项工作
其他差异	报送上行的意见和请示,都是为了获得上级单位的批复或答复,二者之间的细微差异如下: 请示的内容明确、具体、单一,比如关于人、财、物的审批请求; 意见主要是针对某一事项或某一工作,下级单位有初步的想法和建议,请上级单位综合考量并给予处理意见	—	

8.3 发个通知说不清,只能补丁摞补丁

发通知是在机关单位工作最常见的工作任务之一,如果通知内容不清楚、有疏漏,一旦下发,咨询电话就会蜂拥而至,让工作人员苦不堪言,不得不再发一个"××通知的补充通知",甚至"××通知的补充通知的补充通知",漏洞接漏洞,补丁摞补丁。虽然发"补充通知"很麻烦,但若真的在通知中遗漏重要内容,这一步骤不能省,如果不补充解释,后续工作很容易出差错,接到通知的人员也很可能会因为不理解通知内容,直接打电话给发通知负责人的领导进行询问。那么,及时发了"补充通知"就能完全免责了吗?也不能,领导很容易给不断发"补充通知"的工作人员贴上"严重不靠谱"的标签。因此,很多执笔人只是接到一个发通知的任务,都会手忙脚乱、忐忑不安。

【情境】

领导让小白下发一个通知,下周三上午十点召开党风廉政专题会议,请局属各单位纪检负责人到局机关开会。

小白快速拟了一个通知,如下。

局属各单位：

为贯彻落实全面从严治党的要求，营造风清气正的政治生态，市局纪委将于近期组织召开党风廉政专题会议，现将有关事项通知如下。

一、参会人员

局属各单位纪检监察工作负责人

二、会议时间

2022年3月3日上午10:00

三、会议地点

局机关A区205会议室

四、会议议程

1. 通报近期违法违规案例

2. 纪委书记讲党课

市局纪委

2022年2月28日

没想到，通知下发后，各个局属单位的值班员纷纷打来电话，询问车证管理、着装、参会时间安排等各种问题。因为小白忘记在通知中写联系人了，因此电话打到了各个处室，最后打到了小白的领导那里。领导一看，通知中的时间也错了，把下周三写成了"3月3日"。

【学姐唠叨】

下发会议通知有一个规律，即"100-1=0"——"百密一疏"，就"百密一输"。

如何解决撰写通知时想不全面的问题呢？公式如下。

基本要素 + 全景回顾

"基本要素"即公文模板中常见的时间、地点、事件，执笔人需要注意的是，可以将包含基本要素的通知模板作为范例，用于反查通知，但如果写通知时仅按范例改要素，很可能会犯大错误，因为通知的重量级不同，所包含的具体内容也不尽相同。这时候，可以在撰写通知时使用"全景回顾"的方法——把自己想象为参会人员，在脑海中预演从出门到抵达会场的每一个细节，这些细节，都应该体现在通知内容中。那么，从出门到抵达会场，通常会有哪些环节呢？如表8.4所示。

表8.4　全景回顾过程

全景回顾	分析过程	转化为通知内容（部分）
翻看日历	如果通知上只写参会时间×月×日，参会人员就需要翻日历确定具体时间。因此，可以在日期后备注"星期×"。除了为参会人员带去更多便利外，完成这个动作还有一个好处是可以交叉复核自己写的参会日期是否准确	参会时间：2022年3月2日（下周三）上午10:00
怎么去	如果是开车参会，路线是什么？进门是否需要出示车证？是否有充足的停车位？如果绿色出行，进门需要持什么有效证件？	注意事项： ①会议地点示意图见附件1 ②开车参会人员请打印通知及车证，车证见附件2，抵达时请将车证立于前挡风玻璃处 ③鉴于局机关院内场地有限，建议参会人员选择公共交通绿色出行 ④绿色出行参会人员请打印通知，本通知为本次会议的入场凭证

续表

全景回顾	分析过程	转化为通知内容（部分）
穿什么	大型、重要会议通常需要参会人员着正装，行政执法类部门对会议着装有制服要求 除了服装，关于会议主题是否需要佩戴党员徽章，同样应该加以提示	与会人员着正装或制服，党员需佩戴党员徽章
吃什么	如果会议议程较长，有可能延迟到下午，需要对午餐安排做出提示	本次会议安排统一就餐，参会人员凭通知文件和餐券就餐，就餐地点在局机关二楼食堂
无法参会怎么办	实际工作中经常会有几个会议时间冲突的情况，目标参会人员会面临两个问题： ①无法参会应履行何种请假程序 ②向谁请假	注意事项： 如因特殊原因无法参会，请提交书面请假报告至会务组 会务组联系人：×× 联系方式：××

使用上述方法，逐一把细节落在纸面，交代清楚每一个事项，才能避免因来电咨询过多导致多次补充通知的情况。

8.4 会议记录变纪要,提纯规范是关键

会议纪要和会议记录差别不大,两种公文在定位和功能上,既有区别又有联系。用浅白的话解释,会议纪要是将会议记录"提纯"和"规范"后的公文。

【情境】

领导让小白把部门文员写的会议记录整理成会议纪要并印发。

会议记录如下。

会议时间:2022 年 4 月 22 日

会议地点:市级机关单位综合办公楼第三会议室

会议主题:2022 年党风廉政建设工作会议

参会人员:市委常委、市委办公室主任张胜利,市委办公室副主任赵超,市纪委监委驻市委办公室纪检监察组组长李大海,以及市委办公室全体党员干部

主持人:市委办公室副主任赵超

会议记录:

2022 年 4 月 22 日,市委办公室召开党风廉政建设工作会议。市委常委、

市委办公室主任张胜利传达学习中央纪委十九届六中全会精神，以及省纪委、市纪委十三届三中全会部署要求，回顾了2021年党风廉政建设情况，对2022年工作进行了安排部署。

市纪委监委驻市委办公室纪检监察组组长李大海就近期三起违法违规典型案例进行了通报，指出上述三起典型案例责任人，有的违规侵占财物，漠视群众利益；有的作风散漫，造成不良影响；有的推诿扯皮，加重群众负担。这些问题暴露出少数党员干部服务意识淡化、纪法意识淡薄，均受到严肃处理。党员干部要以案为鉴、吸取教训，严守道德底线、法律红线，加强修养，不逾底线。

办公室其他党员干部就工作中存在的风险环节及应对措施进行了交流和讨论，如公文、档案、印章管理不善易导致责任事故，应加强管理，规范取用流程；财务管理、采购管理程序不规范易导致疏漏，应加强程序建设，完善各项制度；会议组织、公务接待、车辆管理中易发生违规问题，应加大惩处力度，降低问题发生频率等。

把细碎的会议记录修改为会议纪要，首先要了解二者的区别，如表8.5所示。

表8.5　会议纪要和会议记录的区别

区别	会议纪要	会议记录
性质	法定文种，要严格按照公文处理程序撰写和印发	事务性公文，不对外印发，作为本单位资料、档案留存

续表

区别	会议纪要	会议记录
形成基础	在会议记录基础上，对重要内容进行总结和提炼，通常在会议结束后整理会议纪要	具备即时性，随着会议进程的推进逐步形成
语言风格	用词宏观、规范、凝练，正文部分多用"会议指出""会议强调""会议决定"等表述方式	用词相对原始、浅白，目的是真实、准确、完整地记录会议内容

简而言之，把会议记录改写为会议纪要的关键是**把内容压实，把语言变高级**。

小白整理的会议纪要如下。

4月22日，市委办公室召开2022年党风廉政建设工作会议。会上，市委常委、市委办公室主任张胜利传达学习会议精神，市纪委监委驻市委办公室纪检监察组组长李大海作警示教育，市委办公室副主任赵超主持会议。

会议学习了中央纪委十九届六中全会精神，以及省纪委、市纪委十三届三中全会部署要求，对2021年党风廉政建设情况进行了总结回顾，对2022年工作进行了安排部署。会议通报了近期三起违法违规典型案例，分析了三起案例的原因及教训，党员干部交流了工作中存在的廉政风险环节及应对措施。现纪要如下。

（会议纪要中，需要用几句话概括会议内容，而会议记录通常根据会议进程，按时间顺序呈现会议内容）

会议认为，过去一年，在市委的坚强领导下，市委办公室不断加强党员干部的教育、监督和管理，党内政治生活更加规范，廉政教育更加深入，推进作风建设更加有力，干部形象全面提升。今年，党风廉政教育将围绕"转作风、提效能"主题，开展系列教育整顿活动，不断强化作风建设，持续优化工作效能。

（高度概括办公室主任的发言，既包括去年的工作成果，又包括今年的主要工作思路）

会议强调，党员干部要充分吸取违法违规典型案例的教训，始终保持清醒头脑和坚定信念；要认真剖析工作中存在的问题和隐患，开展集中专项整治；要着力遏制冷硬横推、庸懒散奢等不良风气，坚决制止吃拿卡要、乱收乱罚、与民争利等侵害群众利益的行为，严肃查处违反党的政治纪律的行为。

（对主要领导提出的要求进行汇总提炼）

【学姐唠叨】

会议纪要的语言对执笔人的写作功底要求较高，建议执笔人把前面章节的内容练习扎实后，再尝试撰写法定公文文种。